운명을 바꾸는
명리 쉽게 배우기

성보
내 운명학
백서 2

운명을 바꾸는 명리 쉽게 배우기

晟甫 안종선 지음

중앙생활사

들어가는 글

운명을 파악하고자 하는 철학은 대부분 "인간의 운명은 정해져 있다"라는 전제하에 있다고 본다. 그렇다면 인간의 운명을 따라 살피는 모든 운명철학은 숙명론인가? 인간이 어떤 노력을 해도 바뀌는 것이 없는가? 인생의 모든 것이 정해져 있는가?

숙명론인가 개척론인가의 주장과 대립 그리고 보충과 합을 통한 학문의 발전은 계속되어온 것이다. 그리고 분명한 것은 아직도 숙명론과 개척론이 대립하고 있다는 사실이다. 많은 사람이 지구상의 모든 운명론이 개척론이라고 주장한다. 그 주장의 근본은 분명 피흉추길(避凶趨吉)을 추구하기 때문이라고 보인다.

사람들은 사주를 보며 어느 정도의 인물이라고 생각한다. 또 사주를 살펴 어떤 일이 일어날 것이라고 판별한다. 사주만으로 어울리는 직업을 찾기도 한다. 사주에서 그 사람에게 어울리는 직업, 그 사람의 인물됨, 그 사람의 한계를 규명하고자 하며, 이미 그러한 과정은 어느 정도 성과가 있는 것도 사실이다. 그러면서 개척하고 노력하면 인생이 변한다, 목표를 달성할 수 있다고 말한다. 이러한 대답이나 설득에서 대단히 이율배반적인 모순이 생긴다. 우리가 사주에서 예측하듯 운명이 정해져 있는데, 바뀐다고 말하고 때로는 그 운명을 피해간다고 말하니 얼마나 이율배반적인 판단인가? 운명이 바뀌거나 개척된다면 사주에서 직업, 성격은 의미가 없고 용신도 의미가 없을 것이다.

문제는 숙명론이다. 인생의 모든 것이 운명 지어져 있다고 하는 것은 생각보다 폐해가 심각하다. 그렇다면 사주가 나빠 희망이 없으니 자포자기하고 살라고 한단 말인가? 좋은 운명을 타고났으니 아무 일을 하지 않아도 인생이 행복하다는 것인가? 정말로 그렇게 믿는다면 그는 아마도 타락의 길을 걷게 될 것이다.

현대를 살아가는 많은 사람이 운명철학을 부정한다. 아니, 시대에 따라 달라진다. 활기차고 발전하는 시대를 살아온 사람은 개척론자일 가능성이 있고 암울한 시대를 살아온 사람은 운명론자일 가능성이 높다. 같은 시대를 살아도 운명론자와 개척론자가 있다. 인간에게는 자유의지가 있고 미래를 개척해 나아가는 기백이 있다. 그럼에도 운명론자가 있고 개척론자가 있다.

많은 사람이 개척론을 주장한다. 운명을 개척한다는 생각은 나쁘지 않지만 주변을 둘러보면 어울리지 않는 일이 너무 많다. 누군가는 부모를 잘 만나서 재물이 풍부하다. 그런데 나는 왜 이토록 가난하고 힘겹게 사는가? 어떤 사람은 얼굴이 잘생겨서 호감을 사기도 하고 연예인으로 살아가며 스포트라이트를 받는다. 그런데 나는 왜 이리 못생겨서 비호감에 인기도 없고 이성도 나를 바라보지 않는가? 그는 건강한데 나는 왜 태어나면서부터 질병에 시달리고 허약하며 때로는 괴롭게 사는가?

현대인은 과학을 중시한다. 과학적 사고를 하며 합리적 이성을 훌륭한 사고라고 이야기한다. 그런 그들이 위기에 봉착하거나 헤어날 길이 없으면 종교시설로 달려간다. 울부짖으며 하나님과 부처님을 찾고 행운을 빌며 때로는 무속인을 찾아가 굿을 하고 역술가를 찾아 운을 물어본다. 얼마나 모순된 행동인가? 그들은 개척론자이고 현대적이며 노력에 따라 무엇이든 될 수 있다고 생각했던 사람들 아닌가?

사람들은 말한다. 나이가 드니 운명을 알겠다고, 나이가 드니 사람을 이해하겠다고 한다. 더욱 재미있는 말은 젊었을 때 패기로 움직이며 인생을 개척했는데 돌이켜보니 모든 것이 운명이었다는 것이다. 당당하고 과학적이라고 생각했던 사람들도 나이가 들면 운명론자가 되어간다. 얼마나 모순된 인생이며 사고인가?

인생을 살아가며 만나는 모든 것이 운명이다. 이것을 거슬러보려는 것은 모순이다. 모순된 듯 보이는 현상이 곧 우리 인생임을 깨닫는 데는 그리 오래 걸리지 않는다. 살아가며 느끼는 모든 혼란은 언젠가 주어진 상황이다. 어지럽게 보이고 소란스러웠던 인생의 다양한 현상 뒤에는 그 당시에는 느끼지 못한 엄연한 이치가 있고 규율이 있다. 나이가 들면 이러한 혼란 뒤의 규칙성과 불규칙성을 깨닫고 운명을 생각하게 된다.

운명이 있는가? 세상은 보이는 것이 전부는 아니다. 운명의 흐름은 분명히 있다. 누구도 운명의 흐름은 바꿀 수 없다. 인생 행로는 강물처럼 흐르고 그 줄기를 대운과 년운, 월운과 일운 그리고 시운이 잡아준다. 명리는 그 흐르는 운을 파악하는 것이다. 흐르는 강물을 다스려 옥답을 만드는 것과 같은 이치다. 다가오는 운명에 미리 대비함으로써 치수의 묘미처럼 자기 운을 조절하고자 하는 것이다.

인생의 운명은 인드라망과 같은 것이라고 한다. 수많은 실이 얽히고 꼬이듯 인간의 운명은 단순한 평면이 아니라 복잡한 미로다. 이 미로를 따라가는 인생에서 운명을 예측하고 파악하고 나아간다면 인생을 좀 더 효율적으로 살 수 있고 그 사주의 주인이 가진 최고선을 추구할 수 있을 것이다.

사주란 운명이 담긴 그릇이다. 그 그릇을 보고 운명을 판단할 수 있다. 그

릇의 모습과 그릇에 담긴 자질과 특징, 성격, 대소를 보고 쓰임을 찾아야 한다. 더욱 중요한 것은 그 그릇에 담긴 운이라는 흐름을 파악하는 것이다. 인간의 운명은 대단히 넓은 다면체 같다. 어떤 길을 가느냐에 따라 사주 주인이 가진 무한대 크기로 나아갈 수 있다. 근본적으로 인간의 운명은 바꿀 수 없는 숙명이기에 지나침을 자제해야 하고 분수를 알고 때를 기다려야 한다.

큰 틀에서 숙명론이라는 개념과 개척론이라는 개념을 파악하려고 애썼다. 근본적으로 인간의 숙명은 정해져 있으나 운을 이해하고 적용해 최상의 선택을 해야 한다는 이념을 인드라망이라는 개념으로 생각한다. 이 책에는 인간이 이 세상에 나와서 자기 사주에 따른 운명을 최대한 사용하고 발휘하는 방법을 담고자 노력했다. 배우고 익히며 노력하면 배운 만큼 사용할 수 있으리라 생각한다.

轟轟軒에서 晟甫

◈ 차 례 ◈

들어가는 글 …… 4

1장 명리학의 성립과 발전 15

1. 역학이란 무엇인가 …… 17
2. 역과 음양오행 …… 23
3. 역학과 명리학의 정의 …… 31
4. 역학의 발전 …… 35
5. 역학의 종류 …… 49
6. 점학의 종류 …… 52

2장 음양과 오행 57

1. 음양 …… 63
2. 오행 …… 69
3. 오행의 상생과 상극 …… 80

3장 천간과 지지 103

1. 천간과 지지 ······104
2. 천간의 이해와 적용 ······107
3. 천간의 분석 ······114
4. 천간의 병립(竝立), 삼립(三立), 사립(四立) ······131
5. 지지의 이해와 적용 ······137
6. 지지 각각의 의미 ······142
7. 지지를 통한 건강 파악 ······165
8. 지지의 성격과 적성 ······166

4장 육십갑자와 공망 171

1. 육십갑자 ······172
2. 공망(空亡) ······175

5장 사주팔자 185

1. 사주란 ······186
2. 사주 세우기 ······187

6장 운로(運路) 225

1. 체(體)와 용(用) ······227
2. 개운(開運) ······229
3. 대운(大運) ······231

4. 태세(太歲) ······250
5. 월운(月運) ······253
6. 일운(日運) ······258
7. 소운(小運) ······260
8. 한운(限運) ······265

7장 지장간 273

1. 지장간이란 ······273
2. 지장간의 구분 ······274
3. 지장간의 적용 ······279
4. 지장간의 다양한 적용 ······287

8장 고장(庫藏) 299

1. 고장의 개문(開門) ······300
2. 고장의 적용 ······303

9장 왕상휴수사 313

1. 왕상휴수사의 정의 ······314
2. 왕상휴수사의 분류 ······315
3. 계절별 왕상휴수사 ······316

참고문헌 320

| 일러두기 |

이 책은 이 시대를 살아간 선배들이 남긴 산물을 정리한다는 마음으로 기술하였고
지금도 현장에서 열심히 연구하는 많은 명리학자의 의견과 임상도 도입하였다.
따라서 과거와 현재의 이론이 모두 적용되어 있으며 가능한 한 임상에 가까운 시스템으로 기술하였다.
이 과정에서 이 책을 이해하는 데 필요한 사항이 발생하였다.

1. POINT : 내용 곳곳에 가장 중요한 요점을 정리하였다.
2. 아차! : 착각하기 쉽거나 일반적 개념에서 오류가 있는 경우를 기술하였다.
3. 앗, 잠깐! : 아주 세세한 내용을 기술하였다.
4. 집중! : 자세하게 보충해야 할 내용을 기술하였다.
5. 성보명리 : 성보가 명리학을 배우며 깨닫거나 꼭 필요한 정의 혹은 생각해야 할 문제들을 정리하였다.

한자 병기

1. 한글만 있으면 무슨 뜻인지 이해하기 어려운 단어는 한자를 병기하였다.
2. 처음 나오는 전문용어는 한자를 병기하였다.
3. 같은 음이지만 의미가 다르면 한자를 병기하였다.
4. 의미가 중요한 한자는 반복해서 병기하였다.
5. 같은 한자어가 반복될 때 의미상 헛갈리지 않으면 뒤에는 한자를 넣지 않았다.
6. 한자를 병기하지 않아도 의미를 알 수 있는 한자어는 한자를 넣지 않았다.
7. 두음법칙에 따라야 하지만 명리학에서 통상적으로 쓰는 단어는 그대로 적었다(년주, 년운 등).
8. 여러 가지로 불리는 개념은 한 가지로 통일해서 사용하였다(태세, 해운, 세운, 년운 등).

1장

명리학의 성립과 발전

명리학은 달리 사주학(四柱學)이라고 한다. 명리학은 사주(四柱), 즉 네 기둥을 조성하여 푸는 학문이라는 의미가 될 것이다. 사주명리학이라고도 하는 학문은 아주 다양하게 소개되어 있고 관련된 많은 책이 시중에서 학인들을 기다리고 있다.

재미있는 것은 수많은 책이 나와 있지만 명리학이 어떤 과정을 밟아 발전했는지 소개한 책은 매우 적다는 사실이다. 그나마 최근에는 많아지고 있지만, 이 같은 이유는 많은 학인이 명리학이라는 학문 앞에서 역사보다는 실리적인 것을 추구하기 때문으로 보인다. 명리학을 접하는 많은 사람이 명리학이라는 학문의 실리적 측면만 생각하는 것이 지금에 와서 역사보다는 이른바 풀어내는 또는 찍어내는 기법 중시로 흐른 것이 아닌가 생각한다.

모든 학문은 시원(始原)이 있고 발전이 있고 나서야 오늘이 있다. 물론 역사가 지나치게 오래된 학문은 그 깊이를 생각지 못하더라도 시작이 불분명할 수 있다. 이는 지나치게 오랜 세월에 걸쳐 발전하고 학문적 성취가 이루어졌기 때문이다. 즉 역사가 흐려지고 지워져 시원을 찾을 수 없다는 얘기다.

명리학이 그렇다. 명리학은 지나치게 오랜 세월 만들어지고 개발되었다. 또 많은 선인이 의견을 첨삭하고 새로이 발전시키면서 오늘에 이르렀다. 어느 학문보다 깊은 사상을 바탕으로 하며 여타 학문과도 연관성이 있다. 그러나 많은 학인이 오로지 명리학이라는 우물을 파고드느라 지나치게 좁은 관념으로 바라보는 것 같다.

명리학은 단순하게 명리라는 개념으로 볼 수 없다. 여러 학문의 결정체다. 예를 들어 명리학에서 가장 먼저 이야기하는 음양 이념만 하더라도 역사를 알 수 없다. 이미 춘추전국시대에 음양학을 설파한 이인들이 있었지만 이전에 어느 정도는 구현된 이론이라고 본다.

명리학은 누군가 혼자의 노력으로 발전한 것이 아니다. 주변 학문을 살펴보아도 이러한 점을 알 수 있다. 동양학 범주에서 명리학은 혼자가 아니다. 명리학과 뿌리를 비교할 수 있는 학문으로는 의학(醫學)과 풍수지리(風水地理)가 있다.

명리학의 기본 이론에서 가장 중요한 한 가지 사상은 음양오행(陰陽五行)이다. 그런데 풍수지리나 의학의 기본 사상도 음양오행이다. 이것만으로 음양학이 홀로 발전한 학문이 아니라는 것을 알 수 있다. 예부터 선인들이 말하기를 명리학은 추명학(推命學, 追命學)이고 풍수지리는 개운학(開運學)이라고 했다. 명리학으로 사람의 인생이나 운명을 따라 살피고 풍수지리로 운을 열어준다고 했다. 이는 무시할 수 없는 지론이다. 혹자는 명리학으로 인간의 운명을 개척할 수 있다고 장담하는데 의심이 가는 것도 사실이다. 그보다는 명리학으로 운을 파악하고 풍수지리로 개운해주는 것이 올바르다고 생각한다.

명리학은 역학(易學)의 범주에서 살펴야 한다. 명리학의 바탕을 이루는 음양론과 오행론의 기원, 명리학이 인간의 운명을 추적하는 여러 가지 기법은 물론 명리학을 역학 범주에서 살펴볼 필요가 있다. 명리학이 성립되어 지금에 이르기까지 발전해온 길을 살펴봐야 할 의미가 있다.

POINT

역학(易學) 역은 단순히 《주역》만 지칭하는 것이 아니라 연산(連山), 귀장(歸藏), 주역의 3역(三易)을 모두 말한다. 한국 역학은 시대적으로 내용을 달리해 고대의 점술, 중세의 신비주의적 자연론에서 사용했으며 천문과 역법(曆法), 의약 등에도 사용했다.

1. 역학이란 무엇인가

역학(易學)은 사전적으로 정의하면 역(易)을 학리적(學理的)으로 탐구하는 학문 분야라고 한다. 그동안 한국인의 지식이나 사상에서 역학의 위치는 오래도록 변하지 않았는데 철학적 · 윤리적 차원은 물론 종교적 차원에서조차 최고 원리로 인식되어온 것이 사실이다.

역학의 정의는 의외로 간단하다. 역학은 《역경》, 즉 《주역(周易, The Book Of Changes)》으로 이름 붙여진 책을 연구하는 학문이다. 주역은 '주(周)나라 시대의 역(易)'이라는 말이다. 주역이 모든 역은 아니다. 물론 역이라는 측면에서, 혹은 이러한 의미의 학문에서 주역만 있었던 것은 아니나 현재 남아 있는 역은 《주역》뿐이다.

《주역》은 음양의 윤리를 설명하고 있다. 음양의 변화를 설명하고 있다. 즉 천지 만물의 변화를 해석하는 데 음양의 원리를 적용하는 것이다. 조금 편하게 해석하면 역이라는 글자에서 그 의미를 찾는다. 한자(漢字)는 의미가 있는 뜻글자이기에 유추와 심도 있는 해석이 가능하다. 역(易)이라는 글자는 '바뀔 역', '쉬울 이'라고 읽는다. 한자는 뜻글자이므로 그 의미를 이해할 수 있다.

다시 살핀다. 역(易)은 일(日)과 월(月)이 조합된 글자다. 즉 역(易)이라는 글자 상부에 있는 글자는 일(日)자로 태양을 의미하고, 아래쪽 글자인 물(勿)은 우리가 '말 물'이라고 읽지만 달을 의미하는 월(月)자다. 그러니 일과 월이 결합한 것이다. 즉 일은 태양이 있는 밝은 날이고 물은 달이니 어두운 밤이다. 결국 역이라는 글자는 낮과 밤을 가리킨다. 이 글자를 '바꿀 역'이라고 해석하는 것은 낮과 밤이 바뀐다는 의미다. 따라서 역은 바뀌는 것을 나타내며 변화하는 것을 나타낸다.

역(易)이라는 글자 생성에는 두 가지 설이 있다. 즉 사람은 세상의 흐름에 따라 갖가지 이론이나 학설을 만들어내고 이치를 찾아내는 데 역(易)이라는 글자에 대한 합당한 이치가 있다.

첫 번째 설은 이미 논술한 바와 같이 태양을 의미하는 일(日)과 달을 의미하는 월(月)을 합친 글자라는 설이다. 의미는 전이되고 확대된다. 이 두 글자가 합쳐진 역이라는 글자는 새로운 해석을 가져왔는데 해와 달의 운행을 상징한다는 의미다. 이것이 자연스럽게 변화하는 자연과 우주의 현상을 설명하는 상징성을 가지게 되었다는 설이다.

두 번째로 역은 상형문자라는 의미다. 도마뱀을 본뜬 상형문자라는 것이 조금 더 상세한 이야기가 되겠다. 역은 본래 도마뱀의 일종을 그린 상형문자다. 도마뱀은 주위 상황에 따라 색깔이 수시로 바뀐다. 여기에서부터 '바뀌다', 즉 '변화'라는 의미가 도출되었다. 아마도 여기에서 표현되는 카멜레온처럼 지역과 온도에 따라 색을 자유자재로 바꾸는 것 같다. 중국에도 그런 도마뱀이 살았다는 의미인지는 알 수 없다.

《주역》〈계사전〉에는 '일음일양지위도(一陰一陽之爲道)'라는 말이 있다. 풀이하면, 한 번 음하고 한 번 양한 것이 도(道)라는 말이다. 음양이 번갈았다는 표현으로 보인다. 지극히 도가적인 해석이기는 하다. 일음일양지위도는 해와 달로 표현된 음양의 끊임없는 순환이 바로 천지자연의 법노라는 뜻이다.

동양에서만 그러한 이론을 주장한 것은 아니다. 그리스 철학자 헤라클레이토스(Heraclitus) 역시 그와 비슷한 의견을 냈다. 그는 "같은 강물에 두 번 들어갈 수 없다"라는 말로 세상이 변화한다는 것을 설파했다. 그렇다. 누가 뭐라고 해도 세상 만물은 끝없이 변한다.

《주역》 혹은 《역경(易經)》이라 불리는 이 책은 역의 모든 것으로 대별된다. 중국 고대의 경서로도 가치가 높은 《역경》에는 두 가지 측면이 있다. 즉 사람이 위기나 결정에 사용하기 위한 '점(占)'과 자연의 변화를 표현하는 '자연철학'을 모두 말하는 것이다. 《역경》에는 이러한 내용이 자세히 기술되어 있다.

역은 점술학이라는 측면을 배제할 수 없다. 애초에《주역》은 점술로서 가치를 가지고 있었다.《주역》은 중국의 오래전 국가인 은대의 거북점을 대신해 주대(周代)에 탄생한 점대에 의한 점을 말한다.《주역》이라는 말은 주나라 시대의 역이라는 의미가 된다.

POINT

점술(占術) '점을 치다'라는 말은 징조를 찾아내는 것이나 앞으로 일을 예측하는 일종의 술법이다. 점을 치거나 마법, 마술 등으로 장래 일을 알아내는 일종의 주술적 행위를 말한다.

옛말에도 대사(大事)에는 거북점, 소사(小事)에는 점대라고 하는 말이 있다. 그처럼 거북점의 권위는 그 후에도 오래도록 유지된 것으로 본다. 점을 치는 행위를 복서(卜筮)라고 한다. 세상은 변하고 점술학도 변하는 법이다. 수적 메커니즘을 갖춘 점대가 점차 발전하고 시대적 과학성을 갖추니 오래도록 점술을 장악했던 거북점을 압도하기에 이르는 과정을 지나 정점에 다다른다. 마침내 그 텍스트인《역경》이 정비되기에 이른다.

물론《주역》이 애초에는 경(經)이라는 지고한 지위에 오른 학문은 아니었다. 그러나 세월이 흐르고 여러 학자의 노력으로 그것이 경전 자리를 차지하게 되었다. 경(經)은 최고 가치를 지닌 학문을 의미한다. 결국 점이란 역(易)이라는 공식이 성립하기에 이른다.《주역》은 그 이상의 가치를 갖기 시작했다. 이로써 역의 지위는 부동의 것이 되어 긴 세월 발전하고 가감되어 오늘날에 이르고 있다.

역(易)은 원래 서죽(筮竹)에 의한 점이다. 서(筮)라는 글자는 대나무를 나타내는 죽(竹)과 무당이나 무속을 나타내는 글자인 무(巫)로 이루어졌다. 특히 무(巫)는 신과 인간의 매개자다. 무의 의미는 하늘과 인간을 이어준다는 것이다. 서(筮)는 '점대, 점을 친다'는 의미다. 애초에 이 글자는 대나무 막대기를 이용한 무엇인가를 나타낸다.

서(筮)는 점을 친다는 의미다. 그러나 사실을 말하면 대나무를 사용한 것은 아니다. 본래는 시초라는 다년생 식물의 줄기를 사용했다. 시초는 대나무가 아니고 국화과에 속하는 다년생 식물이다. 복서(卜筮)는 줄기를 사용하는데 하나의 길이가 약 30cm(9촌)쯤 되었다.

복서는 바로 점을 친다는 의미다. 시초라는 풀로 점을 친다는 뜻이다. 이것이 신령스럽게 여겨지는 까닭은 그 풀에 벌레가 생기지 않기 때문이다. 또 원형으로 매듭 없이 세 가닥으로 갈라져 있는 게 마치 하늘의 수를 그대로 반영하는 것 같기 때문에 영초라고 여겨졌다.

점술학은 오래전부터 사용되어온 것으로 거북과 시초를 이용한 점은 그 역사가 길다. 거북을 통한 복(卜)은 《주례(周禮)》에 나오고, 시초를 이용한 서점(筮占)은 《주역》의 〈괘〉와 〈계사〉 등에 자세히 나온다. 풀이에 따르면 거북은 1,200송(頌)이 있고 서는 384상(象)이 있으니, 모두 하늘의 법도를 반영하는 말이라고 했다.

《서경(書經)》의 〈홍범(洪範)〉에도 이와 유사한 기록이 있다. "임금이 궁금증이 있다면, 먼저 임금 자신에게 물어보고, 다음은 대신과 백성에게 물어보고, 그런 다음에도 의문이 풀리지 않으면 거북점과 시초점에 물어보라. 세 사람이 점을 쳤는데 두 사람의 결과가 같다면 그 두 사람의 결과를 따르라."

결국 어의전성으로 변했지만 서(筮)는 시초를 매개로 신의 뜻을 알아보는 점을 말한다. 그러나 지금은 대나무 가지라고 표현한다. 이것 역시 시대 흐름에 따라 변한 것으로 보인다. 이와 같이 시초로 치던 점이 역이었는데 무수한 세월이 지나 경의 지위를 얻었다.

중국 최고 자서(字書)인 《설문해자(說文解字)》에 따르면 역은 도마뱀을 상형한 문자로 해석하며, 그 글자의 조합을 따져 해와 달의 조합이라고도 한다. 후한 말 석학인 정현(鄭玄)은 이 한 글자에는 세 가지 뜻이 포함되어 있다고 했다.

역간(易簡, 용이하다).

변역(變易, 변한다).

불역(不易, 변하지 않는다).

도마뱀이 왜 역과 관계가 있는지에 대한 설이 분분한 것도 사실이다. 그 중 한 가지, 주대(周代) 점술가의 집에 표식으로 사용한 것이 도마뱀이었다는 설도 무시할 수 없다. 지금 무속인들이 붉은 천을 걸 듯 이 당시 점술가들은 도마뱀을 표식으로 삼았다.

역은 오랜 역사의 산물이다. 역에 관한 주해서(註解書)가 쓰인 것은 오랜 시간이 다시 흐르고 난 뒤의 일이다. 역은 여러 가지 상황과 인간사의 흐름을 보는 총체적인 의미가 되었다. 물론 이후 역은 아시아권에서 철학적 사변의 대상이 되었다. 그리고 역은 아시아를 건너 전 세계에 널리 퍼지는데 이는 오랜 세월이 흐른 후의 일이다.

역은 오랜 세월이 흐르면서 중국만이 아니라 동아시아의 전통적이고도 근본적인 사상에 자극을 주었다. 그러나 근본은 변하지 않았다. 남송의 대학자인 주자가 설파한 바와 같이 《주역》은 본래 점술서다.

'제행무상(諸行無常)'이라고 했다. 즉 인간과 자연을 포함한 모든 존재의 근본 양상은 변화라는 관점에서 해석해야 한다. 점술학의 관점과 명리학의 관점은 이와 같다. 살아 있는 모든 존재는 변한다. 죽어 있는 존재도 주변에 따라 변한다. 영원히 고정된 것은 없으며 영원한 승리도 없고 영원한 패배도 없다. 권불십년(權不十年)에 화무십일홍(花無十一紅)이라는 말은 변화를 극명하게 보여준다. 달도 차면 기울고 꽃도 활짝 피면 결국 지게 되어 있는 것이 자연의 이치이자 법칙이다.

2. 역과 음양오행

고래부터 이어져온 철학이라는 측면에서 고대의 동양학자들은 자연과 생명체의 현상들을 관찰하고 체험하면서 많은 것을 확인하고 체득하였다. 이 과정에서 우주와 천체는 물론이고 자연과 인간 같은 생명체들도 고정되어 있지 않고 항상 변하는 것을 발견하였다. 이러한 확인된 현상에서 역의 원리를 깨달았을 것이다. 이러한 원리를 인식하는 것이 자연은 물론이고 인간의 생명이 유전되는 기본이라고 보았을 테고, 이를 보고 역을 철학적인 대상으로 파악하였을 것이다. 그들이 역의 과정에서 근본적 원리로 인식한 것이 음양오행설이다.

무수한 세월의 흐름 속에 음양오행설은 첨삭되고 뿌리가 덮이지 않을 정도로 이론이 무성해졌지만 구체적으로 설명한 문헌은 많지 않다. 흔히 전설로 직설되었다는 이론이다. 그 이론에 따르면 누군가를 적시하지만 중국의 황하(黃河)에서 올라온 용마(龍馬)가 물고 있던 그림이며, 낙수(洛水)에서 거북이가 올라왔는데 등에 그림이 있었다는 그럴듯한 이야기다. 즉 이 두 가지 그림이 역을 하도록 하는 원리인데 음양오행을 나타낸다는 것이다.

사실 전설은 진실을 의심받을 수밖에 없다. 전설이란 누군가 목적을 가지고 만들어냈을 가능성이 크다. 사실이 아니지만 목적을 이루는 데는 도움이 된다. 사실이 아니라는 것은 분명하다. 혹은 시간이 오래 지나 불분명한 이야기도 전설로 남는다. 사실 용마라는 짐승과 거북이 등에 그림이 그려진다면 지금도 그런 짐승이 간혹 나타나야 하는데 현실은 그렇지 않다.

용마와 거북은 물에서 사는 동물이다. 우리는 집을 지을 때 상량식(上梁式)을 한다. 우리말로는 마룻대라고도 하는 종도리에 상량문을 적어 올리는데 양끝에 용(龍)이라는 글자와 구(龜)라는 글자를 적는다. 이는 집이 목재로 지어지기 때문에 물을 다스리는 짐승이라 여겨진 용과 구를 적어 화기(火氣)를 방어하고자 함이다.

어쩌면 농경사회에서 용과 구는 물과 연관이 있었을지 모른다. 농경사회에서 물은 농사와 직결된다. 그런 의미에서 거북은 매우 중요한 동물이었을 것이다. 농경사회에서 농작물과 생명체에 커다란 영향을 주는 자연과 기후의 변화는 무엇보다 중요했다. 특히 중국의 지도에서 보듯 황하와 양자강은 물이 넘치기도 하고 농경에 피해를 주기도 한다. 이러한 의식이 용마와 거북이라는 사물을 등장시켰을 것이다. 즉 물을 포함하여 기후 변화를 나타내려고 했던 것이라는 의심을 버릴 수 없다. 결국 역이라는 기후 변화를 따져 철학적 의미에서 기본으로 삼게 된 이유는 아니었을까?

흔히 역이라고 하면 주역만 생각하기 쉽다. 그러나 역의 종류는 아주 다양해서 《연산역(連山易)》, 《귀장역(歸臧易)》과 《주역(周易)》이 있었으나 지금까지 남은 것은 《주역》뿐이라고 한다. 또 다른 이론에는 동이족이 만든

《환역(桓易)》이 있었다고 한다.

《주역》은 주나라 시대의 역이다. 즉 그 당시 역을 하도록 하는 다양한 원리로 인식된 사실을 기록해놓은 책자다. 《주역》을 동양철학이라고 주장하는 경우가 많은데 《주역》이 곧 동양철학은 아니다. 동양철학의 범주에 들었을 뿐이다. 고대 동양학자들이 역하게 하는 원리로 인식한 것이 바로 음양오행이다.

그렇다면 음양오행을 이야기할 때 왜 거북이 나오는가? 거북은 《예기(禮記)》에 따르면 일각수인 기린, 봉황, 용과 더불어 신령스러운 힘을 지닌 네 영물이라고 믿는다. 그중 거북은 신성하며 장수와 힘과 인내를 상징한다.

전설에 따르면 반고가 처음 세계를 끌로 쪼아 만들 때 거북이 그를 수행했다고 하는데, 현무(玄武)라는 이름으로 천문 영역의 북방을 맡고 겨울을 상징한다. 또 거북은 인도의 힌두교를 믿는 사람들과 마찬가지로 중국인에게도 하늘의 천정을 상징하는 동물로 여겨져왔다. 거북의 돔 모양으로 된 등짝은 하늘의 천정을 상징하고, 복부는 수면 위에서 움직이는 대지를 표상하며, 수명은 끝이 없어 죽지 않는다고 믿어왔다.

거북은 의학에도 나타난다. 《본초강목(本草綱目)》에서도 거북 껍데기 위쪽 볼록한 부분에는 하늘의 별자리와 일치하는 다양한 표식이 있으며, 이를 양이라고 본다. 아래쪽의 평평한 껍데기는 땅에 합치하는 선들을 지니며 음이다. 오래전에 거북의 배딱지라고 불리는 복부 부분의 갑골은 점을 치는데 사용되었다.

신성한 거북은 뱀의 머리와 용의 목을 갖고 있다. 뼈는 몸 밖에 있고 살은 몸 안에 있으며, 내장은 머리와 연결되어 있다. 생김새도 독특하다. 두꺼운 각질 외피 두 개가 등과 복부를 싸고 있다. 그것은 넓은 어깨와 커다란 가슴을 가지고 있고 성별은 아래 껍질을 살펴보아야 한다. 수놈은 봄에 나와 껍질을 갈고 겨울에는 겨울잠을 자는데 그 때문에 거북은 장수하는 영물로 분류된다.

음양오행설은 우리 선조들이 자연을 인식하고 해석하는 방법이었다. 음양이란 우리가 사는 지구에서 살피는 관점이다. 지구에 사는 인간은 태양을 중심으로 지구가 자전해서 발생하는 낮과 밤이라고 하는 현상에서 출발한다. 오행은 지구가 태양을 중심으로 공전하는 것으로 발생한다. 공전은 사계절을 만들어내는데, 이로써 중앙을 나타내는 토(土)를 빼고 네 가지 기운이 설명된다. 이 동양학적인 음양오행 사상이 동양의학에 접목되니 인체의 질병을 해석하고 진단하며 치료하는 개념에 응용되었다.

음양오행설은 생명의 기원과 본질, 인체의 생리기능과 병리변화, 질병의 진단 치료와 예방의 근본적 규범을 설명한다. 음양오행은 의학 영역으로 도입되어 의학의 이론적 체계를 성립했다. 음양오행은 우리의 전통의학인 한의학의 중요한 기초가 되어 지도한 데 이어 근본사상이 되었다. 한의학은 물론이고 전통적인 의학을 익히려 경락(經絡)을 배우자면 반드시 음양오행에 대한 이해가 필요하다.

음양설에 따르면 우주의 모든 사물과 현상에는 상반되는 두 가지 성질이 공존한다. 이는 지극히 대립적인 개념이다. 모든 사물이 대립하는 성질을 지니고 있음이다.

두 가지 기운은 대립하고 상충하며 비교된다. 땅과 하늘, 여자와 남자, 밤과 낮, 어둠과 밝음, 양지와 음지, 물과 불, 추위와 더위, 겉과 속, 등과 배, 낮음과 높음, 멈춤과 움직임, 고임과 흐름과 같이 상반되는 관념이다. 이처럼 음과 양은 대립하고 상충하지만 하나가 없으면 반대 개념은 성립되기 어려우므로 상호 불가결한 조건이다.

자연의 음과 양								
양	남	동	하늘	남	해	낮	봄	여름
음	북	서	땅	여	달	밤	가을	겨울

인간을 우주의 축소판이라고 한다. 사람을 일러 음양으로 나누니 남자는 양이요, 여자는 음이라고 한다. 그러나 음 속에 양이 있고 양 속에 음이 있다. 음 속에 극음이 있고 양 속에 극양이 있다. 이와 같이 음양은 절대적으로 고정되거나 무변하는 것이 아니라 변화를 가져오는 개념이다.

개념의 음과 양								
양	좌	상	홀수	기쁨	길	선	삶	혼
음	우	하	짝수	슬픔	흉	악	죽음	백

음과 양의 이치는 단순히 사물의 형태나 모양으로만 구별되는 것은 아니다. 인간이 생각할 수 있는 모든 범주의 형상이나 상상도 음양으로 구별할 수 있다.

음양의 포괄적 의미												
음(陰)	땅	여자	밤	어둠	음지	물	추위	속	등	낮음	멈춤	고임
양(陽)	하늘	남자	낮	밝음	양지	불	더위	겉	배	높음	움직임	흐름

명리학은 역학의 한 분야에 해당하며 음양오행에 바탕을 두고 있다. 이미 살펴본 것처럼 음양은 음과 양을 의미하며 상반된 성질이다. 이 상반된 성질의 작용으로 만물이 비롯했다.

우리 몸의 음의 증상과 양의 증상												
음(陰)	한랭	허	정	침	침체	만성	저림	하강	위축	감퇴	부종	이완
양(陽)	온열	실	동	부	항진	급성	아픔	상승	팽창	증진	종창	긴장

음양을 의미하는 모든 사물은 오행으로 이루어졌다. 오행은 만물을 생성하거나 형성하고 변화시키는 요소다. 다섯 가지 범주로 이루어져 오행이다. 행(行)은 움직인다는 의미이니 오행은 다섯 가지가 움직인다는 의미가 된다.

오행의 포괄적 적용과 개념					
구분	木	火	土	金	水
재질	나무	불	흙	쇠	물
계절	봄	여름	환절기	가을	겨울
방위	동	남	중앙	서	북
색깔	푸름(青·蒼)	빨강(赤·朱)	노랑(黃)	하양(白)	검정(黑·玄)
맛(味)	신맛(酸)	쓴맛(苦)	단맛(甘)	매운맛(辛)	짠맛(鹹)
순환	출생(生)	성장(長)	조화(化)	수확(收)	저장(藏)
성품(五常)	어질음(仁)	예의(禮)	믿음(信)	의리(義)	지혜(智)
천간	甲乙	丙丁	戊己	庚辛	壬癸
지지	寅卯	巳午	辰戌丑未	申酉	亥子

오행(五行)이란 만물의 기본 요소인 목(木), 화(火), 토(土), 금(金), 수(水) 다섯 가지 기운이 행(行)함을 말한다. 본래 오행은 나무, 불, 흙, 쇠, 물 등 자연계에 존재하는 '다섯 가지 기본 물질[五材]'을 일컫는 말이다. 다섯 가지 존재가 움직인다는 의미이다. 음양과 비슷하게 오행도 처음에는 자연주의적 색채가 짙었으나 전국시대가 되자 소박했던 오행은 점차 추상화·관념화하기 시작했다.

여기에서 말하는 다섯 가지 의미는 각기 목(木), 화(火), 토(土), 금(金), 수(水)다. 이 다섯 가지 개념이야말로 모든 우주를 형성하는 물질이며 기원이다. 인간의 오장육부도 이러한 오행으로 설명할 수 있으며 인간의 사주 또한 이 오행의 작용으로 설명이 가능하다.

흔히 말하기를 명리학은 음양오행으로 시작한다지만 끝도 역시 음양오행이라고 한다. 이는 음양오행의 중요함을 말하는 것이기도 하지만 명리의 시작을 음양오행으로 한다는 말이다. 역설적이게도 명리를 배우면 배울수록 음양오행의 윤전에 빠져들고 깊이 인식해야 한다는 것을 느낄 수 있다는 말이다. 결국 명리학의 종착도 음양오행이다.

기록과 선인들의 문헌에 따르면, 아직 만물이 생기기 이전에 혼돈의 세상에서 음양이 나뉘었으니 양의(兩意)라고도 하고 음양이라고도 한다. 여기에서 우주가 시작되고 인간의 역사도 시작된다. 음양이 나뉘기 전의 근본을 태극이라 하니 유럽의 가이아이론(Gaia Theory)과 비교가 가능하다. 음양오행은 복희시대 이후 더욱 발전하고 유려해지며 많은 사상가를 배출하면서 오늘에 이르고 있다.

동양의 이론체계에서 음양이 나뉘기 전 혼돈이라는 세상은 서양이론에서 말하는 가이아이론과 크게 다르지 않다. 가이아이론은 지구를 환경과 생물로 구성된 하나의 유기체로 살피는 것이다. 즉 지구를 살아 있는 유기체로 스스로 조절되는 하나의 생명체로 살피는 것이다. 1978년 영국의 과학자 제임스 러브록(James E. Lovelock)이 《지구상의 생명을 보는 새로운 관점》이라는 저서에서 주장한 이후 오래도록 유지되고 발전하는 이론이다.

가이아이론에서 동양적 자연관의 한계와 극복 방향	
한계	지나치게 포괄적이다. 자연계에 존재하는 사물들의 운동과 변화를 세밀하고 정확하게 계산하고 일정한 형식으로 정량화하지 못한다. 예) 기(氣)와 경락(經絡) 등의 질적 개념 사용
극복 방향	• 동양의 관점과 일치하는 점과 일치하지 않는 점이 존재한다. 세계를 바라보는 다양한 접근방법과 관점을 인식하고 상대방 주장에 귀를 기울여야 한다. • 동양과 다른 서구의 이분법적·물리적·기계론적·질량적·환원주의적 사고를 파악해야 한다. 동양인들의 관점과는 다른 인간 중심주의적 자연관을 경계하고 극복하여 생명체를 귀하게 여긴다.

사실 우리가 음양과 오행을 나누는 경우는 드물다. 그냥 묶어서 음양오행이라고 한다. 음양과 오행을 분리하지 않는 편이다. 그러나 음양과 오행은 철저하게 분리된 개념이다. 음양과 오행이라는 사상과 이론에서는 애써 구별하지 않지만 어느 것이 먼저 탄생했는지도 불분명하다. 음양에서 오행이 나왔다는 이론과 오행에서 음양이 파생되었다는 이론이 모두 가능하다.

재미있는 판단도 가능하다. 왜 오행음양이라 하지 않고 음양오행이라 할까! 음양이 먼저 나왔기 때문에 음양오행이라 쓴 것은 아닌가? 대단히 습관적이고 일상적인 관점의 접근이다. 그런 점에서인지 알 수 없지만 음양이 먼저 만들어지고 뒤이어 오행이라는 이론이 만들어졌다는 설이 나름 설득력이 있지만 그것이 반드시 옳다고 볼 수는 없다.

사실 음양과 오행의 기원과 이론의 발전에 대해서는 많은 설이 분분하다. 많은 학자가 양분되어 주장하며 모두 타당성을 지녀 설득력이 있는 것도 사실이다. 그러나 분명한 것은 어느 누구의 주장도 추론으로 근거가 약하고 정확한 기원을 제시하지 못한다는 것이다. 결국 우리가 판단할 수 있는 것은 음양오행은 존재하고 우리 주위에 퍼져 있으며 공존의 개념이라는 것이다.

3. 역학과 명리학의 정의

역학은 음양오행을 바탕으로 한다. 역학은 상고 이래 무수한 역사를 거치며 발달했다. 역학은 동양학 전반에 영향을 미친 것으로 정의된다. 역학은 단순한 개념이 아니며 매우 방대한 범위에 걸쳐 있고 이론적 바탕도 단단하다.

역학의 넓은 범위에서 인간의 삶을 바라보는 것이 명리학이다. 우주의 이치를 파악하고자 하는 역학의 넓은 범위를 축소해 사람의 삶에 한정하여 파악하고자 한 운명학이 바로 명리라고 볼 수 있다. 따라서 인간 개개인의 운명을 살피는 데 주역으로 대비하여 파악하는 것은 어울리지 않는다.

현재 동양학에서 역학이라는 범주를 이용해 우주의 윤회와 작용을 살피고자 하면 주역이라는 학문을 사용할 것이다. 주역을 바탕으로 우주만물의 이치와 생성원리, 윤전과 물리적 작용, 생과 사, 소멸과 같은 만사를 살필 수 있다.

사람 개개인의 탄생과 병, 인생의 흐름을 살피는 데 주역을 사용한다면 창해일속(滄海一粟) 같은 인간사를 살피기에는 어울리지 않는다. 따라서 인간의 생로병사를 살피는 데는 운명학(運命學)이 어울린다. 운명학은 사람의 생로병사를 살피고 사람이 살아가며 나타나거나 일어나는 일을 분석하고 해석한다. 이와 같은 범주에서 살핀다면 명리학은 주역의 범주가 아니고 운명학의 범주에 속한다.

【아차!】 **운명학(運命學)**

사주학과 풍수지리학 등의 운명학은 천체의 자전과 공전의 법칙을 바탕으로 사람의 미래를 예측하는 자연철학이다. 운명학은 인간의 타고난 운수를 파악하거나 알아보는 것이 아니라 인간이 살아가며 부딪칠 변화를 예측하는 학문이다.

POINT

명리학(命理學) 사람이 태어난 년(年), 월(月), 일(日), 시(時)의 네 간지(干支), 곧 사주(四柱)에 근거하여 사람의 길흉화복(吉凶禍福)을 알아보는 학문

우리는 흔히 말을 혼동하거나 뒤섞어 사용하는 경우가 있다. 역학이라는 말과 역술이라는 말이 그렇다. 역학이 맞는가? 역술이 맞는가? 두 단어 모두 맞는 말인가? 아니면 두 단어는 각기 다른 의미가 있는 것은 아닌가?

사람들은 흔히 말한다. "역술인을 만나러 간다." 여기에서 말하는 역술은 역학인가? 그렇다면 명리학을 배우고 익힌 사람들의 운명을 파악하고자 하는 연구가들을 역술인이라고 해야 하는가? 간판을 역술이라고 하는 것이 맞는가? 역학이라고 해야 하는가? 아니면 명리학자라고 해야 하는가?

【아차!】 **역학과 역술**

역술은 일종의 술법을 통칭한다. 즉 역술은 음양오행을 바탕으로 삼아 사람의 운명을 연구하는 기술이나 술법이다. 역학은 음양오행을 바탕으로 하는 모든 동양철학의 범주에 드는 학문이다. 역술은 활용적이고 역학은 학문적이다.

다시 말해 역학(易學)이란 고대부터 중국을 비롯하여 동북아시아에서 지속적으로 연구되고 발전되어온 학문이다. 대단히 우주론적인 개념을 지닌 포괄적 철학이다. 동양의 역학은 《주역(周易)》을 모태로 파악한다. 즉 그 뿌리에 있는 것이다. 《주역》은 오래도록 이어온 학문으로 유교 개념에서 우주론을 이해하는 데 반드시 필요한 학문이다. 유교사상이 흐려지는 지금도 역학은 과거와 현재를 파악하고 이해하는 매우 중요한 학문으로 인정받고

있다.

역학을 점술로 이용하는 사람들이 있는 것도 사실이다. 물론 대국적 견지에서 사용하여 세계의 흐름, 경제, 전쟁과 같은 판단을 하는 데 사용한다. 역사적으로 살피면 역학은 개개인의 인생론이 아니라 우주론을 이해하는 가장 크고 중요한 틀로 이용되어왔다.

역술은 음양오행을 바탕으로 사람의 운명을 연구하고 적용하는 일종의 술법적 요소를 지녔다. 따라서 역술이라는 말은 사람의 운명을 읽거나 살피고 예측하기 위한 방법과 기술을 통칭하는 것이다. 역술은 대단히 활용적이며 무속인이 자신의 몸을 영매로 사용하는 신점과는 근본적으로 다르다.

【앗, 잠깐!】 점술(占術)에 대하여!

먼저 "특수한 자연현상이나 인간현상을 관찰하여 미래의 일이나 운명을 판단하고 예언하며, 감추어진 초자연적 세력의 의사를 알려는 방술(方術). 소극적이고 수동적인 것이 주술과 다르다. 생년월일은 점술에서 매우 중요하게 다루어진다"라는 것이 사전에 있는 점술의 정의이다.

아주 오랜 옛날부터 점술은 존재했다. 과학이 발달하지 못했던 옛날에는 점술로 미래를 예측하고 대비하고자 했다. 점을 치는 술법을 모두 점술이라고 하며 같은 범주에 넣을 수 있다. 점을 치거나 마법이라고 불리는 행위나 마술 등을 통해 미래에 일어날 수 있는 여러 가지 일을 알아내는 주술행위는 모두 점술이라고 한다. 달리 사술(邪術) 또는 복술(卜術)이라고도 하며 전에는 복서(卜筮)라고도 했다.

점술의 의미는 미래를 예측한다는 것이다. 기본 의미는 '점을 치다', '징조를 관찰하다'가 될 것이다. 점술을 살필 수 있는 오래된 방법 중 갑골문이 있다. 갑골문은 중국 은나라 시대의 점술학을 보여준다.

갑골문은 기원전 1300년쯤부터 기원전 1100년까지 사용된 문자다. 그 당시에는 거북의 껍데기나 짐승의 뼈를 불로 지져 갈라진 흔적을 보고 길흉을 점치는 습속이 있었다. 점을 친 날짜 · 점친 사람 · 점친 내용 · 점친 결과 · 결과에 대한 판단 등 일련의 사항을 점을 치는 데 사용한 거북 껍데기나 짐승의 뼈 위에 칼로 새겨놓았다. 갑골문은 사용된 재료 때문에 갑골문, 발견된 장소 때문에 은허문자(殷墟文字), 내용 때문에 복사(卜辭), 서사방식 때문에 계문(契文)이라고도 한다.

중국 상고시대에 탕(湯)임금이 하(夏)나라를 멸망시킨 후 상(商)나라를 세웠다. 상나라는 반경(盤庚) 임금에 이르러 도읍을 은(殷)으로 옮기게 되었다. 그 후 273년이 지나 주(周)나라 무왕(武王)이 상나라를 멸망시키자 은은 폐허로 변했다. 이곳을 사서(史書)에서는 은허(殷墟)라고 하는데 지금의 허난성(河南省) 안양현(安陽縣) 일대이다. 갑골문은 바로 은허에서 발견된 상나라 후기의 복사(卜辭)를 기록한, 현존하는 중국 최초 문헌인 갑골편에 사용된 문자다.

이처럼 점술의 역사는 길고 아득하기만 하다. 옛사람들은 동물 뼈나 거북의 배딱지, 조개껍데기를 이용해 점을 치거나 미래를 예측하고자 했다. 간단한 점술은 지금도 무심결에 행해진다. 그 한 예가 어디로 가야 하는지 길을 잃었을 때 손바닥에 뱉은 침을 손가락으로 쳐서 침이 많이 튄 쪽으로 가는 것이다. 또 길을 잃었을 때 신발을 발로 차올려 하늘 높이 올렸다가 떨어지는 방향으로 가는 것 등이 그것이다.

우리나라에서는 놀이를 점술로 활용한 사례가 적지 않다. 줄다리기나 차전놀이가 한 해의 농사를 예측하는 데 쓰였고 윷놀이에도 윷점이 있다. 사실 윷놀이는 고대에 성행했던 점이 발전한 것이라는 설이 있다.

점술이란 어찌 보면 독으로 독을 치유하는 것이기도 하다. 이독치독, 이독제독이라는 말은 점술학에도 어울린다. 인간이 성정에서 자신이 무언가를 통제한다는 느낌을 받고자 하는 것이다. 이로써 안심하고 미래를 향해 나아가는 힘을 낸다는 것이다.

점술은 달리 점복(占卜)이라고도 한다. 미래의 일이나 감추어진 일을 알기 위해 점을 치는 것을 말한다. 무당이나 판수가 치는 점을 무꾸리라고도 한다. 점은 학문을 익힌 사람도 칠 수 있고 배우지 못한 자도 칠 수 있다. 흔히 무속인이 치는 점은 신점이라고 한다.

점복 사상은 어제오늘의 일이 아니고 삼국시대부터 이미 대단히 왕성했다. 기록에 따르면 신라의 석탈해(昔脫解)왕은 남산에 올라 삼일월형(三日月形)의 길지(吉地)를 발견하고 반월성을 쌓아 택지로 삼았다. 백제의 의자왕(義慈王)은 초만월(初滿月)을 점쳤다고 알려졌다. 고구려의 추남(楸南)은 선점(善占)하였으니 상자 안에 든 쥐를 알아맞혔다는 기록이 전한다.

예부터 다양한 점이 전해오는데 날씨의 맑음으로 치는 점은 음청(陰晴)이라 하고, 남녀의 사주로 보는 점은 명운(命運)이라 한다. 생년간지(남간여지)와 점치는 날짜의 일간(日干)과 시간의 시지(時支)를 합하여 작괘(作卦)하는 육임단시결법(六壬斷時訣法)은 단시(斷時)에 속한다. 꿈을 꾼 내용을 해석하여 그 뜻을 알고 행동을 취하려는 것은 몽참(夢讖)이라 한다.

4. 역학의 발전

역학의 발상지는 중국 황하 유역이다. 우리가 알고 있는 역학이 《주역》에서 발상한 것은 사실이다. 혹자는 우리 조상이 만들었다는 《환역》이 《주역》의 전 단계 혹은 고전이라고 하지만 아직은 증명이 더 필요하고, 현실적으로 세상에 존재하는 역은 《주역》뿐이다. 따라서 지금의 역학은 《주역》에 바탕을 두었다.

《주역》의 저자가 누구인지 정확하게 밝혀진 것은 없다. 혹자는 삼황오제 중 황제를 논하지만 이 역시 불분명하고 전설적인 이야기에 불과하다. 때로 전설은 사실을 이야기하기도 하지만 불분명한 사실을 뭉뚱그려 인식시키려고 할 때 사용하기도 한다. 따라서 그 역사를 알 수 없어 정확하게 밝혀진 것은 아니지만 이미 알려지거나 용인된 전설의 정립을 기준으로 한다. 전설에 따르면 복희가 황하에서 용마의 등에 그려진 그림을 보고 처음으로 8괘를 만들었다고 한다. 결국 이 8괘가 발전하여 64괘가 만들어졌다고 한다. 전설이 사실이든 아니든 이 지역에서 주역의 64괘가 만들어진 것은 짐작이 가능하다.

【앗, 잠깐!】 황하(黃河, Yellow River)

칭하이성(青海省) 쿤룬산맥에서 발원하여 칭하이성, 쓰촨성, 간쑤성, 닝샤후이족자치구, 네이멍구자치구, 산시성(陕西省, 섬서성), 산시성(山西省), 허난성, 산둥성의 9개 성과 구(区)를 지나 최종적으로 산둥성 둥잉시(东营市, 동영시)에서 보하이만(渤海湾, 발해만)으로 유입되는 전장 5,464㎞의 강으로 중국에서는 창강(长江) 다음으로 길며, 세계 5위의 강이다.
내몽골의 하구진(河口鎭)까지가 상류이고, 허난성(河南省)의 맹진(猛津)까지가 중류, 나머지 지역이 하류다. 상류는 비교적 물이 맑으나 중류의 황토고원(黃土高原)을 지나면서 물의 색이

황색을 띠어 황하라는 명칭이 나왔다. 물이 흐르는 속도가 느리고 퇴적물이 쌓여 강바닥이 평지보다 높은 천정천(天井川)을 형성해 홍수 피해가 크고 유로가 자주 변경된다.

황허문명은 지구상에 태동된 문명 중 대표적 문명에 속한다. 즉 4대 문명이라고 불리는데 이 네 곳 중 가장 늦게 등장한 것이 황허문명이다. 기원전 2000년 정도에 시작되었으나 이 문명은 동북공정으로 동이족이 만든 홍산문화의 아류라는 것이 밝혀지며 그 뿌리를 의심받고 있다. 밝혀진 대로라면 이미 4,000년의 역사를 가지고 있다. 황하는 중국인에겐 아시아 문명의 발현지로 자랑스러운 강이지만, 또 한편으로는 도무지 치수가 안 되고 사람이 다스릴 수 없는 험준한 강이다.

역사상 황하는 26번이나 물길이 바뀌었으며 홍수가 1,500여 회나 났다. 중국 역사는 이 황하를 다스리는 역사라고 할 만큼 중국인의 생활과 관계가 밀접하다. 황하 유역의 황토층에서 발생한 문명으로 기원전 5000~기원전 4000년경 신석기 문화가 이루어졌으며 좁쌀, 기장 등이 재배되고 개 · 돼지 등도 사육되었다.

역사가 시작되면서부터 은(殷)과 주(周)시대를 통하여 중국 문화의 중심지대는 황하 유역에 있었으며, 진(秦)나라의 짧은 통일시대를 거쳐 전한(前漢)시대에 들어와서도 얼마 동안 같은 상태가 계속되었을 것으로 보인다. 전한의 무제(武帝, 재위 기원전 171~기원전 87) 무렵에 철기가 거의 보급되고 생산력의 지역차가 줄어들자 문화도 전국적으로 평준화되었다. 오랜 전통을 지닌 황허문명은 널리 확산되었으며, 획일적인 한문화(漢文化) 속으로 발전적인 해소를 하였다.

황하는 홍수가 유명하다. 황하에는 홍수를 막기 위한 댐이 44개 건설되어 '남수북조(南水北調)' 계획이 시행되고 있는데, 이는 남쪽의 물을 북쪽으로 보내어 물이 부족한 황하 유역에 수자원을 공급한다는 계획으로, 이에 따라 하천 유역의 농업 생산력을 높이려는 것이다. 황하는 막대한 전력 공급의 원천이 되어 하천 유역의 도시들을 공업도시로 성장시키는 데 크게 공헌하고 있다. 중 · 하류에서는 밀, 잡곡 등을 생산하며 목화도 재배한다. 황하의 중 · 하류 지역은 중국 문명의 발상지로 유적이 많다.

이 황하에서 올라온 용마의 등에 그려진 그림으로 복희가 8괘를 그렸다고 전한다. 한편 일부 이론에는 복희가 중국의 조상인 화족이 아니라 우리 민족인 동이족이기 때문에 역학을 처음 만들고 적용한 민족은 중국의 화족이 아니고 우리 민족이라는 주장이 있다.

【앗, 잠깐!】 **삼황오제(三皇五帝)**

중국 고대의 전설적 제왕을 말하며 이들로부터 중국 역사가 시작되었다는 설화 속 인물들이다. 삼황은 일반적으로 복희씨(伏羲氏), 신농씨(神農氏), 여와씨(女媧氏)를 말하지만 천황(天皇), 지황(地皇), 인황(人皇 또는 태황泰皇)으로 기록되어 있기도 하다. 또한 삼황 가운데 여신인 여와씨 대신 수인씨(燧人氏)와 축융씨(祝融氏)라는 이름으로 기록된 경우도 있다. 전설로 치부되지만 중국 역사가들은 실존인물이라고 주장하기도 한다. 복희씨는 사람들에게 물고기 잡는 법을 전수해주었으며 신농씨는 농사법을 전해주었다. 여와씨는 인간을 창조하였다고 한다. 재미있는 것은 이 삼황이 중국 민족의 뿌리인 화족(華族)이 아니라 동이족(東夷族)이라는 주장이 힘을 얻고 있다는 사실이다.

1) 상고시대

흔히 삼황오제시대를 상고시대라고 한다. 삼황은 고대 중국의 전설적인 제왕을 일컫는 말로 천황, 지황, 인황을 나타내지만 이는 지극히 인식적인 말이다. 중국 역사에서 삼황을 달리 부르기를 태호복희(太皞伏羲), 황제헌원(黃帝軒轅), 염제신농(炎帝神農)이라고 한다. 달리 복희씨, 헌원씨, 신농씨라고 한다.

그런데 이 위대한 인물들을 부르는 형태가 독특하다. 이러한 이치에는 이유가 있다. 재미있는 것은 중국이 자신들의 역사라고 주장하는 이 역사적 인물 세 명이 하나같이 중국의 뿌리인 화족(華族)의 조상이 아니라는 사실이다. 따라서 중국의 역사 초기에는 현재의 중국 민족인 화족이 아니라 동이족(東夷族)을 비롯한 다른 민족이 정복, 주둔 혹은 현재 중국의 땅이라는 중원을 지배했다는 사실을 알 수 있다. 그래서 경우에 따라 중국 역사는 정통성을 의심받을 수 있다.

흔히 역서(易書)에서 중요하게 다루는 복희씨는 삼황의 한 사람으로 황하에서 용마의 등에 새겨진 그림을 보고 주역의 기본인 복희 8괘를 만들었다고 전한다. 이때 용마의 등에 그려진 그림을 낙서(洛書)라고 한다. 이를 통해 선천수를 창안했다고 전하는데, 재미있는 것은 복희씨가 동이족이라는 사실이다.

전설 속의 인물들인 삼황을 씨(氏)라고 부르는 것이 바로 한족이 한족 조상이 아닌 그들을 표현하는 방식이라고 한다. 그러면서도 자신들의 조상이라고 주장하는 것이 아이러니하기는 하다. 예를 들면 제(帝)라는 호칭으로만 불러야 하는 것을 씨(氏)라고 붙인 것이 한족이 아닌 그 영웅들을 하대해서 부른 것이라는 우스갯소리가 있다.

삼황을 달리 부르는 경우도 있다. 이 경우 삼황을 각기 수인(燧人), 복희(伏羲), 신농(神農)으로 보는 이론이다.

이들은 신화 속 인물들로 수인은 불을 가져온 사람이라는 의미이고 신농은 농사법을 가르친 사람이라는 의미다. 즉 수인은 부싯돌을 가진 사람이라는 의미로 천신에 해당하니 하늘에서 준 나무를 마찰시켜 불을 일으키는 방법을 알아내 사람이 음식을 익혀 먹는 방법을 알게 하였다고 한다.

복희는 지신이니 땅을 통해 이로움을 익히고 발견하여 가축을 기르거나 유목생활을 가능하게 한 신적인 존재였다.

신농은 이름이 보여주듯 사람들이 농사짓는 방법을 알려준 신인 같은 사람이었으니, 이때부터 농사가 가능해졌다.

오제도 다섯 명의 제(帝)를 말한다. 사마천(司馬遷)이 쓴 《사기(史記)》에 따르면 오제는 다섯 명의 황제를 말하는 것으로 황제, 전욱, 제곡, 요, 순을 칭한다. 어느 정도 현실성 있는 시대상을 반영한 것이다.

전설 속의 황제는 중국 원시시대 한 부락의 수령이자 중화민족(中華民族)의 선조다. 부족국가와 씨족국가를 생각나게 하는 시대다. 그는 남다른 군사 통솔력과 비범한 통치모략을 지닌 말 그대로 지혜와 용기, 문과 무를 두루 갖춘 모략의 시조라 할 만하다.

황제의 본래 성은 공손(公孫)이고 헌원(軒轅)이라는 언덕에서 살았기 때문에 헌원씨라고 불렀다. 그런가 하면 유웅(有熊)부족(지금의 허난성 신정현(新鄭縣) 일대)에 속했기 때문에 유웅씨라고도 했다. 황제는 훗날 중원 각 부족연맹의 공동수령이 되었다. 공동수령이라는 말에서 국가의 연합, 씨족의 연합, 부족의 연합이 생각난다. 황제는 부락시대 수령으로 오랜 세월을 거치면서 다른 종족들과 충돌, 교류, 융합을 하며 통일된 중국 민족의 구심점으로 자리 잡았을 것으로 보인다.

황제시대는 기원전 2700~기원전 2600년이며 역학이 획기적으로 발견되어 발전한 시대로 보인다. 이 시대에 산술과 역법이 만들어지고 60갑자가 완성되었을 것이다. 또한 오장육부를 설명하는 오운육기(五運六氣) 이론이 정립되어 의학의 지대한 발전에 토대가 마련되었으니《황제내경(皇帝內經)》이 쓰이고 이론상으로 풍수지리의 발달도 가져와《황제택경(皇帝宅經)》도 저술되었다고 알려져왔다. 그러나《황제택경》이 후인의 저서라는 사실은 이미 밝혀졌다. 여러 가지 찬반이 있고 새로운 연구가 필요한 사실적 검증도 있다. 그럼에도 명리학, 한의학, 풍수지리학의 뿌리에는 공통점이 있으며 적용과 해석에 특이점보다는 비슷한 점이 더 많다.

2) 은주시대

은(殷)나라 시대는 달리 상(商)나라 시대라고도 한다. 상은 문헌에 따라 은이라는 명칭도 나타나 한때는 국가 명칭을 은(殷)이라고도 했다는 것이 정설일 듯하다. 하지만 은은 상왕조의 마지막 수도일 뿐이며, 은허라는 자취가 은이라는 나라 이름을 만들었다. 은허는 은의 자취라는 의미다. 은이라는 명칭은 상왕조가 멸망한 뒤 주(周)에서 상의 주민들을 낮게 호칭하던 데서 비롯한 것이다. 따라서 정확한 명칭은 상이다. 중국인들이 은을 낮게 상징한 이유 또한 동이족이 세운 국가이기 때문이라는 설이 타당성을 제공한다.

하(夏), 상(商), 주(周) 3대의 왕조가 잇달아 중국 본토를 지배했다고 하나 전승되는 중국 최초 왕조인 하왕조는 존재 자체가 아직 고고학적으로 입증되지 못했다. 최근 중국은 그 이전시대를 고증한다고 주장한다. 다행히 상왕조는 20세기에 들어서 수도에 해당하는 은허(殷墟) 발굴이 진행됨에 따라 적어도 그 후기에는 당시의 문화세계였던 화북(華北)에 군림한 실재(實在) 왕조였음이 판명되었다. 우리 조상인 동이족이 중원을 지배했음을 파악할 수 있다. 따라서 상은 고고학적 연대를 확인할 수 있는 중국의 가장 오랜 국가다. 상나라 전기는 기원전 1600년부터 기원전 1300년까지이고 도읍을 은으로 바꾼 상나라 후기는 기원전 1300년부터 기원전 1046년까지다.

이 시대에는 이미 역법의 발전이 두드러졌다. 1년을 12개월로 나누어 생활에 적용하였고 큰달은 30일, 작은달은 29일로 정하여 적용하였으니 지금과 다를 것이 없다. 특이한 것은 이미 윤년(閏年)을 사용할 줄 알았다는 것이며, 이 시기에 윤달을 적용하여 1년에 1달을 더할 줄 알았다.

이미 추정하듯 이 시기에 현재 우리가 사용하는 간지(干支)를 사용한 것으로 보인다. 이 시기에 현재 우리가 사용하는 천간과 지지의 특징이 보이는데 지금처럼 60갑자의 시작인 갑자(甲子)와 끝인 계해(癸亥)까지 60일을 1주기로 사용하였다. 이 시기에는 1년에 한 번씩 제사를 지낸다는 의미에서 사(祀)라고 하였는데 그 전통이 오래도록 이어져 사직(社稷)이라는 말이 남았다. 이 시기부터 일진(日辰)을 사용한 것으로 보이는데 지금과 다를 것이 없다.

주(周)나라는 중국의 고대 왕조로 상나라 다음 왕조이며 기원전 1046~기원전 771년 중국 대륙에 자리 잡았다. 이전의 하, 상과 더불어 삼대(三代)라 한다. 그러나 실제로는 상나라 후대에 주나라가 이미 성립되었다. 흔히 요(堯), 순(舜)의 시대를 이어받은 이상(理想)의 치세(治世)라 일컬어진다.

상나라가 멸망하기 전에 세워진 주나라는 왕실의 일족과 공신을 요지에 두어 다스리도록 하는 봉건제도로 유명하다. 봉건이란 말의 원래 뜻은 곧 주나라의 국가체제를 지칭하는 것이었다. 봉건제도는 기원전 11세기 주나라 무왕(武王)이 상나라를 멸망시키고 수도를 호경(鎬京, 시안西安 부근)에 정하여 주왕조를 건설하였을 때 나라의 기초를 굳히려고 실시한 제도였다.

주나라 문왕(文王)은 치적이 많다. 문왕은 왕위에 있는 동안 나라의 기틀을 다진 것은 물론이고 역학 발전에 매우 큰 기여를 하였다. 그는 황하 지류인 낙수에서 올라온 거북의 등껍질에서 등에 박힌 점을 살펴 후천수를 발견하였다고 한다. 또 8괘를 만들었는데 이를 문왕팔괘(文王八卦)라고 한다. 사마천이 쓴 《사기(史記)》에 보면 주역에서 사용하는 64괘와 효사(爻辭)를 만든 사람이 문왕이라고 한다. 문왕의 아들이 주공이다. 주공은 384개 효(爻)에 사(辭)를 붙여 주역을 완성한 사람이다.

3) 춘추전국시대

기원전 8세기에서 기원전 3세기에 이르는 중국 고대의 변혁시대를 춘추전국시대라고 한다. 서방의 유목민인 견융이 호경을 공략한 이듬해에 주나라가 난을 피하여 수도를 동쪽의 낙양으로 옮기고 난 뒤부터 진(晉)이 한(韓), 위(魏), 조(趙)로 분열하는 기원전 403년까지를 춘추시대라고 하며, 그 뒤 진(秦)이 중국을 통일하기까지를 전국시대라고 한다.

주왕조가 낙양(洛陽)으로 천도하기 이전 시대를 서주시대, 이후 시대를 동주시대라고 한다. 동주시대는 춘추(春秋)시대와 전국(戰國)시대로 나뉜다. 이 중 춘추시대는 주왕조가 도읍을 낙양으로 옮긴 때부터 진(晉)나라 대부(大夫)인 한(韓), 위(魏), 조(趙) 삼씨가 진나라를 분할하여 제후로 독립할 때까지 시대를 말한다. 이때가 기원전 403년이다.

전국시대는 그 이후부터 진(秦)나라가 천하를 통일한 기원전 221년까지이다. 춘추는 공자가 엮은 노(魯)나라 역사서 《춘추(春秋)》에서 유래했고 전국은 한나라 유향(劉向)이 쓴 《전국책(戰國策)》에서 유래했다고 한다.

혼란한 세상이지만 주왕실이 명목상 권위를 유지하던 춘추시대에는 오패(五覇)가 나타났으며, 다음의 전국시대에는 칠웅(七雄)이라 불리는 강국들이 힘을 겨루었다. 이 사이에 주의 봉건제도가 해체되었으며, 새로운 질서 형성의 길을 찾아 사상계가 활발한 움직임을 보였다.

춘추전국시대는 중국 전통사회의 기본적 성격이 형성된 시기였다. 약육강식의 정복 전쟁으로 여러 제후국이 7개 강국에 통합되었다. 아울러 이 시대에 철제 농구, 우경(牛耕), 관개 시설이 보급되고 생산력이 증대되었으며 사상적으로 제자백가가 등장하였다.

이 시기에는 나라마다 능력 있는 학자들을 널리 중용하고 등용하였다. 이들 제자백가는 난세에 자신들의 주장을 펼치며 발전하였는데 이들은 동양의 역사와 문학, 문화 흐름에서 중요한 위치를 차지하기에 이른다.

제자백가는 중국 문화의 거족적 발전을 가져왔다. 제자백가(諸子百家) 또는 백가쟁명(百家爭鳴)이라는 말로 불렸던 것처럼 이때는 중국 사상사상(思想史上) 그 활동이 대단히 활발했던 시대였다. 특히 유학의 발전이 눈부셨다. 유가는 공자(孔子, 기원전 551~기원전 479)가 처음으로 창시했고 이후 공자의 손자이며 위대한 사상가인 자사(子思), 자사의 제자인 맹자(孟子), 그로부터 순자(筍子) 등이 사상으로 정립했다.

명리학의 관점에서 살필 이론가들의 주장은 음양학(陰陽學)이다. 음양학을 주장한 학파는 음양가(陰陽家)로, 고대 중국에서 음양설(陰陽說)을 신봉하던 학파를 말한다. 음양가는 전국시대 제자백가 중 한 파로 제(齊)나라의 추연(鄒衍)과 추석(鄒奭) 등이 대표적 사상가이다. 《한서(漢書)》〈예문지(藝文志)〉에 따르면 그들의 주장과 이론은 고대에 역상(曆象)을 관장하는 관직에 있던 희씨(羲氏), 화씨(和氏)에서 비롯했다고 한다.

이 음양가의 이론과 학설은 다른 다양한 학파에 영향을 미치고 흡수되었다. 유교에도 흡수된 바가 적지 않은데, 유교가 멀리 퍼져나감에 따라 음양가의 이론도 습합되고 포함되어 널리 퍼졌다. 결국 음양가 이론은 음양학의 범주가 아닌 다른 학문 범주에서 다양하게 활용되기에 이른다. 특히 음양가의 이론과 학설은 천체(天體)의 운행이나 사계(四季)의 추이(推移) 등 자연현상의 법칙을 합리적으로 설명했다.

【집중】 **음양가(陰陽家)**

음양가는 전국시대 제자백가 중 한 파로 제나라 추연, 추석 등이 대표적 사상가다. 여러 기록으로 보아 추연은 동이족으로 분석된다. 음양의 사상은 동이족의 손에서 태동되고 퍼져나간 것이다. 음양의 사상은 이미 오래전에 있었으나 제자백가시대에 꽃을 피운다.

이 법칙은 인사(人事)와 관련해 인간생활도 이에 따르지 않으면 재해(災害)를 입게 된다는 등 미신적 요소가 강하다. 이러한 점이 오히려 점술학에는 유용하게 도입되었을 것으로 추측할 수 있다.

제자백가 시기가 끝나고 음양가는 이론적으로 사라진 듯 보이지만 중국의 모든 학문에 받아들여졌다. 특히 유교에서 음양가 사상을 받아들였는데, 유교가 동남아시아는 물론 동아시아로 퍼져나가면서 음양학도 동시에 전파되어 오늘에 이른다. 따라서 음양가는 명리학과 같은 운명학에 가장 강한 영향을 미친 것으로 파악할 수 있다.

춘추전국시대는 사회정치적으로는 혼란기였지만 중국 문화의 골격이 완성된 시기이기도 하다. 사(士) 계층이 문화의 주역으로 등장하며 그때까지 소수 귀족들에게 독점되던 지식과 학문이 일반 서민층에까지 확산되었다.

공자, 맹자, 순자를 잇는 유가(儒家)는 효제(孝悌), 인의(仁義), 예(禮)를 바탕으로 정치를 해야 한다고 주장하였다. 특히 공자는 죽간(竹竿)으로 된 책을 맨 가죽 끈이 세 번이나 끊어질 정도로 《주역》에 심취하였는데 십익(十翼)이라는 해설서를 만들어 붙였다. 이 유가가 발전하고 널리 퍼져나감에 따라 유학 속에 받아들여진 음양가 사상 또한 널리 퍼지는 계기가 되기도 했다.

공자가 그토록 애지중지한 《주역》은 유가의 학문과 사상은 물론이고 이전까지 중국 전통사상이 체계적으로 정리된 경전이다. 따라서 《주역》은 《역경》이라는 이름으로 불리기에 이른다. 은나라 때 이미 태동된 음양학을 주나라 때 8괘와 64괘 중심으로 해석하였는데, 공자 시대에 이르러서 비로소 《주역》을 경으로서 체계적으로 정리하니 음양사상이 동양사상의 전면에 나타나고 동양철학의 기틀이 되었다.

4) 한나라 시대

한나라는 기원전 206년부터 기원후 220년까지 중국 대륙을 지배했다. 한나라는 진나라에 이어 중국의 두 번째 통일왕조로 한족(漢族) 유방(劉邦)이 장안을 도읍으로 삼아 세웠으며, 중국 문화의 기틀이 이 시기에 마련되었다.

한은 고조선의 세력이 커지자 대규모 정복군을 보내 멸망시키고 한사군(漢四郡)을 설치한 뒤 지배하기도 했다. 항우와 유방의 대결은 유명한 일화이전에 역사다. 한나라는 서기 9년에 왕망(王莽)이 정변을 일으켜 신(新)나라를 건립할 때까지 유지되었다.

한나라는 전한과 후한으로 나뉜다. 한나라는 왕망에게 무너졌으나 서기 25년에 한나라 왕조의 후예인 유수(劉秀)가 신나라를 무너뜨리고 다시 한나라를 건립했다. 한나라를 새로 세운 유수가 광무제(光武帝)이다. 역사에서는 왕망에게 망한 전자를 전한(前漢, 또는 서한西漢)이라 하고 후자를 후한(後漢, 또는 동한東漢)으로 구분한다.

후한 역사에 위촉오(魏蜀吳) 삼국시대가 이어진다. 후한은 서기 220년 마지막 황제 헌제(獻帝)가 강압에 따라 조조(曹操)의 아들 조비(曹丕)에게 제위를 물려줌으로써 역사에서 사라진다. 조비가 이후 나라 이름을 위(魏)로 바꿈으로써 한나라는 역사 속으로 묻혀버렸다.

한나라 시대에 이르러 음양설과 오행설이 각각의 이론이나 학설로 존재하는 것이 아니라 비로소 음양오행설이라는 하나의 사상으로 합쳐지고 발전을 이룩하였다. 이로써 음양오행설은 중국에서 벗어나 동아시아 전역으로 퍼져나가며 동양의 기본 사상으로 굳건하게 자리매김하게 되었다.

5) 우리나라의 역학

이미 배움이 그러하고 인식이 그러한 탓이겠지만 역이라 하면 일반적으로 중국의 고전인《주역》을 지칭하고 중국 사상으로 생각한다.

문제는 교육에 있다. 이른바 그렇게 배웠기 때문에 그렇게 인식한다는 것이다. 하지만 역은 단순히《주역》만 지칭하는 것이 아니다.《연산(連山)》,《귀장(歸藏)》,《주역(周易)》을 3역(三易)이라고 한다. 이처럼 여러 가지 역이 있을 수 있는데 지금에 와서 역이라는 말은《주역》이라는 말과 동일시되고 있다.

특히 사람의 운명을 파악한다는 측면에서 역은 그 범위가《주역》보다 더 넓다. 즉《주역》이 전래하기 이전부터 내려오는 사상에 대한 이해가 필요하다.《주역》이 이 땅에 도래하기 이전인 상대(上代)부터 신앙과 사유방식의 발상이 역리와 관련되어 발전해왔음을 직시할 필요가 있다.

한국 역학은《주역》 이전부터 발달했다. 풍수지리가 그러하듯 역의 변천도 지역적이다. 즉 역은 지역의 기후와 기온, 강수량, 국지적 위치, 삶의 방식에 따라 발전한다. 풍수지리가 그러하다. 따라서 시대 흐름에 따라 내용을 달리해 이 땅에서는 고대의 점술, 신비주의적 이론을 바탕으로 한 자연론이 적용되었다. 또 우리 고유의 천문과 역법(曆法), 의약과 같은 과학사상의 발달을 볼 수 있다.

《주역》은 대표적 역학서이다. 중국을 비롯해 한자를 사용하는 동양의 여러 민족이 과거 수천 년 동안 읽어온 최고(最古) 고전이다. 이 땅의 역학도 표면적으로《주역》과 같은 시기에 발전하였다.

일반적 개념에서 살펴보면 중국에서 전설상 인물인 복희가 주역 8괘를 처음으로 만들었다고 알려져 있다. 그런데 조금 더 깊이 파악하고자 하면 복희가 중국 뿌리인 화족이 아니라 동이족이라는 사실은 심상하다 못해 자못 흥미진진하다. 우리 민족의 위대한 저술인《태백일사》의 기록에 따르면 삼황의 우두머리인 복희씨가 신시를 연 환웅의 5대손인 태우의 막내아들이라고 한다.

더욱 재미있는 사실도 있다. 복희가 중국인들의 뿌리인 한족이 아니라고 주장하는 이론이 있기 때문이다. 중국의 위대한 학자 쑨원(孫文)은 중국 역사의 전설시대를 아우르는 삼황이 모두 조선의 주장이라며 자신들의 역사에서 제외해야 한다고 했다.

동양학의 근간이며 동양역학의 시원이라고 할 수 있는 8괘의 창시자 복희가 우리 한민족이라고 하면 우리의 역은 그 역사가 참으로 장구하다 할 것이다.

《삼국사기》나《삼국유사》에서 엿볼 수 있다는 것이 아쉬운 일이기는 하나, 전해지는 단군신화나 고조선 개국 역사에서 우리 조상들이 어떤 행위를 하였는지는 능히 짐작이 가능하다. 풍백과 우사와 같은 명칭이 이유 없이 지어진 것이 아니다.

《단군고기》에 따르면 단군원년을 무진원년(戊辰元年)으로 정했다는 기록이 있다. 이 내용이 사실이라면 우리는 이미 상나라보다 훨씬 이전부터 60갑자를 사용했다. 상나라가 바로 우리 조상인 동이족이 세운 나라이므로 그들이 동이족이 만든 60갑자를 가져다 사용했다는 것이 하나도 이상할 것이 없다.

누구라도 그러하듯 자신의 역사는 조금 더 거국적으로 살피고 보수적으로 인정할 필요가 있다. 《한단고기》라는 책이 있다. 이 책에는 신라시대 안함스님이 저술했다는 《삼성기》가 있다. 그 내용에는 분명 한인 이야기가 있다.

하느님으로 해석되는 한인이 시베리아에 계시다가 비로소 환국(桓國)을 열었다고 한다. 어딘지 모르게 들었던 환역(桓易)이라는 말이 떠오르는 내용이다.

그 후 한인은 아들인 한웅을 지상에 내려 보내니 신시를 열게 되었다. 한웅의 아들이 바로 고조선의 태조황제 단군이다. 하느님으로 해석되는 한인님이 바이칼호 부근에서 한국을 연 시기가 기원전 7797년이라고 하니 역사가 엄청나게 오래되었다. 우리나라 역사가 단군이 고조선을 연 기원전 2333년에 시작되었다고 하는데, 이 이치에 따르면 우리 민족의 개국은 이보다 훨씬 전으로 올라간다.

우리 역사가 길 듯 역학의 역사 또한 길다. 고구려와 백제, 신라로 통칭되는 삼국시대 이래 오경(五經), 삼사(三史) 등을 학술사상의 중심으로 삼아왔음이 명백하다. 특히 그 가운데서도 《주역》은 최고 원리가 담긴 최상의 경전으로 여겨져 공부되고 학습되었다.

5. 역학의 종류

역학의 범위는 매우 넓은데 역학을 들여다보면 크게 두 가지로 나눌 수 있다. 인생 전반을 살피고 운명을 따라가며 적용하는 운명학과 순간적 운명을 판단하는 점술학이 그것이다. 인간의 운명을 살피고 따르며 그 결과를 예측하는 것은 추명의 논리다. 달리 추명학이라는 것이 이런 이치다.

운명학은 여러 가지 이치를 살핀다. 따라서 운명을 살피기 전에 근본을 살핀다. 성격을 살피고 적성을 살핀다. 이를 바탕으로 직업을 예측하거나 적용할 수 있다. 결혼 문제와 연애 문제, 돈과 직업 문제를 살핀다. 건강 문제를 살피고 사업성이 있는지도 살핀다.

단순하게 살필 수 없는 것이 운명학이다. 그가 어떤 사람인지 살피는 것이 운명학이다. 운명을 알려면 일정한 바탕을 두고 추론하니 추명학이다. 이와 같은 과정을 거쳐 근본을 깨닫고 이해한다. 이렇듯 근본을 형성하는 것을 우리는 운명학이라 하고, 그 운명학에 명리학이 속한다.

운명학을 통해 근본을 깨우쳤다면 변화를 찾아야 한다. 평생 흐르는 운명이나 10년간의 운명, 1년 단위의 운명을 살핀다. 이를 신수라고도 한다. 월의 운수와 나날이 벌어지는 흐름을 살필 수도 있다. 이를 살피는 다양한 학문을 운명학이라고 한다. 운명학의 범주는 매우 다양하고 넓이도 무궁하다.

운명학의 분류와 설명		
운명학	사주명리학	인간의 생년월일과 생시의 천간지지를 이루는 팔자로 선천운과 후천운을 감정한다. 사주추명술(四柱推命術)이라고도 하며 사주명리라고도 한다. 사주명리학은 년월일시를 적용하여 4기둥과 8개 글자를 배전하고 음양오행을 적용하여 생극화합, 5합, 7살 및 12지의 형충파해, 공망, 12운의 흐름과 같은 이치를 적용하고 조후를 따진다. 희기구구(喜忌救仇) 등의 이법을 적용하여 운의 흐름을 파악한다.
	기문둔갑	하도(河圖)와 낙서(洛書)의 수(數)에 따른 배열원리와 이를 이용한 《주역》 건착도(乾鑿度)의 구궁(九宮)의 법이 그 원형이다. 둔갑술(遁甲術)이라고도 한다. 음양오행을 바탕 이론으로 하여 구궁이라는 장소에 국(局)의 개념을 도입해 운명을 판단한다. 특히 병술, 점술, 지리에 사용하기 용이하고 현대적으로 재판 등과 같은 이치에 적용하기 유리하다.
	철판신수	한국에서는 활성화되지 못한 기술이다. 철판신수는 명리에서 볼 수 없는 부분을 세밀하게 잡아내는 묘미가 있다. 홍콩이나 대만에서 인기가 높지만 진서를 구하기가 힘들다. 인간의 운명을 도식화하여 15분 단위로 구분하고 분석이 가능하다고 한다. 구궁도에 등장하는 괘로 운명을 풀이한다.
	하락이수	도남(圖南) 진희이(陳希夷) 선생이 사람들의 태어난 년, 월, 일, 시 간지로 하도수와 낙서수에 연관해서 괘를 짓고 괘사와 효사를 중심으로 역의 해석을 사람의 사주팔자에 접목하여 괘상으로 표시해 한 사람의 한평생 운과 한 해의 운, 한 달의 운 심지어는 하루, 한 시의 운까지도 알 수 있으며 상(象)과 수(數)를 통하여 이치를 규명한 상수리(象數理)를 하나로 귀일시킨 학문이다. 철판신수와 가장 가까운 형태이다. 천간과 지지를 숫자로 바꾸고 짝수는 짝수끼리 더하고 홀수는 홀수끼리 더하여 일정한 공식으로 계산한다. 이 공식을 주역의 괘로 변화시켜 주역에 대입해 해석한다. 정확도가 뛰어나다.
	자미두수	중국의 도교에서 시작한 점술이다. 사람의 운명을 본다는 점에서는 사주추명술과 비슷하지만 100여 가지 이상의 별로 이루어진 명반으로 한 사람의 운명을 감정한다. 음양오행과 별을 연관지어 운명을 감정한다. 노자나 공자 시대에 학문적으로 연구한 듯하지만 송나라 시대의 진희이가 정리한 것으로 보인다.
	월령도	토정 이지함이 만들었다고 하나 믿기 어렵다. 주역의 괘로 점을 친다. 괘에 따라 숫자가 나오면 배우자 성씨는 물론이고 주의할 성씨도 나온다고 한다. 그러나 월령도로 사기를 치는 인간도 많았다고 한다. 결국 월령도는 소문만 무성한 위서라고 판단하는 사람도 많았다. 배우자 띠와 성씨까지도 알 수 있다는 대단한 점술로 알려졌지만 그 실체를 아는 사람은 거의 없다.

운명학의 분류와 설명		
운명학	당사주	중국 당나라 이허중의 점서에 그림을 넣어 도해하고 한글로 알기 쉽게 풀이한 책에 따라 사람의 생년 · 생월 · 생일 · 생시와 천상에 있다고 하는 12성의 운행에 따라 인생의 길흉을 점치는 방법이다. 자평명리로 대별되는 일반 사주와 보는 방법이 다르다. 일반 사주는 생년월일시에 해당하는 간지(干支)의 상생, 상극과 오행의 강약, 대운(大運)과 세운(歲運)의 순환에 따라 길흉이 결정되지만 당사주는 간지의 상생과 상극은 상관없고 오직 12성의 조우(遭遇, 우연한 만남)로 길흉을 판단한다. 체계를 갖추기는 했지만 사주추명학과는 비교되지 않을 정도로 단순하다.
	구성학	주역의 팔괘를 근거로 기의 순환에 따른 인명(人命)의 길흉, 길흉방위, 내정(來情), 취기(取氣) 등을 연구하고 피흉취길을 추구하는 학문이다. 구성(九星)은 말 그대로 아홉 개 별을 이른다. 북두칠성에서 우리 눈에 보이는 별 일곱 개와 우리 눈으로는 보이지 않는 별 두 개를 합쳐 구성이라고 한다. 이 아홉 개 별의 위치가 계절과 시간에 따라 변하는 것을 연구하여 인간의 길흉화복과 흥망성쇠를 파악한다.
	토정비결	조선 선조(宣祖) 때 학자 토정(土亭) 이지함의 도참서(圖讖書)다. 태세(太歲) · 월건(月建) · 일진(日辰)을 숫자적으로 따져 새해 신수(身數)를 보는 데 사용하였으며, 《주역》의 음양설에 근거한 반면 오행설과는 아무런 관계가 없다. 기본적으로 《주역》에 뿌리를 두었으나 여러 가지 점에서 《주역》과 다른 양상을 보인다. 《주역》에서는 중괘(重卦)가 64괘인 데 비하여 여기에서는 48괘만 사용되고 16괘는 쓰이지 않는다.
	풍수지리	산세(山勢), 지세(地勢), 수세(水勢) 등을 판단하여 이것을 인간의 길흉화복에 연결하는 설로 풍수설, 지리설이라고도 한다. 도성(都城), 사찰(寺刹), 주거(住居), 분묘(墳墓) 등을 축조(築造)하는 데 재화(災禍)를 물리치고 행복을 가져오는 지상(地相)을 판단하려는 이론으로, 감여(堪輿, 감堪은 천도天道, 여輿는 지도) 또는 지리(地理)라고도 한다. 이것을 연구하는 사람을 풍수가(風水家) 또는 풍수선생, 감여가(堪輿家), 지리가(地理家), 음양가(陰陽家) 등으로 부른다.
	인상학	인상을 조사해서 그 사람의 기질이나 성격을 밝히고, 걸어갈 운명도 예측하려는 경험적 지의 체계로 인상술, 관상학(술)이라고도 한다. 이 경우 인상에는 안모만이 아니라 신체의 형상, 자세, 동작 등도 포함되는 경우가 있으며, 영혼과 신체는 서로 공감 · 조응하는 것으로 사람의 기질이나 성격은 신체의 외면에 반영된다는 생각이 근저에 있다.

운명학의 분류와 설명		
운명학	관상학	인상(人相)을 관찰해 사람의 운명을 판단하고 그 결론으로 피흉추길(避凶趨吉)의 방법을 강구하는 학문이다. 현실에 근거를 두고 통계학적 방법에 따르는 등 과학적 방법으로 판단하기 때문에 옛날부터 전해지는 다른 점술(占術)과 근본적으로 유래를 달리한다.
	꿈해몽	꿈풀이 또는 해몽(解夢)은 꿈이 앞으로 일어날 일을 말해준다는 믿음을 바탕으로 꿈의 내용을 풀이하여 미래를 예견하는 일이다. 즉 꿈을 잘 풀이하면 앞으로 일어날 일을 예측할 수 있다는 생각으로, 흔히 정형화된 형식에 따라 좋은 꿈과 나쁜 꿈으로 구분한다. 과학적 근거가 없는 미신이지만 점(占)과 같이 현대에서도 행해지고 있다.
	점성술	별의 빛이나 위치, 운행 따위를 보고 개인과 국가의 길흉을 점치는 점술이다. 바빌론과 고대 중국·인도 등지에서 발달하여 천문학에 이바지하였고, 서양에서는 중세에 크게 성행하였다. 서양의 점성술은 매우 발달하였는데 춘분점을 기준으로 둘레를 12등분한 황도 12궁을 놓고 운명을 판단한다. 양력의 생년월일에 따라 별자리가 정해지고 그 별자리의 성격과 기질, 운명을 적용한다.

6. 점학의 종류

점은 점(占)이다. 순간적이다. 마치 찍어내듯 모아서 보는 것이다. 한곳에 집중하는 것이다. 점학은 순간적으로 운명을 점치는 것이다. 장시간을 보는 것이 아니라 한순간을 보는 것이다. 순간적 운명을 보는 것이라고 할 수 있다.

점은 아주 짧은 결정에 이용한다. 예를 들어 매매를 할 것인가, 말 것인가? 오늘 길을 나설 것인가, 말 것인가? 지금 투자하면 돈을 벌 것인가, 잃을 것인가? 운전면허시험에 붙을 것인가, 떨어질 것인가? 등등과 같은 순간적 판단에 사용한다.

점(술)학의 분류와 설명	
매화역수	송나라 때 철학자 소강절이 자연현상을 보고 이 현상을 괘로 만들어 괘를 풀이함으로써 미래를 예측할 수 있다고 기록한 책이다. 자연현상을 근거로 하는 점학의 한가지다. 순간적 길흉을 점친다. 어느 날 소강절 선생이 매화꽃을 구경하던 중 새가 싸우다가 떨어지는 것을 보게 되었다. 선생은 수(數)를 계산하여 그다음 날 저녁에 이웃집 처녀가 꽃을 꺾다가 떨어져 다리를 다칠 것을 알았다.
육임	명과학(命課學) 술서(術書)의 하나. 십이진(十二辰)의 천반(天盤)의 분야와 지반(地盤)의 방위의 배합관계로 4괘(卦) 3전(傳)의 법을 써서 길흉을 점치는 것으로 64과(課)가 있다. 기문둔갑, 태을수와 더불어 삼수(三數)의 하나로 알려졌다.
초씨역림	중국 전한 말의 초연수가 찬술한 역서이다. 주역의 64괘 원괘에 다시 64괘를 합한 총 4,096괘로 되어 있으며, 춘추시대 이래로 발전을 거듭한 복서의 모든 이치가 총망라되어 있다. 문학적으로도 뛰어난 아름다운 시어(詩語)로 되어 있다는 점에서 의의를 찾을 수 있다. 음양의 12개 획으로 구성된 4,096(=212)괘를 각각 4구절로 정리하였다. 점치는 사람이 괘를 스스로 뽑고 그 괘에 해당하는 초씨역림 구절로 미래를 해석한다.
육효	주역을 바탕으로 점친다. 주역의 괘만 빌려오고 전혀 다른 방법으로 해석한다. 효의 순서는 아래에서 위로 올라간다. 맨 밑의 효를 초효(初爻), 그다음 효를 차례대로 이효(二爻), 삼효(三爻), 사효(四爻), 오효(五爻), 상효(上爻)라 한다. 여기에 다시 음양의 구별을 두어 이름을 붙인다. 즉, 초(初), 이(二), 삼(三), 사(四), 오(五), 상(上)으로 위치를 나타내고 양수의 대표인 구(九)와 음수의 대표인 육(六)으로 음양을 표시한다.
황극책수	중국 삼국시대 제갈공명의 유편과 역성으로 존경받는 북송시대 소강절 선생의 유작을 명대에 이르러 국사 유백온이 보완했다. 인간 운명의 틀인 사주팔자를 천반과 지반으로 나누어 선천수에 합산하여 풀이한다.
주역점	주역점은 《주역》이라는 고대 점술서를 이용해 치는 점술이다. 본디 점서로서 경(經)과 전(傳) 두 부분으로 나뉘어 있는데, 경은 양효(陽爻)와 음효(陰爻)를 맞춘 여섯 개 선으로 된 그림에 설명이 붙은 것이다. 그 그림을 괘(卦)라고 하는데 64괘(卦)로 구성되며, 서죽(筮竹)과 산목(算木)을 써서 그림을 구하여 판단한다.
동전점	동전 3개를 여섯 번 반복해서 던진다. 3개 모두 앞면이면 노양, 즉 늙은 양으로 양이 극에 달해 곧 음으로 변하게 된다. 동전점은 주역점이다. 주역점을 쳐서 나오는 점의 가짓수는 총 450개이다. 6개 효 중에 하나가 변해서 효사를 참고하는 경우 384(64괘×6효)가지와 변효가 나오지 않았을 때 그 괘의 단사를 점사로 해석하는 64(64괘)가지와 마지막으로 건괘와 곤괘에만 있는 용구, 용육 문구 두 가지를 합해서 450개가 된다.

점(술)학의 분류와 설명	
오주계	예전에는 시간이 정확하지 않았기 때문에 년주, 월주, 일주, 시주 네 가지를 가지고 점을 쳤다. 기술이 발달한 근래에는 오주(五柱) 또는 육주(六柱)로 태어난 분(分)과 초(秒)까지 사용한다.
시간점	질문자가 질문한 시간을 가지고 4개 기둥을 만든다. 질문한 날의 년월일시를 사주로 전환하여 판단하는 기법이다.
윷점	'사점(柶占)'이라고도 한다. 윷점에는 두 종류가 있다. 하나는 집단으로 편을 갈라 윷놀이를 하여 그 승부로써 그해 농사 풍흉을 점치는 것이다. 이것은 옛날에 농촌에서 여러 가지로 농사점을 하던 점년법(占年法)의 하나였다. 다른 하나는 이와 달리 일반적인 오락으로 윷을 던져서 나오는 말로 개인의 운수를 점치는 것이다. 그 방법은 윷을 세 번 던져 괘를 얻는다. 첫 번째 던져 나오는 말을 상괘로, 두 번째 던져 나오는 말을 중괘로, 세 번째 던져 나오는 말을 하괘로 삼아 모두 64괘로 되어 있는 괘를 찾아 점사(占辭, 점괘에 나타난 말)를 읽어 길흉을 판단한다.
주사위점	육효점과 유사한 전개식이며 주로 홍콩과 대만 등에서 사용하는 점의 방식이다. 점의 원칙도 육효점과 유사하여 일의일문(一疑一問), 재점불가(再占不可) 원칙을 지키며 주사위 두 개를 던져서 각 점의 개수(수를 의미)를 괘로 정의해 의뢰인의 운세를 풀이하고 미래의 길흉을 예지하는 데 사용한다. 각 괘의 상징적 해석은 사람의 됨됨이, 연애관계, 결혼 문제, 금전, 재물관계, 진학, 취직 문제, 사업관계, 출세관, 건강 상태의 길흉을 의미할 수 있도록 정의한다.

2장

음양과 오행

사주명리학에서 가장 기초가 되고 근본이 되는 근간은 음양오행이다. 음양이 무엇인지, 오행이 무엇인지 정확하게 인식하지 못한다면 올바른 간명과 통변은 물 건너간 것이나 다름없다. 또한 음양과 오행이 어떤 관계성을 지니는지 올바로 인식하고 파악해야 사주팔자를 제대로 풀어 해석할 수 있다.

재차 강조하지만 사주명리학의 시작은 음양과 오행이라고 할 수 있다. 오래도록 명리학을 배우고 익히며 업으로 삼은 사람도 반복적인 학습의 결과를 말하라면 음양오행을 인식하는 것이라고 한다. 명리학을 배우는 시작 단계인 처음에 음양오행을 배우지만 결국 마지막도 음양오행이라는 말은 결코 가볍게 넘길 일이 아니다.

태초에는 아무것도 없었을 것이다. 아니 너무 많은 것이 뒤섞여 있었을지도 모른다. 모든 것이 혼돈이었을 것이다. 이 혼돈 속에 태극(太極)이 자리하고 있었다. 이 태극은 달리 무극(無極)이라고 해도 좋다. 이곳에서 음양(陰陽)이 태어났다. 달리 양의(兩意)라고 하는 이 의미는 모든 것의 시작을 알린다.

음양은 작용과 변화를 통해 4상을 생하고, 4상은 다시 8괘를 생한다. 이것이야말로 우리가 인식하는 팔괘 개념이다. 사상은 평면적 개념이고 팔괘는 입체적 개념이다. 이 팔괘가 다시 팔괘끼리 짝하여 변화를 일으키니 비로소 64괘가 이루어진다.

팔괘의 의미

팔괘	대상 (卦象)	대덕 (卦德)	인륜 (人倫)	인품 (人品)	원취 (遠取)	근취 (近取)	기물 (器物)	잡물 (雜物)
일건천 (一乾天)	天	健	父	賓	馬	首	金玉	永
이곤지 (二坤地)	地	順	母	衆人	牛	腹	釜	布
삼진뢰 (三震雷)	雷	動	長男	君子	龍	足	寬	稼
사손풍 (四巽風)	風	入	長女	主人	鷄	股	繩	臭
오감수 (五坎水)	水	陷	中男	盜	豕	耳	弓	血
육리화 (六離火)	火	麗	中女	武人	雉	目	甲胄	墉
칠간산 (七艮山)	山	止	少男	小人	狗	手	節	門闕
팔태택 (八兌澤)	澤	說	少女	巫	羊	口	甁	剛鹵

이 64괘를 해석하는 것을 괘사(卦辭)라고 한다. 하나의 괘는 각각 세 가지

현상으로 이루어지는데 이를 각각 효(爻)라고 한다. 즉 하나의 괘에는 효가 세 개 있는 것이다. 이 효는 반드시 음양으로 이루어진다. 이 세 효가 모여 하나의 괘를 이룬다. 이 효를 설명한 것이 효사(爻辭)이다.

달리 생각해보자. 우주 만물을 이루는 여러 물질과 생물은 하나같이 분자로 이루어져 있다. 이 분자들이야말로 그 생물이나 물질을 이루는 근본 물질이다. 사주명리와 점사 혹은 주역을 논할 때 효는 바로 이 분자와 같은 기능을 한다.

태극에서 팔괘에 이르는 변화 과정

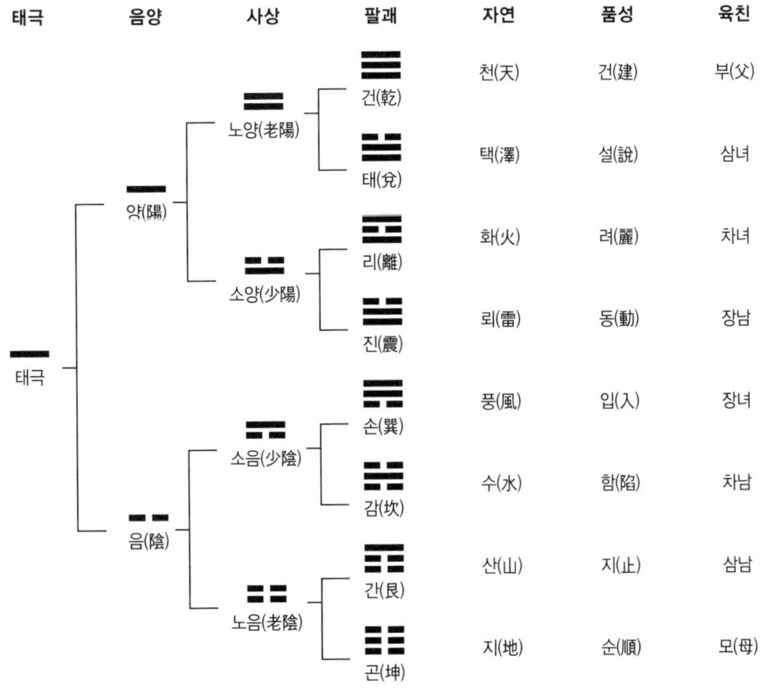

3개 효로 하나의 괘가 이루어지고, 괘는 두 괘를 합하여 64개로 이루어진다. 따라서 64괘는 364개의 효로 이루어지는 것이다. 이 표는 각각 음양으로 이루어지니 무수한 음양의 변화를 나타낸다. 또한 64괘와 364개 효 속에는 우주는 물론이고 세상의 이치와 만물의 의미가 내포되어 있다.

【집중】 **괘(卦)와 효(爻)**

《주역》은 우주 대자연의 오묘한 진리를 괘(卦)와 효(爻)로써 나타내고 문자로 엮은 경전이자 철학서라고 볼 수 있다. 해(양陽)가 뜨고 지고 달(음陰)이 뜨고 지는 이치를 기호와 글로 표현한 것이 《주역》이라고 봐도 무방하다. 《주역》의 도(道)는 일음일양지위(一陰一陽之謂)라고 했으니, 즉 한 번 음하고 한 번 양하는 것이 도(道)라는 이야기다. 이는 변한다는 말이다. 변화를 의미한다. 밤이 낮이 되고 낮이 밤이 되는 이치다. 이것을 역(易)이라고 한다. 인간은 이러한 이치 속에서 날마다 살고 사용하지만 제대로 알지 못하니 군자가 드물다는 말을 《주역》 〈계사전(繫辭傳)〉에서 논한다. 《주역》은 생활 속에서 이롭게 활용하고 다방면으로 사용이 가능한 철학서인데 점서(占書)로도 사용할 수 있다.

이 《주역》에서 원리를 푸는 데 사용하는 것이 괘(卦)와 효(爻)이다. 〈계사전〉에서는 "괘는 만물을 표상하는 것이며, 표상한다는 것은 본받는 것이다"라고 하여 괘를 세계의 전 존재를 표현하고 본받는 상징체로 규정한다. '괘(卦)'는 한자로 풀이해볼 때 '복(卜)'과 '규(圭)'가 합해진 것이니 곧 합성어에 속한다. '규'는 음을 나타내고 '복'은 양을 나타낸다. '복'은 본래 거북 껍데기를 불에 태워 점을 칠 때 나타나는 균열상(龜裂象)을 그린 문자이다. 즉 점을 칠 때 사용하는 모습을 나타내니 괘라는 말 자체가 바로 점의 형태를 나타낸다고 보아도 좋다.

《설문해자(說文解字)》에서 "괘(卦)는 점서(占筮)하는 소이(所以)이다"라고 규정한 바와 같이 괘는 본래 점법과 관계가 깊은 상징체라고 할 수 있다. 괘란 점법의 일환이다. 괘(卦)라는 말에 '걸다, 걸치다'라는 의미가 있듯 점을 쳐서 걸어놓은 것에서 그 의미가 전성되었을 것으로 보인다. 옛날에는 짐승의 뼈나 거북의 배 껍데기는 물론 초사라 하여 풀을 이용해 점을 쳤다. 이것이 죽편(竹片)으로 치는 점으로 발전하는데, 그 결과를 걸어놓아 괘를 해석한 것이 아닌가 한다.

괘에는 3개 효(爻)로 이루어진 8개 괘, 즉 팔괘(八卦)와 이것이 두 개씩 겹쳐져 6개 효로 구성된 64개 괘, 즉 육십사괘(六十四卦)가 있다. 우리에게 흔한 말은 팔괘와 64괘인데 이런 이유가 있다. 8괘는 점법의 기본이고 64괘는 모든 것을 해석할 수 있다. 따라서 전자를 단괘(單卦) 또는 소성괘(小成卦)라고 하는데 괘 한 가지로 치는 것이다. 후자를 중괘(重卦) 또는 대성괘(大成卦)라고 하는데 두 괘를 겹쳐 6개 효로 살피는 것이다.

괘를 구성하는 기본 요소인 효는 사물의 변화를 본뜬 것으로 양적 성질을 대표하는 양효(陽爻)와 음적 성질을 대표하는 음효(陰爻) 두 가지가 있다. 이 중 양효(陽爻)는 하늘[天] 또는 남자[男]를 나타내고 음효(陰爻)는 땅[地] 또는 여자[女]를 나타낸다. 효에서도 음양의 이치를 벗어나지 않는다. 팔괘를 논할 때도 같은 의미로 설명한다. 1개 괘(卦)는 3개 효(爻)로 구성되는데 이것을 소성괘(小成卦)라고 한다. 8괘가 그것이다. 즉 3개 효로 이루어진 모든 괘는 소성괘다. 3개 효로 하나의 괘가 만들어지는데 3개 효는 천지인(天地人)의 삼재(三才)를 의미한다. 동양학은 자연의 이치에서 원리를 찾아 의미를 부여하고 그것에 생기(生氣)를 부여하여 인간사와 결부해 해석하려는 특징이 있다. 하나에서 시작하여 9에 이르는 모든 이치에도 그러한 사상이 숨어 있다. 무극(無極), 일원(一元), 양의(兩意), 삼재(三才), 사상(四象), 오행(五行), 육합(六合), 칠성(七星), 구궁(九宮)이 모두 그러한 의미를 가지고 있다. 괘(卦)에 천지인의 삼재(三才) 개념을 노입하여 구성하는 것 역시 그러한 사상의 일환이다.

효(爻)의 명칭은 아래에서부터 읽어가는데 초(初)효, 이(二)효, 삼(三)효, 사(四)효, 오(五)효, 상(上)효로 읽는다. 이에 따라 음양이 적용된다. 이에 양효를 구(九), 음효를 육(六)으로 쓴다. 그래서 초효가 양효라고 하면 초양(初陽)이라 읽지 않고 초구(初九)라고 쓰거나 읽는다. 그리고 이효(二爻)가 음효인 경우에는 이음(二陰)이라 읽지 않고 이륙(二六)이라고 읽는다. 따라서 익숙하지 않으면 이해하기가 어렵고 알아듣기가 쉽지 않다. 양(陽)을 구(九)라 하고 음(陰)을 육(六)이라고 하는 까닭은 점괘 50개 중 하나를 뽑아두고 49개를 무심으로 둘로 나눈 후 네 개씩 덜어내기를 반복한 다음 남은 개수를 헤아리면 4 아니면 1이 되기 때문이다. 이렇게 세 번 하여 나머지를 더하면 6 또는 9라는 숫자를 얻는다. 이에 따라 6은 음효, 9는 양효가 된다. 이렇게 세 차례 반복하면 하나의 효를 얻을 수 있다.

팔괘는 혼자 얻어지는 것이 아니다. 무극에서 분화하는 과정을 거쳐야 비로소 팔괘에 이른다. 무극을 나타내는 태극(太極)에서 음양(陰陽)으로 분화되고, 그 음양에서 다시 음양이 분화된 괘가 추가되어 분화하니 사상(四象)이 된다. 거기에 또다시 음효와 양효가 첨부되어 팔괘로 분화했다. 이처럼 배수로 부가되어 팔괘가 다시 팔괘를 만나니 육십사괘가 된다. 따라서 팔괘는 가장 기본적인 괘의 형태가 되며 이 두 괘를 겹쳐야 진정한 괘의 형상을 이룬다. 효가 초석이라면 팔괘는 건물의 기단과 같은 것이다. 팔괘는 각기 방향을 나타내기도 한다. 건(乾-天), 태(兌-澤), 이(離-火), 진(震-雷), 손(巽-風), 감(坎-水), 간(艮-山), 곤(坤-地)이다. 건은 서북방이요, 태는 서방, 진은 남동이다. 감은 북방이고 간은 동북방이다. 곤은 서남방이다. 이 8개 괘는 주역을 읽을 때 기본 단위, 즉 기본 개념이기에 철저하게 이해해야 한다.

이 팔괘 하나하나에는 음양 구분이 있다. 팔괘에는 각기 음괘가 있고 양괘가 있다. 팔괘에서 음양을 결정하는 방법이 매우 독특하다. 8괘를 구성하는 3개 효 중에서 양효(陽爻)가 홀수이면 양괘(陽卦)로 정한다. 음효(陰爻)가 홀수이면 음괘(陰卦)가 된다. 셋 중에서 언제나 소수가 전체 성격을 결정하는 것이 된다. 하나의 괘는 3개 효로 이루어진다. 양(陽)이 하나면 당연히 음(陰)이 둘이고 음(陰)이 하나면 양(陽)이 둘이다. 그런데 많은 것이 드러나는 것이 아니라 언제나 소수가 전체 성격을 결정한다.

일반적으로 64괘를 살필 때 보는 괘는 두 괘가 상하로 겹쳐 있는 모습이다. 따라서 6개 효가 눈에 들어온다. 이처럼 8괘 2개를 상하(上下)로 겹쳐놓은 것을 대성괘(大成卦)라 한다. 이에 비하여 8괘는 소성괘(小成卦)라 한다. 64괘는 대성괘라는 개념에서 살펴야 한다. 대성괘는 상하 2개 8괘로 이루어져 있다. 2개의 8괘를 계단처럼 쌓아놓은 형상이다. 위의 괘를 상(上)괘 또는 외(外)괘라 하고 아래의 괘를 하(下)괘 또는 내(內)괘라 한다. 대성괘는 모두 64개가 된다. 이것으로 모든 것을 점칠 수 있게 되어 있다. 이것을 설명한 책이 《주역》이다. 대성괘는 두 소성괘의 성질, 위치에 따라 성격과 명칭이 정해지기도 하고 두 소성괘가 이루어 내는 모양에서 명칭과 뜻을 취하기도 한다. 64개 대성괘를 상경(上經) 30괘(卦)와 하경(下經) 34괘(卦)로 나눈다.

모든 것은 무(無)에서 시작한다. 법칙이 그러하여 모든 것은 무의 법칙에서 시작한다. 무의 개념에서 시작한 음양의 이치는 모든 변화를 시작하는 주체가 되었을 뿐 아니라 모든 변화를 통제하는 주체가 되었다. 따라서 무념무상이라는 말은 헛된 말이 아니라 새로운 변화를 불러일으키는 것임을 나타낸다.

오행은 오행의 변화가 한 단계 더 세분된 것으로 우주와 만물을 이루는 생물과 물체의 구성을 다섯 가지로 정의한 것이다. 즉 만물을 생성하는 다섯 가지 요소인 목화토금수(木火土金水)를 말한다.

동양의 학문은 대부분 공통의 뿌리를 가지고 있다. 명리학이 그렇고 풍수지리가 그러하며 의학이 그러하다. 동양 학문의 모든 공통된 뿌리는 음양오행이라고 할 수 있다.

음양은 오행보다 근원적이며 기원적인 개념이지만 오행과 함께 연구되고 논의된다. 음양이 먼저 생겨나고 오행이 이후에 생겼을 것이라는 주장과 학설이 힘을 얻지만 아직도 대부분 음양오행은 함께 다루어진다. 음양과 오행은 서로 다른 개념이지만 한 몸처럼 생각되고 적용된다.

1. 음양

음양은 상반되고 대립되는 개념으로 대치되지만 음과 양은 또 서로 떨어져 존재하면 의미가 사라지고 만다. 음양은 반드시 함께 존재해야 그 가치가 있다. 따라서 대립적이지만 상호 보완적이다.

세상의 모든 물체, 사상, 의미 그리고 개념조차 음양을 벗어나기는 어렵다. 우주의 근본이라고 할 수 있는 혼돈이며 태극이 변화를 일으키고 분화하여 비로소 음양으로 나뉘게 되었다. 음양은 달리 양의라고 하니 표리의 관계이며 상호 보완적인 관계이다. 표면적으로 대립적인 관계이나 상대성이다. 하나의 개념이 없으면 다른 반대의 개념도 성립되기 어려운 것이 음양관계이다.

음양의 상관관계									
음	땅	달	여자	밤	겨울	어둠	작은것	받는것	아래
양	하늘	해	남자	낮	여름	밝음	큰 것	주는것	위

음양은 상반되고 대립되는 개념으로 대치되지만 음과 양은 또 서로 떨어져 존재하면 의미가 사라지고 만다. 음양은 반드시 함께 존재해야 그 가치가 있다. 따라서 대립적이지만 상호 보완적이다.

물체나 생물, 사상과 개념 혹은 사고까지도 음양을 적용할 수 있다. 따라서 음양은 매우 큰 이념이고 해석하지 못할 것이 없는 거대한 풀이의 도구다. 사람의 이름이나 사주라고 해서 다를 것이 없다.

양력 1985년 8월 18일 오후 16시 46분 출생				
	時	日	月	年
陰陽	陽	陰	陽	陰
天干	壬	己	甲	乙
地支	申	丑	申	丑
陰陽	陽	陰	陽	陰

양력 1985년 8월 18일 오후 16시 46분 출생자의 사주다. 사주를 이루는 글자에는 모두 음양이 적용된다. 사람의 사주에서 음양의 비율은 그 사람의 성격이 외향적이냐, 내향적이냐를 결정짓기도 한다.

이처럼 사람의 생년월일을 기준으로 정해지는 사주에는 반드시 음양이 적용된다. 이러한 음양의 배치로 그 사람의 사고와 성향을 예측할 수 있다.

사람의 사주를 정하는 천간과 지지의 글자는 각각 음양을 지니지만, 사주상에서 천간과 지지의 합은 반드시 양은 양끼리, 음은 음끼리 하나의 기둥을 만든다. 이러한 법칙과 사주에 나타나는 음양의 숫자로 많은 것을 살필 수 있다.

천간의 음양										
天干	甲	乙	丙	丁	戊	己	庚	辛	壬	癸
陰陽	양	음	양	음	양	음	양	음	양	음

천간을 이루는 글자는 물론이고 지지를 이루는 글자도 모두 음양으로 구분된다. 이 음양의 이치는 모든 사주의 풀이과정에 적용된다.

지지의 음양												
地支	子	丑	寅	卯	辰	巳	午	未	申	酉	戌	亥
陰陽	양	음	양	음	양	음	양	음	양	음	양	음

이처럼 음양은 상반된 개념을 가지고 있지만 서로 떨어져 존재하면 의미가 없다. 음양은 반드시 함께 존재함으로써 의미를 부여받는다.

세상이 한쪽으로 치우쳐 있다고 생각해보자. 세상에 양만 존재하고 음이 존재하지 않는다고 생각하면 막막해진다. 그렇게 되면 밤이 없어 하루 종일 태양이 뜨는 낮이다. 세상에 사람은 모두 남자라면 무슨 의미가 있는가? 가능한 이야기인가?

하루 종일 낮이라면 잠은 언제 자는가? 잠을 자기야 하겠지만 편안할까? 세상에 남자뿐이면 자식은 어찌 낳을까? 남성이 어느 시기에 생식할 수 있도록 변한다는 건가? 양에 해당하는 외향적인 사람만 있고 내성적인 사람이 없으니 삭히고 수긍하는 사람은 없고 자기주장만 하고 자기 생각만 이야기하는 사람들뿐이란 말인가? 이 세상은 모여 싸우기만 하고 자기주장만 하는 사람들로 가득 찰 테니 암울하기만 하다.

음양은 우리가 보는 모든 곳에, 생각하는 모든 것에 존재하고 균형을 맞춘다. 우주 속에서 존재하고 갖가지 이론 속에서 존재하며 학문에도 존재한다. 자연 속에만 존재하는 것이 아니라 사람 마음속에도 존재한다. 음과 양의 이치를 좋다거나 나쁘다고 하는 의미로 나눌 수 없으며, 있다거나 없다는 개념으로도 나눌 수 없다. 음양은 그 존재로 존재한다. 음과 양의 기준을 따지다보면 좋고 나쁘다는 개념으로 접근할 가능성이 있지만 근본적으로 음과 양은 존재하는 것이지 부정적이지도 않고 긍정적이지도 않다.

명리학에서 음양은 기본 이치다. 기독교에서 성경이 중요하듯, 불교에서 불경이 중요하듯 사주를 다루는 명리학에서는 음양이 기초이론으로 중요하다. 명리학에서는 음양의 조화와 변화가 모든 변화의 시작이다. 양이 강하면 음이 조화를 맞추고, 음이 강하면 양이 조화를 맞춘다. 어느 것도 부족하거나 모자라지 않고, 모자라거나 부족하면 보충해 조화를 이루는 것이 음양이다.

사주를 해석할 때 음양은 매우 중요하다. 사람의 생년월일로 이루어진 사주에서 음양은 성격과 심리, 육친관계의 변화를 상징한다. 똑같은 오행이라 하더라도 음양에 따라 육친의 적용이 달라진다.

음은 내성적이다. 안정적이고 보수적인 지향점을 가진다. 수렴하는 성격이며 일대일의 만남이다. 그에 비하여 양은 외향적이다. 활동적인 성향을 드러내며 진보적이다. 또한 행동지향적이며 다자간 만남이다.

음양의 심리와 변화	
음	내성적이다. 안정적이고 보수적이다. 수렴하는 성격이며 일대일의 만남이다.
양	외향적이다. 활동적이고 진보적이다. 행동지향적이며 다자간 만남이다.

모든 사물은 음양의 이치에 따라 성격을 지닌다. 자연물도 이와 같아 모든 자연물이 음양의 성격을 지닌다. 사주에서 이 자연의 이치는 그대로 적용된다. 따라서 사람의 사주는 자연을 표방한다.

음양의 기본 특성																				
음	태음	물	쇠	겨울	밤	안	여자	달	어머니	오후	동양	흑색	좁다	어둡다	춥다	아래	땅	앉다	작다	산
양	태양	불	나무	여름	낮	밖	남자	해	아버지	오전	서양	적색	넓다	밝다	덥다	위	하늘	일어섬	크다	강

우주와 자연의 모든 물체, 사상, 이론도 음양의 이치에서 한 발자국도 벗어나지 못한다. 이는 곧 두 개념이 하나의 개념처럼 짜여 돌아감을 의미한다. 음양은 단순히 물체나 이론, 우주와 개념의 성격만 나타내는 것이 아니다.

음양의 성격적 특성																				
음	내향적	소극적	안정적	수렴적	물러섬	사고형	부드러움	직관적	참모격	사색적	자율적	독립적	자아적	심사숙고	조용	혼자	뒤로	돌아보는	곡선적	타인
양	외향적	적극적	모험적	돌출적	나아감	충동적	힘참	감각적	리더격	행동적	체계적	집합적	군중적	행동위주	시끄러움	여럿이	앞으로	앞만보는	직진성	자신

인간의 사주를 구성하는 음양의 이치를 파악하면 그 사람의 성격적 특징은 물론이고 행동도 예측이 가능하다. 사주를 구성하는 8개 글자가 지닌 음양을 구별함으로써 변화를 예측하여 성격을 파악한다. 그 성격을 바탕으로 행동을 예측할 수 있다.

【성보명리】 **음양에 관하여!**

사주학에서 음양은 매우 중요하게 다루어진다. 그런데 학습과정에서는 중요하게 다루고 익혔는데 막상 사주를 푸는 데 어디에 사용하는가 하는 문제를 이야기하는 사람이 많은 것 같다. 간혹 메일로 질문해오는 사람들이 있는데 그들은 모두 왜 음양을 배우냐고 묻는다.

그 말이 맞다. 처음 명리학에 입문하면 음양오행이 중요하다는 말을 수없이 듣는다. 나 또한 그랬고 명리를 배우는 학인은 모두 같은 과정을 겪는다. 모든 글자와 사물에, 상황에, 경우에 음양이 있다고 배웠는데 어쩌란 말인가? 사주를 푸는 데 어떻게 적용하란 말인가? 막연하게 갑목은 양목이니 하늘을 찌르며 자라는 나무와 같고 을목은 음목이니 풀과 같다고 하면 이렇게 배우란 말인가? 이것을 어떻게 적용하란 말인가? 물론 양목이 어쩌고 음목이 어쩌고 하는 논리는 이해가 간다. 양금이 어쩌고 음금이 어쩌고 하는 말이 이해되지 않는다는 의미는 아니다. 그러니 어쩌란 말인가?

사람들은 묻는다. 음양을 어떻게 적용하지요? 사실 명리를 배운 사람이라면 이미 사주분석에서 사용하고 있다. 그런데 그다지 생각하지 않는다. 적용하면서도 그 의미를 되새기지 않는다. 하지만 분명 이미 사주를 푸는 과정에 음양을 적용하고 있다. 일간을 논할 때 음이나 양을 따지며 그 적용으로 성격과 천간의 형태를 따진다.

근본적으로 그 의미를 되새기지 않아도 사주 풀이 과정에서는 적용하는데, 거시적으로 눈에 보이는 것을 원하기 때문에 음양을 배워서 어디에 쓰는지 모른다는 볼멘소리를 하게 되는 것으로 보인다.

애써 생각하고 의미를 부여하면 때로는 부정확해지고 딱딱해진다. 예를 들어 전체 사주원국의 8개 글자에서 음이 몇 개, 양이 몇 개라고 따질 필요는 없다. 양이 4개이고 음이 4개이니 중화가 이루어졌다. 혹은 양이 6개이고 음이 2개이니 지나치게 양적으로 흘렀다. 그래서 양적인 행동을 할 것이라고 말한다. 틀린 말은 아니지만 지나치게 매여 주변을 살피는 데 장애가 되어서는 안 된다. 양이 많으면 양적 특징이 나타나고 음이 많으면 음적 특징이 나타난다는 것을 지나치게 강조할 필요도 없다고 본다. 다만 각각의 간지가 음과 양으로 이루어져 상부상조하고 생극작용을 어찌하는지 살피면 충분한 적용이 될 것으로 본다.

2. 오행

오행은 음양과 더불어 인간의 운명을 예측하는 명리학의 큰 바탕이 되는 근간이다. 오행은 우주만물을 형성하는 근본으로 원기(元氣)라고 할 수 있다. 세상의 모든 물체, 이상, 사상, 현상은 오행의 가치를 가진다. 이 세상을 형상하는 본신(本身)에 해당하는 기(氣)라고 보는 것이다. 오행은 다섯 가지 기운이 움직였다는 의미다. 즉 변화를 상징한다.

오행은 목화토금수(木火土金水)의 다섯 가지 원초적 기운이다. 서양이론으로 치면 아마도 분자나 원소가 될 것이다. 즉 다섯 가지 기본 물체이다. 기본 사상이다. 어쩌면 근본 물질이라고 보아도 좋다. 그러므로 오행이란 단순하게 나무, 불, 땅, 쇠붙이, 물이라는 의미가 아니라 이 모든 기능을 지닌 근본적 물질이며 기운이라는 의미가 된다. 즉 오행은 눈으로 보이는 것과 보이지 않는 것을 모두 포함하는 개념으로 유형과 무형도 모두 포함한다.

오행도 음양과 크게 다르지 않아 사주팔자의 근간을 이루는 이론이고 이치다. 그 범위는 지대하고 넓어 쉽게 이해할 수 없다. 인간의 사주를 분석하는 것을 간명(看命)이라고 한다. 실제 간명에 필요한 오행의 범주는 대단히 긴요하게 좁혀져 있다. 즉 광대무변한 오행의 이치를 모두 적용하지 않아도 된다는 말이다.

물론 오행을 대충 배우거나 뛰어넘으라는 말은 아니다. 오행을 알지 못하면 10년 공부가 도로아미타불이 된다. 기법을 아무리 잘 익혀도 오행에 대한 기본 지식이나 이해가 부족하면 인간사를 올바로 풀거나 예측할 수 없다. 오행의 기본 성격과 속성은 사주 해석에 근본으로 적용된다. 오행의 상생과 상극도 절대적 요소이다. 오행을 이해하면 직업, 학교, 건강까지도 정확하게 파악할 수 있다.

오행의 이치는 지나치게 방대하고 끝이 없으니 모두 논하기가 어렵다. 누구도 오행의 끝을 보지 못했을 거라는 것이 정답이다. 따라서 사주명리학에서는 인간의 유한한 삶을 해석하는 데 필요한 정도만 가져와 적용한다. 그것이 한계이기는 하지만 지나친 욕심 또한 금물이다. 오행 공부는 끝이 없고 깊기만 하다. 그러니 사주에 적용하는 이치가 가볍다고 생각한다면 오산이다. 쉽게 생각하고 적당히 공부하면 오래가지 못해 발목을 잡힌다. 곧 어려워지고 복잡한 벽에 부딪히니 곧 포기하기에 이른다. 그러나 약간 시간을 투자하여 오행 공부를 철저히 하고 틈틈이 익혀둔다면 오히려 사주를 푸는 데 용이하고 재미있어질 것이다.

오행은 목화토금수 다섯 가지 요소를 나타내는 일종의 부호이다. 이 부호에는 다양한 이치가 숨겨져 있지만 오행의 이치 또한 숨겨져 있다. 이 오행은 상징성도 가지고 있다.

오행의 성격과 속성	
목(木)	목은 자라나고 타고 오르니, 굽고 곧은 것이 특징이다. 태양을 보고 자라는 거대한 나무처럼 자라남을 뜻하며 위로 올라가는 습성이 있다. 등나무나 칡넝쿨처럼 감고 오르니 굽었다. 목의 목적은 태양을 보고 자라 열매를 맺는 것이다. 나무의 결실은 열매가 달려 무르익으면서 신맛을 내므로 나무는 신맛을 만들어낸다. 따라서 목은 신맛이다.
	굵고 굳은 것, 구부러지고 타고 오르는 것, 뻗어나가려는 의지, 의욕, 성장, 명예, 앞서 나아가려는 것, 인간성을 나타낸다.
화(火)	활활 타오르는 불길은 사방으로 번지며 밝게 빛나고 태양은 높은 곳에서 내리쬐어 세상을 밝히니 어두운 곳이 밝아진다. 불은 타오르면서 넓게 퍼지며 위로 올라간다. 불길은 열심히 자기 몸을 부풀려 태우고 나니 재만 남는다고 하여 입맛이 쓰다 하고 쓴맛을 만들어낸다.
	활활 타오르듯 위로 솟구치는 것, 솟아오르는 정열과 예술성, 주체하지 못하는 성난 분노, 멈추지 않는 자신감을 나타낸다.
토(土)	땅 혹은 토라고 불리는 이 대지는 인간이 살아가는 기본이며 기틀이다. 인간은 동서양을 불문하고 아주 먼 선사시대부터 흙에서 살았다. 인간은 이 대지에 두 발을 디디고 살며 자연에서 나는 열매와 식물을 채취해서 삶을 누려왔다. 사람이 지구상에 태어나고 완전한 농경문화를 이루는 데까지는 오랜 시간이 걸렸다. 사람은 살아가며 오랜 역사 속에서 흙에서 자료와 도구의 재료, 삶의 지혜를 얻어왔다. 인간은 땅에서 태어나 땅에서 삶을 영위하다가 결국 죽어서 땅속에 묻힌다. 이러한 자연의 순환은 인간과 자연의 고리를 보여준다. 이처럼 인간의 삶은 대자연의 순환 속에서 이어져왔다. 토(土)에 맞는 맛은 단맛을 내는 데 그 뜻이 있다.
	만물을 중재하고 연결하며 기르는 것, 포용하고 수렴하는 기운, 상대방을 존중하는 중용과 안식, 고집과 끈기를 상징한다.
금(金)	철광석은 거칠고 제련되지 않았지만 제련하고 다듬으면 보석이 되고 날카로운 칼날이 된다. 제련되어 기물이 된 금은 드디어 옥과 같이 빛난다. 금(金)의 성격은 빛을 내는 데 주저함이 없다. 처음에는 돌처럼 보이지만 제련하면 기물이 되고 쓸모 있는 쇠붙이로 변하듯 금(金)의 성질은 변화무쌍하다. 쇠의 발견과 기물의 제작은 우리 인류사회의 발전에 근간이 되었다. 금(金)의 성격은 거친 철광석에서 불을 만나 변질되는 것이다. 녹은 쇠는 금반지를 비롯한 인간에게 필요한 온갖 장식품으로 변한다. 금(金)은 매운맛을 만들어낸다.
	단단함과 부러지지 않는 강인함을 상징, 안으로 단단해지는 강인한 의지, 절제와 자신의 조정, 날카로운 성정과 뒤집어엎는 흉포성, 단단함을 상징한다.

수(水)	물은 높은 곳에서 낮은 곳으로 흐른다. 물은 자신을 주장하지 않고 주변 환경과 기물 모양에 따라 자기 모습을 바꾸어 적용하니 지혜가 있다. 물은 높은 곳에서 아래로 흘러내리는 곳에 있다. 높은 산꼭대기에서부터 흘러내리며 자신을 변신시키고 만물을 적신다. 물은 흘러내리며 만물에 자기 영양분을 공급한다. 물은 하늘에서 비로 내려 개울로 흘러든다. 물은 냇가에서 강으로 흐르며 결국 바다에 도달하니 짠맛만 남는다. 물은 흘러내림을 뜻하고 흘러내림은 짠맛을 만들어낸다.
	흐르고 흘러 땅속에 스며드는 생각과 끈기, 생긴 모습에 자신을 맞추는 사회성, 대지를 적시는 지혜, 욕망과 본능을 나타낸다.

오행은 사주를 분석할 때 가장 중요하게 적용된다. 사주는 22자로 풀이되고 그 한계 내에서 이루어진다. 사주를 구성하는 천간 10자와 지지 12자가 모두 오행을 부여받는다. 사주를 분석할 때 오행은 각각 계절, 시간, 방향과 색상은 물론이고 적성과 성격, 건강을 적용한다. 또한 맛과 숫자, 온도와 발음 혹은 목소리 형태까지도 적용이 가능하다.

오행을 나타내는 숫자 5는 천지의 조화를 상징한다. 또한 우주의 이치가 모두 담겨 있는 신비로운 숫자로 해석된다. 예부터 5라는 숫자를 사용하는 경우가 많은데 이는 바로 완전체라는 숫자 개념 때문이다. 오륜(五倫)이라는 말이 그렇고 삼황오제(三皇五帝)라는 이상적 시대의 군왕을 상징하는 말도 그렇다.

동서양 문화는 근본부터 다르다. 색을 하나 나누어도 그렇다. 서양은 7가지 색을 그 기초로 한다. 서양의 색을 보여주는 것이 무지개다. 빨주노초파남보 7색을 이야기하지만 동양에서는 청적황백흑(青赤黃白黑) 5색을 기본색으로 한다. 이러한 색 개념은 우리의 문화와 상식 저변에 널리 깔려 오방색이라는 의미를 만들어냈다.

동서양의 사상적 차이는 음계(音階)에서도 나타난다. 서양의 음계는 도레

오행의 상징					
구분	木	火	土	金	水
자연	화초, 섬유	太陽, 火	沓, 田	金屬, 鐵物	江, 湖水
천간	甲, 乙	丙, 丁	戊, 己	庚, 辛	壬, 癸
지지	寅, 卯	巳, 午	辰戌, 丑未	申, 酉	亥, 子
숫자	3,8	2,7	0,5,10	4,9	1,6
색상	靑, 綠	赤	黃	白	黑
방위	東, 東南	南	東北, 西南, 中央	西, 西北	北
계절	春, 春分	夏	환절기	秋, 秋分	冬
시간	아침	낮	사이	저녁	밤
기운	生氣	熱氣	止氣	殺氣	冷氣
의미	생성, 시작	기쁨, 열정	中間, 停止	完成, 秋收	沈, 默
오상	仁	禮	信	義	智
오음	ㄱ, ㅋ	ㄴ, ㄷ, ㄹ, ㅌ	ㅇ, ㅎ	ㅅ, ㅈ, ㅊ	ㅁ, ㅂ, ㅍ
온도	따듯함	뜨거움	변화함	서늘함	차가움
맛	신맛	쓴맛	단맛	매운맛	짠맛
동물	靑龍	주작, 날짐승	螣蛇	白虎	玄武
가족	長男, 長女	中女	老母, 少男	老父, 少女	中男
팔괘	巽, 辰	離	艮, 坤	兌, 乾	坎
질병	肝, 膽	心腸, 小腸	胃腸, 脾臟	肺腸, 大腸	腎臟, 膀胱
소리	角	徵	宮	商	羽

미파솔라시도 7음계이다. 역시 7이라는 숫자를 근간으로 삼는다. 이와 비유하여 동양은 궁상각치우(宮商角徵羽) 5음계를 쓴다. 우리의 전통음악은 모두 이 다섯 음계를 바탕으로 만들어졌다.

이와 같은 이치로 서양과 동양의 사상이 다르다는 것이 극명해진다. 그러나 이를 다시 적용하면 그다지 차이가 나지 않는다. 오행을 바탕으로 하지만 음양이라는 사상을 더하면 7가지가 되기 때문이다. 월화수목금토일이라는 달력의 요일 법칙이 생소하지 않다.

인간은 살아가며 말을 한다. 동양과 서양은 발음에서도 현격한 차이를 보인다. 발음기관도 어금니[牙]소리, 혀[舌]소리, 입술[脣]소리, 이[齒]소리, 목구멍[喉]소리로 구분하니 오성(五聲)으로 정리된다. 음식의 맛도 오행으로 구분하여 맵고[辛], 시고[酸], 짜고[鹹], 쓰고[苦], 단[甘]맛의 다섯 가지 맛으로 구분하였다. 이와 같은 오행의 구분은 우주의 운행에 적용한다. 즉 근본적인 우주의 이치인 음양(陰陽)의 이치 위에 금목수화토(金木水火土)의 오행(五行)을 겹쳐 파악하고 분석한다.

오복이라는 말이 있다. 흔히 무지한 백성들이야 처복이 어떻고, 잘 먹어야 하니 치아복이 어떻다는 등의 말을 하지만 이는 순전히 무식쟁이의 놀음이다. 진정으로 사람이 살면서 누구나 누리고픈 오복(五福)은 남다르다.

오복은 결국 생로병사를 바탕으로 하는 것으로 오래 살고[壽], 부유하며[富], 건강하고[康寧], 덕을 닦고[攸好德], 편안히 죽음을 맞는 것[考終命]이다. 결국 생로병사를 그 바탕으로 한다. 이 죽고 사는 문제를 다섯 가지로 나누어 배치하고 사려한 것은 오행의 배치에 따른 이념 때문이다.

오행의 이치는 매우 넓게 적용되었다. 심지어 벼슬 등급도 다섯 가지로 나누어 오행의 배치를 따랐다. 즉 공작(公爵), 후작(侯爵), 백작(伯爵), 자작(子爵), 남작(男爵)의 오의(五儀)로 나누었다. 철저하게 오행을 적용하고자 한 흔적이다.

의술에도 오행이 적용되었다. 흔히 오장(五臟)이라고 하는 장기들의 이름이 그러하다. 인간의 내장은 폐장(肺臟), 심장(心臟), 비장(脾臟), 간장(肝臟),

신장(腎臟)으로 나누어 오장을 분리했는데 이 또한 오행의 법칙을 적용하고자 다섯 가지로 분류한 것이다.

인격을 갖추는 데도 오행의 적용을 받았다. 막연하게 공부한다고 하여 인격을 갖추는 것이 아니다. 인간이 태어나 갖추어야 할 인격도 오행에서 구분한다. 인의예지신(仁義禮智信)이 그것인데 이를 오상(五常)이라고 했다. 이처럼 오행의 법칙에 따른 오상을 갖추어야만 육체와 정신이 조화를 이룬 이상적인 인격체로 보았다.

색은 더욱 그러하다. 오방색이니, 오방 깃발이니 하는 말이 그것이다. 오방(五方)은 본시 방향을 나누는 것이다. 동서남북(東西南北) 사방에 중앙(中央)을 보탠 것이 오방이다. 이런 다섯 가지 요소는 오행(五行)의 원리로 통제되었다. 각각의 오행에 색을 맞추니 이를 오방색이라 하여 색조차 오행의 원리에 습합했다.

고조선 이후 삼국시대, 고려와 조선을 거쳐 흐르는 장구한 역사에서도 오행의 법칙은 적용되었다. 오행의 포괄적이고 방대한 원리는 범위가 넓어서 인간사 모든 법에 적용이 가능했다. 방위와 빛깔은 물론이고 윤리와 음악도 그 범주에서 벗어나지 못했다. 의학은 물론이고 인간이 혀로 느끼는 맛도 오행에 적용되었다. 계절의 변화도 일관되게 오행이 적용되었으니, 오행이야말로 인간사를 이끌어온 중심 사상이었다.

이러한 이유로 물건, 건물 심지어 황궁을 짓거나 성을 세워도 오행을 무시할 수 없었다. 서울의 사대문이 그러한 증거가 된다. 동대문은 흥인문(興仁門)이다. 오상에서 사용하는 인(仁)을 사용했다. 인(仁)이 목의 오행이고 동쪽을 가리키므로 인(仁)을 일으키는 문이다. 남대문은 숭례문(崇禮門)이다. 예(禮)가 남쪽을 가리키고 화를 나타내며 붉은색을 나타내므로 예를 숭

상하는 문이라는 의미다. 서대문은 돈의문(敦義門)이니 의(義)를 사용하였다. 의는 오상에서 금을 의미하는 글자다. 즉 의를 도탑게 하는 문이다. 북대문은 홍지문(弘智門)이라 하였는데 지(智)는 북을 나타내니 곧 지혜를 넓히는 문이다. 이렇게 동서남북 사대문에 인의예지(仁義禮智)를 배치하였다. 그런데 5행 중 4행은 대비했는데 토(土)를 의미하는 신(信)의 글자를 사용하지 못했다. 그러나 이 경우에도 오행은 완성되었다. 즉 중앙에 보신각(普信閣)을 지으며 신(信)을 배치하여 오상(五常)을 갖추었다.

오행으로 나누어본 오목(五目) 분류표

오행(五行)	목(木)	화(火)	토(土)	금(金)	수(水)
오방(五方)	동(東)	남(南)	중앙(中央)	서(西)	북(北)
오색(五色)	청(靑)	적(赤)	황(黃)	백(白)	흑(黑)
오상(五常)	인(仁)	예(禮)	신(信)	의(義)	지(智)
오성(五聲)	아(牙)	설(舌)	순(脣)	치(齒)	후(喉)
오음(五音)	각(角)	치(徵)	궁(宮)	상(商)	우(羽)
오장(五臟)	간(肝)	심(心)	비(脾)	폐(肺)	신(腎)
오미(五味)	산(酸)	고(苦)	감(甘)	신(辛)	함(鹹)
오기(五氣)	풍(風)	열(熱)	습(濕)	조(燥)	한(寒)
절기(節氣)	춘(春)	하(夏)	간절기	추(秋)	동(冬)

사람의 사주에 오행을 적용할 때는 성격과 적성을 그대로 적용할 수 있다. 즉 그 사람이 어느 시기에 태어나고 어느 일간(日干)을 지녔는지가 관점이다. 또 각각의 오행을 표방하는 글자가 많고 적음에 따라 성격이 나타난다.

오행의 성격				
	기본 성격	많을 때 장점	많을 때 단점	없을 때
목(木)	착하다 어질다 인간적이다 솔선수범한다	명예를 추구한다 주위를 살핀다 인간적이다 리더십 발휘	독선적이다. 주위의 말을 듣지 않는다 앞서 나간다	진취적 기상이 약하다 리더십 부족
화(火)	예의 바르다 적극적이다 예술적이다 자신을 드러낸다 명예지향적이다	예술적 감각이 있다 예의를 잘 지킨다 의사표현이 명확하다	다혈질이다 분노를 참지 못한다	예술적이지 못하다 예의가 없다
토(土)	믿음직스럽다 끈기가 있다 믿음을 준다 중용의 도를 지킨다 조화를 추구한다	끈기가 있다 조화를 이룬다 중간자 역할을 잘한다	고집이 세다 타인을 억누른다 깔아뭉갠다 비하한다	중도가 없다 인간관계가 나쁘다
금(金)	의리가 있다 절세력이 있다 신의가 있다 함부로 나서지 않는다	맺고 끊는 맛이 있다 비판을 한다 옳은 소리를 한다	잔소리가 심하다 반골기질이 드러난다 뒤집는다 시끄럽다	매너가 없다 자신을 조절하지 못한다
수(水)	총명하나 지혜롭다 머리가 좋다 지식이 있다 아이디어가 좋다	타인을 배려한다 아이디어를 사용한다	쓸데없는 생각이 많다 자기 목적을 내세운다 욕심을 부린다	중도를 모른다 자꾸 나선다

오행을 통해 사고의 다양성을 볼 수 있다. 사주를 구성하는 오행의 숫자로 그 사람의 성격적 특성을 알 수 있다. 그뿐만 아니라 사주에 있는 각각의 오행의 숫자로 성격적으로 변화를 일으키는 현상도 예측이 가능하다.

그뿐 아니다. 사주의 형식과 오행의 배치에 따라 그 사람의 직업 적성을 알 수 있다. 물론 그 사람 사주에서 직업에 가장 영향을 미치는 일간을 살펴 정할 일이다. 따라서 사주를 구성하는 천간과 지지의 오행을 살펴 적성을 파악할 수 있다. 가장 중요한 파악 요소는 당연히 일간이다.

오행에 따른 기본 적성		
목(木)	1순위	문과(행정, 정치, 어문)
	2순위	미술(디자인, 인테리어), 교육
화(火)	1순위	연예, 예술(미술, 음악, 체육, 요리)
	2순위	문과(행정, 정치, 어문)
토(土)	1순위	인문사회계열, 외교
	2순위	땅, 건축, 토목, 부동산, 중계, 거간
금(金)	1순위	군인, 경찰, 의사, 판사, 검사, 간호사, 한의사, 운동선수
	2순위	이과계열, 기계공학, 반도체, 금속
수(水)	1순위	이과, 경제, 경영, 회계, 통계, 수학
	2순위	음악, 연예, 물류

동양학에서 오행이론은 뿌리와 같다. 가장 폭넓은 사상의 집합체이며 곳간과 같다. 한 사람의 사주에서 알 수 있는 것은 아주 많은데 건강을 살피는 일도 해당한다.

명리가 어떤 목적으로 만들어진 학문인지는 의견이 구구하다. 물론 추명학이라는 이론이 있는 것처럼 사람의 운명을 따라가 살피고 운의 흐름을 예측하며 미래를 살피는 것은 가장 중요한 해석적 요인이다. 그러나 그 이전에 인간의 운명에서 생로병사는 매우 중요했을 것이다. 특히 의학이 발달하지 않았던 시기에 병은 인간이 극복하기 어려운 일이었기 때문에 추명으로 알고자 했을 것이다.

사주에서 오행의 이론은 포괄적·일괄적으로 적용해 하나의 오행으로 여러 가지를 파악하는 방법을 사용한다. 따라서 오행을 파악한다면 인간의 몸에 오는 병도 파악할 수 있다.

오행의 건강 배정			
	오장	육부	불균형에 따른 문제
목(木)	간장	담낭	간의 병, 담낭의 병, 뼈의 질환, 신경성 질환
화(火)	심장	소장	신장질환, 소장질환, 혈관질환, 안과질환, 정신과
토(土)	비장	위장	비장병, 위장병, 비뇨기과 질환, 산부인과 질환, 췌장병
금(金)	폐장	대장	폐의 병, 대장병, 우울증, 자폐증, 뼈의 질환
수(水)	신장	방광	신장병, 방광병, 산부인과 질환, 비뇨기과 질환, 성기의 병, 우울증, 불면증, 무력증, 두통, 통풍, 허리병

오행은 다양한 기능을 한다. 오행은 방향과 계절을 나타내기도 한다. 따라서 사주 구성에서 오행으로 어느 계절에 태어났는지 알 수 있다. 아울러 사주원국의 글자로 각각의 숫자를 파악하여 한난조습(寒暖燥濕)을 알 수 있다.

오행에 따른 계절, 방위, 천간과 지지

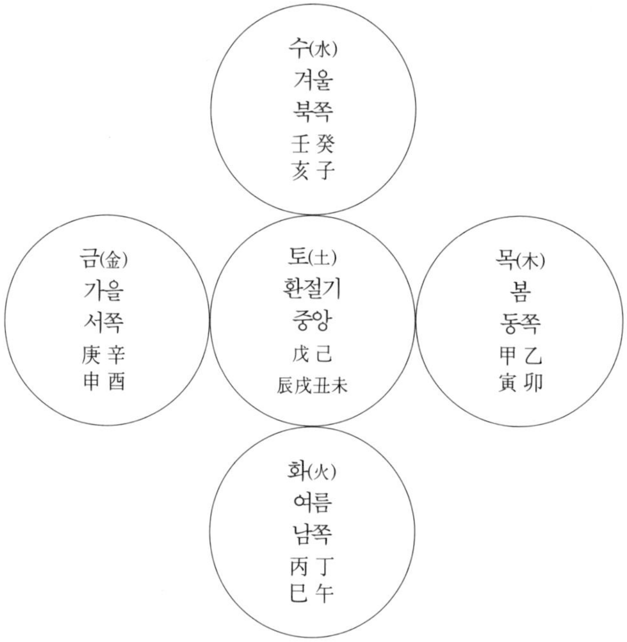

3. 오행의 상생과 상극

각각의 오행은 각각의 색과 성질, 각각의 숫자와 사상을 가지고 있다. 이 다섯 가지 기운이 때로 대립하거나 도와주고 때로 견제하며 어울린다. 이를 오행의 생극작용이라 한다. 오행상생(五行相生)은 오행의 운행에 따라 서로 다른 것을 낳는 관계로 이는 생조(生造)하는 것으로 풀이된다. 곧 목생화(木生火), 화생토(火生土), 토생금(土生金), 금생수(金生水), 수생목(水生木)이 된다.

오행상극(五行相剋)에는 억제(抑制), 저지(沮止)의 뜻이 내포되었고, 그

상호관계는 목극토(木剋土), 토극수(土剋水), 수극화(水剋火), 화극금(火剋金), 금극목(金剋木)으로 되었다.

오행은 상생과 상극작용으로 만물을 만들고 변화시킨다. 오행은 색상(色相), 시간(時間), 계절(季節), 방향(方向), 행성(行星), 신체기관(身體機關)은 물론이고 풍수지리(風水地理), 의학(醫學) 등과 같은 여러 학문이나 동양 여러 국가의 국가명(國家名)과 같은 사항들과 관련되어 있으며, 서로 돕기도 하고 해하기도 한다.

특히 상생은 모든 사물의 성장이나 변화와 관계가 깊다. 예를 들어 나무가 자라는 데에는 물이 필요하므로 목(木)과 수(水)는 서로 기운을 보완해 주는 상생(相生)관계이다. 그러나 나무의 뿌리가 흙을 파헤치기 때문에 목(木)과 토(土)는 상극(相剋)관계이다. 이렇게 오행은 상생과 상극이 상호작용을 하며 우주만물을 다스린다.

오행의 상생은 계절과도 관계가 깊다. 즉 봄, 여름, 가을, 겨울의 자연적 공전이 끊임없이 이어지는 과정과 같다. 이를 오행의 윤전(輪轉)이라 정의하고 싶다. 즉, 오행의 기는 정지되어 있거나 고착되어 있는 것이 아니고 반복적·순환적이며 다시 돌아온다. 이는 절기(節氣)라는 일정한 순환을 만들어낸다. 이런 자연의 법칙은 오행의 에너지로 순환 상생이 영존하게 한다.

오행의 작용은 상생과 상극으로 구분한다. 상생이란 오행이 서로 화합하며 도와주는 작용을 말하고 상극이란 서로 충돌하여 피해를 주는 작용을 말한다. 자연을 포함하는 모든 사물, 만물은 오행의 성분을 나누어 지니며 다른 사물에 대해서는 상생하거나 상극하는 관계가 있다. 심지어 인간이 만든 모든 사물을 포함한다. 흔히 사람과 사람 사이를 말하는 궁합도 이와 같다.

음양오행이 상생하고 상극하는 관계에 따라 모든 사물이 생하고 육하며 멸하고 몰(沒)한다. 음양오행의 상극과 상생의 원리는 동양철학의 기본 요소로 양택(陽宅)을 일컫는 가상(家相)은 물론 음택(陰宅), 관상(觀相)과 수상(手相), 점술(占術)과 한방의학(韓方醫學)에도 적용된다.

1) 상생(相生)

- 목생화(木生火): 나무는 불을 잘 타게 해준다. 불은 나무가 없으면 존재할 수 없다.
- 화생토(火生土): 흙은 불이 없으면 형체를 변경할 수 없다. 불로 흙을 구워 토기를 만든다.
- 토생금(土生金): 흙속에 광물이 들어 있다. 금은 땅속에서 나온다.
- 금생수(金生水): 광물질이 많은 암반에서 좋은 생수가 나온다.
- 수생목(水生木): 물은 나무에 양분을 공급해준다. 나무는 물이 없으면 살지 못한다.

2) 상극(相剋)

- 목극토(木剋土): 나무는 땅속에 뿌리를 박고 살기 때문에 흙을 괴롭힌다.
- 토극수(土剋水): 흙은 물을 흐르지 못하게 막아버릴 수 있어 물을 지배한다.
- 수극화(水剋火): 물은 타오르는 불을 꺼버릴 수 있다.
- 화극금(火剋金): 불은 금을 녹여 형체를 바꿔버린다.

• 금극목(金剋木): 쇠(금)로 만든 톱이나 칼로 나무를 베어낸다.

오행에 따른 계절, 방위, 천간과 지지

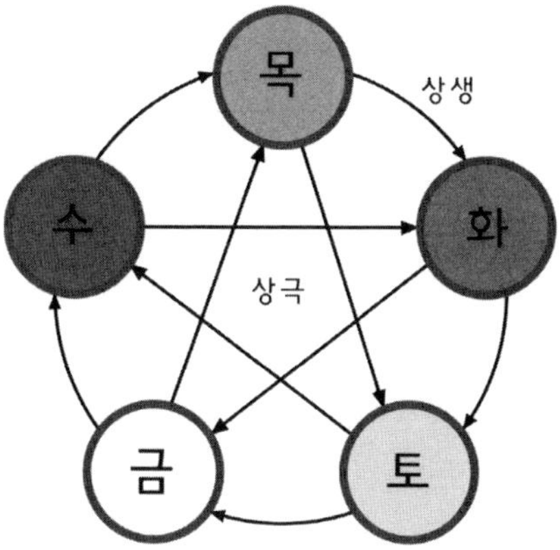

오행에 관하여 그 첫째는 수(水), 둘째는 화(火), 셋째는 목(木), 넷째는 금(金), 다섯째는 토(土)이다. 수의 성질은 물체를 젖게 하고 아래로 스며들며, 화는 위로 타올라 가고, 목은 휘어지기도 하고 곧게 나가기도 하며, 금은 주형(鑄型)에 따르는 성질이 있고, 토는 씨앗을 뿌려 추수할 수 있게 하는 성질이 있다. 젖게 하고 방울져 떨어지는 것은 짠맛[鹹味]을 내며, 타거나 뜨거워지는 것은 쓴맛[苦味]을 낸다. 곡면(曲面)이나 곧은 막대기를 만들 수 있는 것은 신맛[酸味]을 내고 주형에 따르며 이익고 단단해지는 것은 매운맛[辛味]을 내고, 키우고 거두어들일 수 있는 것은 단맛[甘味]을 낸다.

-《서경》〈홍범편〉

3) 상생과 상극의 이치

목화토금수 다섯 가지 기운이 상생하고 상극하는 작용을 끊임없이 되풀이한다. 이는 마치 윤회와 같은 것이며 윤전이라 할 수 있다. 이러한 상생의 법칙을 인간의 운명에 적용하여 해석한다. 이에 따라 병과 친족관계까지 모두 추산할 수 있다.

목(木)

목을 생하는 오행은? → 수(水)이다.

목이 생하는 오행은? → 화(火)이다.

목이 극하는 오행은? → 토(土)이다.

목을 극하는 오행은? → 금(金)이다.

화(火)

화를 생하는 오행은? → 목(木)이다.

화가 생하는 오행은? → 토(土)이다.

화가 극하는 오행은? → 금(金)이다.

화를 극하는 오행은? → 수(水)이다.

토(土)

토를 생하는 오행은? → 화(火)의 오행이다.

토가 생하는 오행은? → 금(金)의 오행이다.

토가 극하는 오행은? → 수(水)의 오행이다.

토를 극하는 오행은? → 목(木)의 오행이다.

금(金)

금을 생하는 오행은? → 토(土)의 오행이다.

금이 생하는 오행은? → 수(水)의 오행이다.

금이 극하는 오행은? → 목(木)의 오행이다.

금을 극하는 오행은? → 화(火)의 오행이다.

수(水)

수를 생하는 오행은? → 금(金)의 오행이다.

수가 생하는 오행은? → 목(木)의 오행이다.

수가 극하는 오행은? → 화(火)의 오행이다.

수를 극하는 오행은? → 토(土)의 오행이다.

4) 오행의 상극과 상생의 반작용

오행은 상생하고 상극하는 관계를 마치 원의 고리처럼 연환하고 순환한다. 부족한 것을 메우거나 남는 것을 덜어내는 것도 오행의 작용이다. 따라서 이를 토대로 부족한 것은 메우고 남는 것은 덜어내는 것을 억부(抑扶)라고 한다. 억부를 통해 중화를 추정하고 가능한 한 조화를 맞추고자 한다. 오행은 서로 생하거나 극하고, 합을 하거나 충을 하는 등의 작용을 한다. 이처럼 복잡하고 다양한 관계를 맺으며 공존하는 것이 오행이다.

합과 충은 변화의 정점이다. 따라서 합과 충은 사주를 파악하는 데 아주 중요한 요소가 된다. 아울러 오행은 지나치거나 모자라면 역리적으로 반작용이 나타나게 마련이다. 이러한 이치를 살펴 병과 원인 그리고 그 역리적 현상을 파악할 수 있다.

상생의 반작용

오행의 법칙에서 상생은 일반적으로 돕는 것이다. 서로 도움을 받고 도움을 주는 긍정적인 관계다. 이를 육친으로 해석하면 어머니가 아들에게 정을 많이 주는 것이나 같다. 그러나 인간 세상에도 지나치면 무리가 온다. 어머니가 지나치게 애정을 쏟으면 마마보이가 되는 것과 같은 이치다.

만약 어머니가 많다고 가정해보자. 나를 낳아주신 어머니가 있고 옷을 봐주는 수모가 있다. 외할머니가 있고 고모가 있으며 이모가 참견한다. 밥을 해주는 식모가 있고 반찬을 챙기는 찬모가 있다고 하자. 이 모든 사람이 나에게 신경 쓴다면 나는 게을러질 테고 모든 것을 의지하게 될 것이다. 이러한 부작용이 나타날 수 있다. 오행의 관계가 그렇다.

① **목다화멸**(木多火滅)**: 나무가 너무 많으면 불이 꺼진다.**

목다화멸(木多火滅)				
	時	日	月	年
天干	庚	丙	乙	己
地支	午	寅	卯	卯

(가상사주) 병인일주이다. 병인일주의 일간은 병으로 화의 오행이다. 병을 생하는 목의 오행은 편인과 정인이다. 편인과 정인은 어머니를 나타내니 목생화의 관계는 어머니가 자식을 생하는 관계이다. 그런데 목의 오행이 중중하여 지나치게 많아지면 화는 꺼져버린다. 즉 지나치게 많은 나무가 불을 억누르거나 젖은 나무가 불을 끄는 이치와 같다. 불은 작은 불쏘시개로 살려야 한다. 지나치게 많은 나무는 불을 꺼버리고 만다.

예를 들어 생각해보자. 불씨는 아주 작은데 젖은 나무를 가득 올리거나 마른 나무라 해도 장작을 올렸다고 생각해보자. 불씨가 피어나기는커녕 시들거리다가 바람을 이기지 못한 촛불이 꺼지듯 사그라져버릴 것이다. 세상 이치가 그러하니 인간사도 그러하다. 나무는 불을 살리는 생의 관계이지만 지나치게 많은 나무는 오히려 불을 끈다.

② **화다토조**(火多土燥)**: 불이 너무 강하면 흙이 메마르다.**

불은 나무를 태워 재를 만든다. 즉 화의 오행은 토를 만들어낸다. 이는 화생토의 이치이다. 그러나 불이 너무 강하면 땅이 바싹 마르게 된다. 산불이 나면 나무만 태우는 것이 아니라 땅까지 태우는 이치와 같다. 불이 강하게 일어나면 땅속의 습기가 모두 증발되어 땅이 마르게 된다.

화다토조(火多土燥)				
	時	日	月	年
天干	乙	己	丙	丁
地支	巳	丑	午	酉

(가상사주) 기축일주의 일간은 기토이다. 기는 토의 오행으로 화생토의 이치에 따라 화의 오행으로부터 생을 받는다. 적당한 생의 관계는 일주를 강하게 하고 사주를 튼튼하게 하지만 지나친 생의 관계는 오히려 역효과를 낸다. 화의 오행은 토의 오행을 생하지만 지나치면 오히려 땅을 마르게 한다.

③ **토다금매**(土多金埋)**: 흙이 과하면 오히려 금을 묻어버린다.**

토생금의 이치에 따라 금의 오행은 토의 오행으로부터 생의 관계에 놓인다. 토생금의 이치는 토가 금을 생하는 것이며, 토가 금을 돕는 것이다. 쇠는 흙에서 캐고 돌을 제련해서 얻는다. 당연히 토생금의 이치에 합당하다. 그러나 토가 지나치게 많으면 금이 묻히고 마니 지나침은 약한 것보다 못하다.

토다금매(土多金埋)				
	時	日	月	年
天干	甲	庚	己	戊
地支	申	辰	丑	子

(가상사주) 경진일주의 일간은 경금이다. 금의 오행은 토의 오행으로부터 생의 관계에 놓인다. 토생금의 이치에 따라 토의 오행은 금을 생한다. 쇠가 흙속에서 나오는 것이 이러한 이치이다. 토가 지나치게 많거나 강하면 오히려 금이 묻혀버린다.

④ **금다수탁**(金多水濁)**: 쇠가 많으면 물이 흐려진다.**

금생수의 이치는 오행의 생극에 합당한 이치이다. 금은 수를 생하는 것이다. 그러나 금이 지나치게 많으면 물이 흐려진다. 금은 수를 생하지만 수를 이용해 갈아 빛을 내는 것이다. 금이 많으면 수를 많이 생할 수 있지만 물에 칼을 가는 격이니 물이 흐려진다.

금다수탁(金多水濁)				
	時	日	月	年
天干	乙	壬	庚	戊
地支	酉	申	寅	申

(가상사주) 임신일주의 일간은 임수이다. 수의 오행을 생하는 것은 금의 오행이다. 금생수의 이치는 오행의 생극관계에서 순리적이다. 금은 수를 생하여 수의 일간을 돕는다. 그런데 수를 생하는 금이 지나치게 많으면 수가 탁해진다. 이는 어머니가 많아 자식에게 지나치게 참견하는 것이나 진배없다.

⑤ **수다목부**(水多木浮, 水多木腐)**: 물이 많으면 나무가 썩어서 물에 뜬다.**

상극의 반작용으로 극을 받는 오행의 힘이 강할 경우 극을 가하는 오행이 오히려 해를 받는다.

수다목부(水多木浮, 水多木腐)				
	時	日	月	年
天干	戊	甲	癸	辛
地支	子	午	亥	亥

(가상사주) 갑오일주이다. 갑오일주의 일간은 갑으로 목의 오행이다. 목을 생하는 수는 편인과 정인이다. 편인과 정인은 어머니를 나타내니 수생목의 관계는 어머니가 자식을 생하는 관계이다. 그런데 수의 오행이 중중하여 지나치게 많아지면 목은 물에 둥둥 떠버리거나 뿌리가 썩으니 수다목부(水多木浮) 혹은 수다목부(水多木腐)에 해당한다.

상극의 반작용

도끼질을 해서 나무를 쓰러뜨릴 수 있다. 이는 당연한 이치이다. 그러나 나무가 너무 많거나 거대한 규모라면 오히려 도끼의 이빨이 빠지거나 도끼를 못 쓰게 될 수도 있다. 이와 같은 이치가 극의 반작용이다. 극을 받는 오행이 극을 하는 오행보다 강하거나 숫자가 많을 때는 극이 부족하다고 표현한다. 이때 극을 하는 오행은 오히려 힘을 잃는다. 따라서 반드시 극이 강한 것은 아니다.

① **목다금결**(木多金缺)**: 목이 많으면 금이 부러진다.**

쇠는 나무를 자른다. 쇠로 만들어진 도구는 나무를 자른다. 톱이나 도끼는 나무를 베는 데 사용한다. 그러나 작은 칼은 큰 나무를 벨 수 없다. 나무가 너무 많아도 톱으로 모두 베기는 어렵다. 욕심을 내면 도끼가 부러지거나 톱니가 상한다.

목다금결(木多金缺)				
	時	日	月	年
天干	庚	甲	癸	甲
地支	子	午	卯	寅

(가상사주) 갑오일주의 일간은 갑목이다. 년간에 갑목이 투간되고 년지에는 인목이 받치고 있다. 월지에는 묘목이 받치고 있어 전체적으로 목의 오행이 중중하다. 시간에 경금이 있어 금극목을 하려고 하지만 원국 전체에 목의 오행이 강하다. 이 경우에 경금이 목을 제하려 하면 오히려 이가 빠지고 깨진다.

② **화다수패**(火多水敗), **화다수압**(火多水壓): **불이 너무 강하면 물이 증발한다.**

화다수패(火多水敗), 화다수압(火多水壓)				
	時	日	月	年
天干	甲	丙	己	庚
地支	子	午	巳	申

(가상사주) 병오일주의 일간은 병화이다. 생극의 원리에 따라 수극화하니 병화를 극하는 것은 수의 오행이다. 그러나 병의 일간을 생조하는 오화가 일지에 버티고 월지의 사화마저 힘을 보태니 시지의 자수로는 병화를 제압할 수 없다.

수극화의 원리가 오행의 상생상극의 이치에 합당하다. 불은 물로 제압한다. 그런데 불이 지나치게 강하면 작은 물로는 불을 제압할 수 없다. 산을 태우는 거대한 산불에 물을 조금 뿌려서는 불을 끌 수 없다. 이때는 비가 오거나 맞불을 놓아야 한다.

오행의 법칙은 순환의 법칙이다. 목생화, 화생토, 토생금, 금생수, 수생목의 법칙이다. 극의 법칙도 순환적이다. 목극토, 토극수, 수극화, 화극금, 금극목의 순환이다. 그러나 지나친 것은 오히려 역행을 당한다. 수극화의 이치에 따라 수의 오행이 화의 오행을 극하는 것이 마땅하지만 화가 지나치게 강하면 오히려 물이 불을 끄지 못하고 증발하고 만다.

③ **토다목절**(土多木折): **나무가 흙에 꺾여버린다.**

나무는 흙에 뿌리를 박고 자란다. 나무가 뿌리를 박는 현상은 토로서는 극을 당하는 것이다. 목극토의 이치에 합당한 것이다. 그러나 나무가 적고 흙이 지나치게 많으면 오히려 나무가 묻히거나 산사태에 쓸려 꺾여버린다. 역시 과한 것은 모자람만 못하다.

토다목절(土多木折)				
	時	日	月	年
天干	戊	甲	己	庚
地支	午	辰	丑	子

(가상사주) 갑진일주의 일간은 갑목이다. 목극토의 이치는 오행의 생극관계에서 순리적이다. 그러나 갑목이 아무리 극하려 하지만 월주의 기축과 시간의 무토, 일지의 진토가 왕성하여 제압할 수 없다. 오히려 묻히거나 부러지는 결과를 가져온다.

④ **금다화멸**(金多火滅), **금다화진**(金多火鎭): **약한 불은 쇠를 녹이지 못한다.**

대장간에 가본 적이 있는가? 대장간에서 보면 불을 피워 쇠를 녹인다. 따라서 화극금의 이치는 순리적이다. 그러나 불이 지나치게 약하면 쇠를 제압할 수 없다. 불길이 쇠를 녹이는 것이 이치이나 약한 불은 큰 쇠를 녹이지 못하고 꺼져버린다.

금다화멸(金多火滅), 금다화진(金多火鎭)				
	時	日	月	年
天干	甲	庚	申	丙
地支	子	寅	酉	辰

(가상사주) 경인일주의 일간 경금이 월주의 신유금을 곁에 두어 힘을 얻었다. 년간 병화가 경금을 녹이고자 하지만 이미 굳건해진 경금은 꿈쩍도 하지 않는다. 병화는 경금을 녹이지 못하고 오히려 빛을 잃고 만다.

⑤ **수다토류**(水多土流), **수다토붕**(水多土崩): **물이 강하면 둑이 무너진다.**

토극수의 이치는 흙이 흐르는 물을 막는 것이다. 이러한 이치는 지극히 오행의 생극적인 것이다. 그러나 장마가 진다고 생각해보자. 간혹 댐이 무너지는 경우를 생각해보자. 지나치게 강한 물줄기는 둑을 무너뜨린다.

수다토류(水多土流), 수다토붕(水多土崩)				
	時	日	月	年
天干	丁	戊	癸	甲
地支	卯	子	酉	子

(가상사주) 무자일주의 일간은 무토이다. 무토는 토극수의 이치에 따라 월간의 계수를 제압하려 하지만, 계수는 년지의 자수와 일지의 자수에서 힘을 얻어 무토를 붕괴시킨다. 토의 오행은 수의 오행을 극하지만 세력이 약하고 수의 힘이 강하면 반대로 무너지고 만다.

5) 편다(偏多)의 이치

어느 하나의 오행이 치우쳐 많은 것을 의미하는 것이다. 사주를 풀어갈 때 지나치게 많은 것은 병이다. 사주의 구성은 오행이 골고루 치우치지 않는 것을 바라나 치우치는 오행이 있게 마련이다. 이것을 편다라고 한다.

편다(偏多)의 이치	
木이 많다	목다토붕(木多土崩) 목다즉투(木多卽鬪)
	온건파이다. 인내심이 강하면 성공한다.
火가 많다	화다금용(火多金熔) 화다즉멸(火多卽滅)
	인내심이 약하며 불안정, 일시 성공을 암시
土가 많다	토다수탁(土多水濁) 토다즉붕(土多卽崩)
	융통성이 없다. 활발하지도 않다. 평안하다.
金이 많다	금다목절(金多木折) 금다즉검(金多卽劍)
	완고하고 도량이 작다. 고독, 조난의 암시
水가 많다	수다화식(水多火熄) 수다즉표(水多卽漂)
	불안정, 파괴의 암시

【성보명리】 **편다(偏多)**

편다는 그리 흔히 쓰이는 말은 아니다. 직역하면 치우쳐서 많다는 의미다. 풍수지리에서도 사용되는 말 중 편(偏)이라는 말은 치우쳤다는 뜻이다. 풍수지리에서는 능선에서 살펴 기울기가 맞지 않을 때 편이라 한다. 이를 편산이라 한다. 편다는 명리학 용어로 지나치게 많다는 뜻이다.

어느 하나의 오행이 많은 것도 편다이고 어느 하나의 육친이 많은 것도 편다이다. 이를테면 목의 편다, 화의 편다, 토의 편다, 금의 편다, 수의 편다가 있다. 이 편다를 가지고 병을 찾아낼 수 있고 성격의 치우침도 찾아낼 수 있다. 특히 편다의 정점은 사주를 이루는 천간지지 8개 글자 중에서 4개를 말한다. 즉 목의 오행이 4개이거나 화의 오행이 4개인 경우다. 토의 오행이 4개, 금의 오행이 4개, 수의 오행이 4개이면 가장 난해한 편다에 들어간다.

이를 각각 나누어 목의 과다, 화의 과다, 토의 과다, 금의 과다, 수의 과다라고 정의할 수 있다. 천간지지를 합해 목의 오행이 4개이면 목의 과다, 천간지지를 합해 화의 오행이 4개이면 화의 과다, 천간지지를 합해 토의 오행이 4개이면 토의 과다, 천간지지를 합해 금의 오행이 4개이면 금의 과다, 천간지지를 합해 수의 오행이 4개이면 수의 과다이다.

우선 과다이면 지나치게 강한 성격이 나타난다. 목이 4개이면 목의 오행이 지니는 속성이 지나치게 강하게 나타난다. 모든 오행의 성격에는 긍정적인 성격과 부정적인 성격이 있는데 과다에서는 부정적인 성격이 나타난다. 만약 목의 과다라면 고집, 지나친 자신감, 타인을 망각, 앞만 보는 성향, 주변을 돌아보지 못하는 무감각, 밀고 나가는 고집, 타인에 배려심 없는 성격 등이 나타날 것이다. 그에 그치지 않아 목의 성분이 지나치게 강하기에 경직되어 간에 관한 병과 담에 관한 병이 나타날 것이다. 간염이나 간암, 췌장암, 췌장염, 신경쇠약, 자율신경이상, 우울증, 자폐증 등이 나타날 가능성이 높아진다.

만약 이 목이 육친을 적용하여 상관이라고 하자. 상관은 활동성을 나타내지만 말을 나타내기도 한다. 여자 사주에 적용하면 자식이라는 의미도 있다. 여자 사주에 상관이 4개로 강하면 우선 남편을 극한다. 상관이라는 말이 상관(傷官)이라고 쓰이듯 남편에게 상처를 입힌다는 의미가 된다. 상관이 지나치게 강하면 반드시 남편에게 상처를 입히고 이혼하거나 남편의 수명이 짧거나 병이 많을 것이다. 문제는 자신이 그런 성격이라는 것을 알지 못한다는 것이며, 때로 알아도 그것을 인정하지 않으려 하니 참으로 난감하다. 그것으로 끝나지 않는다.

상관이 강하면 식상과다(食傷過多)라고 한다. 말이 강하고 주장이 강하다는 말인데, 긍정적으로 말을 잘해 좋다고 생각하겠지만 말로 사람을 설득하고 자기주장을 해야 하니 사기성이 드러나고 거짓말을 한다는 의미가 된다. 따라서 지나치게 하나의 오행으로 치우치는 것은 좋지 않은데 편다에는 그러한 의미가 있다.

6) 오행의 비화(比和)

오행, 즉 나무[木], 불[火], 흙[土], 쇠[金], 물[水]의 이로운 관계는 상생이라 하고, 이롭지 못한 관계는 극이라고 한다. 비화는 같은 종류가 합쳐졌을 때 관계를 의미한다. 즉 목이 목을 만나는 경우, 화가 화를 만나는 경우, 수가 수를 만나는 경우, 금이 금을 만나는 경우, 토가 토를 만나는 경우가 비화이다.

비화란 오행이 같은 것으로 양목(陽木)에 대해서 음목(陰木)은 비화가 된다. 비(比)란 비견을 말하고 화(和)란 서로 화합한다는 뜻이다. 이것은 일간에 대해 비화가 되는 것도 있고 다른 오행에 대해 비화가 되는 것도 있다.

비화는 궁합에도 널리 사용되었다. 일반적으로 비화의 관계는 나쁘지 않다고 보거나 힘을 다한다고 보지만 궁합에서 보이듯 오행이 같은 비화(比和) 관계면 토(土)와 수(水)의 비화는 좋으나 금(金), 목(木), 화(火)의 비화는 나쁘다.

오행 상생상극 비화표					
	나무[木]	불[火]	흙[土]	쇠[金]	물[水]
상생	불[火]	흙[土]	쇠[金]	물[水]	나무[木]
상극	흙[土]	쇠[金]	물[水]	나무[木]	불[火]
비화	나무[木]	불[火]	흙[土]	쇠[金]	물[水]

【앗, 잠깐!】 오행의 종류

명리학에서는 다양한 오행이 사용된다. 오행의 종류는 간지오행(干支五行)과 수오행(數五行), 방위오행(方位五行), 절후오행(節後五行), 색오행(色五行), 인체오행(人體五行), 납음오행(納音五行)으로 구분한다.

간지오행(干支五行) 간지오행은 천간과 지지의 글자를 나타내는 것으로 정오행(正五行)이라고도 한다. 정오행은 천간과 지지의 글자가 각각 지니는 오행을 말한다. 본연의 오행이라고 할 수 있다. 천간의 갑을(甲乙)은 목(木)이요, 병정(丙丁)은 火이며 무기(戊己)는 토(土)이고 경신(庚辛)은 금(金)이며 임계(壬癸)는 수(水)이다. 지지의 인묘(寅卯)는 목(木), 사오(巳午)는 화(火), 진술축미(辰戌丑未)는 토(土), 신유(申酉)는 금(金), 해자(亥子)는 수(水)이다.

합오행(合五行) 합오행은 여러 가지 형태의 오행으로 나뉘게 된다. 천간합과 지지합을 나타내는 것이다. 여러 가지 오행을 나타내는 글자들이 각각 합해져 다른 오행의 기운을 나타내는 것을 말한다. 특히 지지 합은 육합(六合)과 삼합(三合), 방합(方合)으로 나뉜다.
천간은 갑기합토(甲己合土), 을경합금(乙庚合金), 병신합수(丙辛合水), 정임합목(丁壬合木), 무계합화(戊癸合火)이다.
지지의 합은 각각 육합과 삼합, 방합으로 나뉜다. 지지육합은 각각 자축합토(子丑合土), 인해합목(寅亥合木), 묘술합화(卯戌合火), 진유합금(辰酉合金), 사신합수(巳申合水), 오미합화(午未合火)가 그것이다. 삼합은 각각 3개가 묶여 하나의 오행으로 작용하는데 신자진합수(申子辰合水), 인오술합화(寅午戌合火), 해묘미합목(亥卯未合木), 사유축합금(巳酉丑合金)이다. 방합은 각각 3개가 모여 하나의 오행으로 작용하는데 해자축합수(亥子丑合水), 사오미합화(巳午未合火), 인묘진합목(寅卯辰合木), 신유술합금(申酉戌合金)이다.

수오행(數五行) 수오행은 오행이 내포하는 숫자이다. 숫자(number) 속에 담긴 오행을 말한다. 고래부터 동양인은 사상적으로 10을 완벽한 결합에 따른 숫자로 상징해왔는데 달리 1+0의 합이라는 의미도 있다. 즉 모든 숫자가 가지는 의미가 있는데 그중에는 오행의 의미도 포함되는 것이다. 근본적 의미의 구성에서 주의할 것은 그 모자라는 부분에 대한 값과 보충이 되는 부분의 값을 합산한 값을 10이라는 완벽한 결정체에 대입하는 것이다. 예를 들어 1이라는 숫자는 9개라는 숫자가 더해져 10이라는 숫자를 만들게 되는 것이다. 그렇다면 1이라는 숫자에 모자라는 기운을 9라는 숫자에서 보충해 그 기운을 조화롭고 균형 있게 만드는 것이다.

물론 숫자라는 것은 10을 넘는 것이 더 많다. 숫자가 10을 넘을 경우에는 맨 끝자리로 오행을 판별했다고 한다. 예를 들어 22라면 앞의 2는 빼고 뒷자리 2라는 수를 사용하는 것이다. 합의 관계에서는 달리 파악한다. 즉 22+46의 오행을 찾는다고 하면 그대로 더하면 된다. 두 숫자를 더하면 68이다. 이 경우 6과 8을 더한다. 즉 6+8이다. 결과는 14이다. 다시 1+4를 하면 5가 된다. 이처럼 수의 오행은 수와 기운을 만들어낼 숫자를 결합하는 것을 말한다.

또한 각각의 오행에는 숫자가 배정된다. 목(3, 8), 화(2, 7), 토(0, 5, 10), 금(4, 9), 수(1, 6)이다.

방위오행(方位五行) 방위라는 것은 방향을 말한다. 우리는 기본적으로 네 가지 방향을 축으로 삼는다. 동서남북! 이 방위를 정방향이라 한다. 달리 정방위라고도 한다. 다시 팔방으로 나누면 이미 정해진 정방위 4방향에 남동쪽, 북동쪽, 남서쪽, 북서쪽이 추가된다. 이 네 가지 방향은 기울어졌다고 하여 우방위라 한다. 이 여덟 가지를 팔방이라 하며 팔괘로 적용한다. 이러한 다양한 방향에도 오행을 적용한다. 동방목(東方木), 남방화(南方火), 중앙토(中央土), 서방금(西方金), 북방수(北方水)이다. 즉 동쪽은 목(木), 남쪽은 화(火), 중앙은 토(土), 서쪽은 금(金), 북쪽은 수(水)이다. 팔괘의 분류에서 우방위에 해당하는 방향도 오행을 적용하는데 풍수지리에서 사용한다. 북동토(北東土), 남동목(南東木), 남서토(南西土), 북서금(北西金)이다.

절후오행(節候五行) 사계절의 기운을 오행으로 적용한 것이다. 달리 사계절에 해당하는 열두 달을 계절로 묶은 것이다. 특히 환절기에도 오행을 적용한다. 봄, 여름, 가을, 겨울 그리고 환절기를 나누었다. 봄은 목(木), 여름은 화(火), 가을은 금(金), 겨울은 수(水)가 된다. 그리고 각 계절 사이의 환절기는 토(土)이다. 월별로 나누어 의미를 부여하면 음력으로 적용하여 1월과 2월은 봄이므로 목(木), 4월과 5월은 여름이므로 화(火), 7월과 8월은 가을이니 금(金), 10월과 11월은 겨울이니 수(水)이며 각 계절 사이에 이어지는 환절기에 속하는 3월, 6월, 9월, 12월은 토(土)에 속한다.

색오행(色五行) 색에 담긴 오행의 의미이다. 색은 다양성을 나타낼 수 있다. 색은 음식의 궁합과 맛을 따질 수 있고 색으로 사람의 기운을 읽을 수 있다. 또한 사람의 기운을 분별할 때도 도움을 주는 색을 알 수 있고 그 사람의 심리를 파악하는 데도 이용할 수 있다.
청색(靑色)은 목(木)이고, 적색(赤色)은 화(火)이고, 황색(黃色)은 토(土)이고, 백색(白色)은 금(金)이고, 흑색(黑色)은 수(水)의 오행으로 해석한다. 특히 색은 단색이 아니라 범위로 파악한다. 예를 들어 황토색은 토의 오행인데 황토색뿐 아니라 미색, 베이지색, 금색을 포함하는 범위이다. 목은 청색과 녹색, 연두색의 범위가 모두 들어가고 화는 붉은색, 분홍색, 적황색 등이 포함된다. 금의 색은 흰색이고 수의 색은 검은색에서 회색에 이르는 폭넓은 스펙트럼이다.

인체오행(人體五行) 사람의 신체와 뼈는 물론 장기에도 오행을 배정한다. 사람이라고 해서 오행의 기운과 아주 다르진 않다. 심지어 생긴 모양에도 오행을 배정한다. 관상학을 먼저 살피면 오악을 논하며 오행을 살필 수 있는데 얼굴의 왼쪽 관골은 목(木), 오른쪽 관골은 금(金), 이마는 화(火)에 해당하고 턱은 수(水)이며, 코는 중앙이니 토(土)에 해당한다. 특히 인체오행에서 중요하게 다루어지는 것은 오장육부이다. 인간의 내장기관에 오행을 대입했는데 한의학에서도 함께 사용한다. 오장은 간(肝), 심(心), 비(脾), 폐(肺), 신(腎)이고 육부는 담(膽), 소장(小腸), 위장(胃腸), 대장(大腸), 방광(膀胱), 삼초(三焦)를 뜻한다. 이 중 목은 간담이고 화는 심장과 소장이며, 토는 위장과 비장이고 금은 폐와 대장, 수는 심장과 방광이다.

납음오행(納音五行) 두 가지씩의 천간지지를 이용한 것으로 당사주에서 많이 사용한다. 납음오행을 이해하려면 육십갑자를 알아야 한다. 육십갑자는 천간지지의 만남으로 만들어진다. 육십갑자는 10간에 해당하는 갑(甲), 을(乙), 병(丙), 정(丁), 무(戊), 기(己), 경(庚), 신(辛), 임

(壬), 계(癸)이고 12지는 자(子), 축(丑), 인(寅), 묘(卯), 진(辰), 사(巳), 오(午), 미(未), 신(申), 유(酉), 술(戌), 해(亥)이다. 이 천간과 지지를 합해 간지를 만드는데 첫 번째 만나는 갑자에서 시작하여 마지막 계해에 이르도록 계속해 간지를 합치면 총 60개가 된다. 즉 이것은 하나의 순서를 가지게 되는데 그 순서에 따라 체계적으로 두 숫자를 결합해 얻어지는 것을 말한다. 이를 통해 납음오행을 얻게 된다.

오행일람표

오행의 종류는 간지오행(干支五行)과 수호행(數五行), 방위(方位), 절후오행(節後五行), 색오행(色五行), 인체오행(人體五行), 납음오행(納音五行)으로 구분한다.

구분 \ 오행	木	火	土	金	水
정오행 (正五行)	甲乙 寅卯	丙丁 巳午	戊己 辰戌丑未	庚辛 申酉	壬癸 亥子
삼합오행 (三合五行)	亥卯未	寅午戌		巳酉丑	申子辰
방합오행 (方合五行)	寅卯辰	巳午未		申酉戌	亥子丑
육합오행 (六合五行)	寅亥	卯戌 午未	子丑 (실제는 水)	辰酉	巳申
수오행 (數五行)	三, 八	二, 七	五, 十	四, 九	一, 六
방위오행 (方位五行)	동	남	중앙	서	북
절후오행 (節後五行)	봄 正二	여름 四五	3, 6, 9, 12월	가을 七八	겨울 十, 十一
색오행 (色五行)	청(靑)	적(赤)	황(黃)	백(白)	흑(黑)
오장오행 (五腸五行)	간장(肝腸)	심장(心腸)	비장(脾腸)	폐장(肺腸)	신장(腎腸)
육부오행 (六腑五行)	담낭(膽囊)	소장(小腸) 삼초(三蕉)	위장(胃腸)	대장(大腸)	방광(膀胱)
납음오행 (納音五行)	戊辰, 己巳 壬午, 癸未 庚寅, 辛卯 戊戌, 己亥 壬子, 癸丑 庚申, 辛酉	丙寅, 丁卯 甲戌, 乙亥 戊子, 己丑丙申, 丁酉 甲辰, 乙巳 戊午, 己未	庚午, 辛未戊寅, 己卯丙戌, 丁亥 庚子, 辛丑戊申, 己酉 丙辰, 丁巳	甲子, 乙丑壬申, 癸酉庚辰, 辛巳甲午, 乙未壬寅, 癸卯 庚戌, 辛亥	丙子, 丁丑 甲申, 乙酉壬辰, 癸巳丙午, 丁未甲寅, 乙卯 壬戌, 癸亥

【성보명리】 **비화(比和)에 관하여**

비화는 같은 종류가 만나거나 합쳐졌을 때의 관계를 의미한다. 비화란 오행이 같은 것으로 양목(陽木)에 대해 음목(陰木)은 비화가 된다. 비화는 일간이 같은 오행을 만났을 때를 말한다. 즉 갑목이 을목을 만났을 때 비화라고 한다. 병화가 정화를 만나도 비화다. 무토가 기토를 만나면 비화다. 경금이 신금을 만나도 비화이고 임수가 계수를 만나면 비화다.

단순히 비화라는 것으로 끝나지 않는다. 비화라는 말은 많이 하지만 정확히 설명되어 있는 책은 찾기가 힘들다. 그럼 비화가 어떻다는 것인가? 무언가 해답이 있어야 한다. 막연하게 비화라는 말이 무슨 의미가 있는가?

궁합에서 비화를 적용해보았다. 갑일주가 을일주를 만난 경우다. 갑목은 양목이고 을목은 음목이다. 비화는 근본적으로 형제를 만난 상황이다. 갑목이 을목을 만났으니 형제다. 형제는 한 어머니의 배로 낳은 사이이고 한 아버지를 둔 사이인데 비견이라는 육친에 해당한다.

문제는 형제의 관계이다. 형제가 많으면 다툼이 많이 일어난다. 형제가 없으면 다툼이 적은 편이다. 두 사람이 궁합에서 만났다고 하자. 비화의 관계이다. 두 사람의 일간오행이 같다. 형제와 같다. 그럼 주변에 형제가 많은지 찾아보자. 많다면 다투는 사이가 될 테고 적다면 화합하는 사이가 될 것이다.

그것으로 끝나지 않는다. 두 사람은 일간오행이 같아 대비되고 대립할 가능성은 상존한다. 결국 같은 오행 두 개가 대립한다면 결과가 궁금해진다. 잘라 말하면 음이 늘 이긴다. 같은 오행이 대립하면 결국 끈기 있는 음이 이기는 것이 결과이다. 어느 오행이든 비화가 일어나면 음이 이긴다. 비화의 결과는 그렇다.

3장

천간과 지지

천간과 지지는 사주팔자를 이루는 근본이고 근간이다. 많은 사람이 말하기를 한자를 모르기 때문에 명리학을 배우기 어렵다고 한다. 그다지 틀린 말은 아니다. 한자로 이루어진 글을 보기는 어렵다. 한자는 중국 글자이지 우리 글자는 아니다. 그러나 우리 글자가 없을 때에는 우리 조상들도 중국 글자인 한자를 사용하였고 한자로 기록을 남겼다.

지금은 과거와 달리 한자를 많이 사용하지 않는다. 그렇더라도 한자를 몰라 명리학을 배울 수 없다는 말은 옳지 않다. 실제 명리학의 많은 용어가 한자로 쓰여 있고 한자로 해석되지만 우리에게는 한글이라는 우수한 문자체계가 있다. 명리학의 이론과 해설이 한자로 쓰여 있다 해도 우리 한글을 이용해 충분히 해설하여 적용하고 배울 수 있다.

다만, 문제는 있다. 어떤 경우에도 천간을 나타내는 10자와 지지의 12자는 한자로 써야 한다. 이 글자마저 한글로 쓰는 경우를 보았다. 그것은 깊이 있는 학문을 배우기를 포기한 것이다.

학문은 단편적으로 살필 것이 아니다. 막연하게 살피면 그저 한자 22자로 보일 수도 있다. 그러나 사주를 구성하는 천간 10자와 지지 12자는 단순히 글자로 인식해서는 안 된다. 이 글자들은 일종의 부호이고 기호이다. 따라서 그 글자가 지닌 다양성을 파악해야 한다. 글자의 모양과 의미, 형태와 어원까지 살펴야 한다. 그 글자 모습이 한눈에 들어와야 한다.

사주를 이루는 글자들은 각각의 의미가 있는데 매우 다양하고 깊다. 단순하게 그 글자의 의미만 생각하는 것이 아니다. 그 글자의 생김을 이해하고 생성원리를 이해해야 한다. 달리 자상학(字相學)이니, 물상학(物象學)이니 하는 말이 증명하듯 글자의 생김에도 의미가 있음을 깨달아야 하고, 사주를 분석할 때 반드시 반증되고 적용되어야 하므로 한글로 써서는 안 된다. 그러나 사주를 해설하거나 학습 용어들을 한글로 해설해도 이해할 수 있다면 무방하다고 할 수 있다.

POINT

천간지지 천간은 사주를 구성하는 글자 중 기둥 위쪽에 자리하는 글자로 총체적으로는 양의 성격이며 생각, 의미, 사고를 나타낸다. 지지는 사주를 구성하는 글자 중 기둥 아래에 자리하며 행동을 나타낸다.

1. 천간과 지지

사주라는 말은 4기둥이라는 말이다. 팔자라는 말은 8개 글자라는 말이다. 이 사주팔자를 구성하는 글자를 천간과 지지라고 한다. 년을 나타내는 년주, 월을 나타내는 월주, 일을 나타내는 일주, 시를 나타내는 시주가 4개의 기둥이다. 각각의 기둥에는 2개 글자가 배정되는데, 각각 천간을 의미하는 글자가 1개, 지지를 의미하는 글자가 1개씩이다.

즉 사주명리학은 하늘과 사고, 생각을 의미하는 천간 10자와 땅과 행동, 변화를 나타내는 지지의 12자로 이루어진다. 사람이 태어난 년월일시를 천간 네 글자와 지지 네 글자로 배치하여 나타낸 것이 바로 사주팔자이다. 이 8개 글자를 간지라고 한다.

쉽게 생각해보자. 옛날에는 황도라는 말이 있었다. 쉽게 적도라고 가정하자. 태양의 운행선이다. 하늘의 모습이다. 하늘이 둥근 원으로 생겼다고 가정하자. 이를 천구(天球)라고 한다. 천구에는 태양이 돈다. 하늘이라는 둥근 원의 일정한 궤도를 따라 태양이 도는 것이다. 따라서 황도는 태양의 궤도를 말한다. 태양의 궤도면은 절대로 평면을 이루지 않지만 사람 눈에는 그냥 하늘을 가로지르는 것이니 평면이라고 생각하여 그 평균 궤도면을 황도면(黃道面)이라고 한다. 지금으로 말하면 아마도 적도 정도가 될 것이다. 별자리로 말하면 전갈자리, 처녀자리 등 황도 12궁과 뱀주인자리를 지난다. 사실은 태양이 별자리 사이를 통과하는 것을 볼 수 없지만 그냥 본다고 가정하자.

현대과학은 과거 이론과 과학을 수정한다. 황도는 적도(赤道)와 23도 27분쯤 경사되어 있으며, 이는 아마도 시각적 측량에 따른 착각이거나 착오일 것이다. 황도상의 태양이 남에서 북으로 적도를 가로지르는 점이 춘분점(春分點)이다.

예를 들면 내가 태어난 곳에서 황도를 본다. 그 황도면에는 수없이 많은 별자리가 존재한다. 우리 조상들은 이 별자리들을 황도 12궁이라거나 28수라는 말을 사용하여 별을 정하고 관측하였다. 이 별자리들은 하나의 별이 아니라 수많은 은하수다. 은하수에는 수많은 별이 포함되어 있는데, 이 별이 나타내는 의미가 각각 다르다.

황도

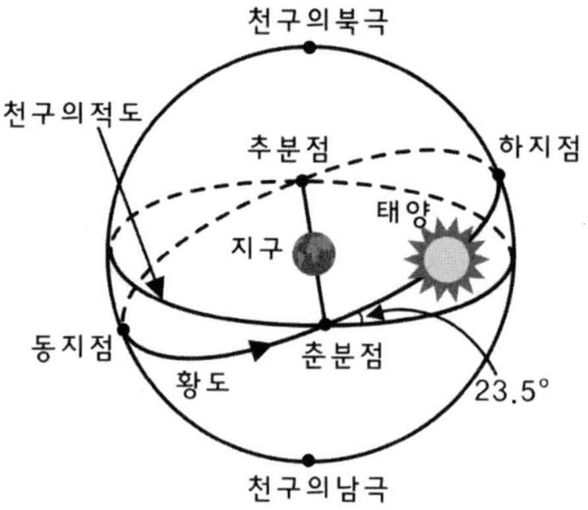

사람마다 태어난 년과 월, 일과 시간이 각각 다르다. 간혹 같은 년월일시에 태어난 사람도 있다. 그러나 대부분 생년월일시가 다르다. 그 태어난 시점에 하늘 황도에 어떤 별자리들이 떠 있는지가 중요하다. 별자리들이 지닌 의미가 내 사주가 되기 때문이다. 즉 어느 누군가 태어나는 생년월일을 따져 황도에 떠 있는 별을 기호화해서 적은 것이 바로 사주이다. 사주는 무수한 의미를 담고 있으며 다시 태어나기 전에는 변하지 않는다. 따라서 사주는 어떤 경우라도 변하지 않는다. 이 별자리의 특질과 변화를 기호로 기록한 것이 바로 10간 12지이다.

2. 천간의 이해와 적용

천간은 10개로 이루어진다. 갑(甲), 을(乙), 병(丙), 정(丁), 무(戊), 기(己), 경(庚), 신(辛), 임(壬), 계(癸)의 열 가지로 이루어져 십간(十干)이라고 한다.

사주에서 십간은 생각을 의미하고 하늘을 상징하므로 천원(天元)이라고 부르기도 한다. 천간은 하나같이 음양오행을 배정받는다. 갑병무경임(甲丙戊庚壬)은 양(陽)의 천간이고, 을정기신계(乙丁己辛癸)는 음(陰)의 천간이다.

천간의 음양오행										
천간	甲	乙	丙	丁	戊	己	庚	辛	壬	癸
음양	양	음	양	음	양	음	양	음	양	음
오행	목		화		토		금		수	
색	청색, 녹색		적색계열		황색계열		백색		흑색, 회색	
정방	동		남		중앙		서		북	
24방 (패철)	甲卯乙 辰巽巳		丙午丁		未坤申 丑艮寅		庚酉辛 戌乾亥		壬子癸	
계절	봄		여름		환절기		가을		겨울	
숫자	3, 8		2, 7		0, 5, 10		4, 9		1, 6	
육친	장남, 장녀		중녀		모친, 소남		노부, 소녀		중남	
오장	간장		심장		비장		폐장		신장	
육부	담낭		소장		위장		대장		방광	

갑을(甲乙)은 목(木)의 오행, 병정(丙丁)은 화(火)의 오행, 무기(戊己)는 토(土)의 오행, 경신(庚辛)은 금(金)의 오행, 임계(壬癸)는 수(水)의 오행이다. 이 오행에 따라 색과 방향, 계절, 숫자, 육친이 적용되어 사주 해석 시 사용할 수 있다.

천간은 물상(物象)의 대체이다. 즉 천간을 나타내는 각각의 글자는 어떠한 물상을 표현한다. 아울러 이 물상이 사주의 주인이 가지는 사고를 표현한다. 특히 물상대체라고 하는 이 표현은 태어난 날 어느 글자가 자리하였는지를 중요하게 파악한다. 즉 일간(日干)을 파악하는 것이 중요하다. 일간이 그 사람의 사고에서 중심이 된다는 의미이다.

천간의 상징 물상		
갑(甲)	대림목(大林木)	곧고 바른 나무, 하늘을 찌르는 큰 나무
을(乙)	화초목(花草木)	작은 화초, 큰 나무를 타고 오르는 넝쿨나무
병(丙)	태양화(太陽火)	태양, 큰불, 용광로의 불
정(丁)	등촉화(燈燭火)	작은 등불, 촛불, 호롱불, 달
무(戊)	성원토(城園土)	큰 산, 높은 산, 넓은 대지의 큰 땅
기(己)	전원토(田園土)	넓게 펼쳐진 땅, 낮은 산, 정원, 농토
경(庚)	강철금(鋼鐵金)	단단하고 큰 쇳덩어리, 철광석
신(辛)	주옥금(珠玉金)	보석, 옥, 다듬어진 작은 쇠
임(壬)	강호수(江湖水)	바다, 강, 호수
계(癸)	우로수(雨露水)	이슬비, 시냇물, 계곡물, 안개

천간의 상징은 곧 태어난 날인 일간에 적용하여 해석하게 마련이다. 일간의 특징을 바탕으로 하여 주변에 투간되어 있는 다른 천간을 파악한다. 무엇보다 중요한 것은 일간의 성격이 즉 그 사주의 주인이 나타내는 성격이고 성향이라는 점이다. 따라서 일간이 무엇인가를 두고 인물됨이나 상황 적응의 특징을 파악하기도 한다. 그래서 근본적으로 각각의 글자가 부호라는 것을 인정하고, 그 부호가 어떤 의미를 나타내는지 파악할 필요가 있다.

세상은 변한다. 우리 인류도 그랬다. 처음부터 농사를 짓고 정착생활을 한 것이 아니다. 수렵을 하고 먹이를 찾아 이동했다. 시대에 따라 십간의 적용이 달라질 것이다. 수렵사회 기준으로 보면 십간에서 또 다른 적용을 찾아낼 수 있다.

수렵시대 기준으로 천간을 적용해보자. 갑(甲)은 가죽옷이나 머리에 쓴 탈, 을(乙)은 새나 물고기와 실 꾸러미, 낚시의 줄이라 할까? 병(丙)은 도마 또는 구이 돌판, 정(丁)은 사람이 만든 모닥불이나 숯불 혹은 짐승을 쫓던 불이다. 무(戊)는 자루가 긴 도끼나 창, 기(己)는 짐승을 묶는 구불거리는 기다란 끈, 경(庚)은 큰 돌로 만든 토전이나 무기, 신(辛)은 돌주먹 석기의 일부나 돌칼, 쇠로 만든 짧은 칼이나 송곳, 임(壬)은 먹고 남겨둔 사냥감 일부나 실꾸리, 계(癸)는 짐승을 잡는 지혜나 화살 등과 통한다. 인류는 수렵사회를 거쳐 드디어 정착을 한다. 정착의 근본은 농경이다. 처음에는 농경과 수렵을 병행했겠지만 이후 완벽한 농경이 이루어지면 정착한다. 농경사회에 와서는 십간을 식물의 모습으로 풀이할 수 있다.

갑(甲)은 딱딱하고 껍질에 싸인 씨앗이 껍질을 뚫고 뿌리를 내리며 발아하는 모습, 을(乙)은 온기를 받은 씨앗이 몸을 비틀어 땅을 뚫고 나오는 모습, 병(丙)은 밖으로 나와 자란 줄기가 가지를 뻗어 풍성해지는 모습, 정(丁)은 우뚝 자라 몸체가 성숙하여 정정한 모습, 무(戊)는 자랄 대로 자라 무성해진 모습이니 더는 자라지 않는다. 기(己)는 자랄 대로 자라 열매맺으며 처져 드리운 모습, 경(庚)은 추수하는 농기구이며 열매이다. 신(辛)은 열매를 자르거나 쪼개는 도구이고 임(壬)은 종자 씨, 계(癸)는 씨 뿌리는 종자로 파악할 수 있다.

천간의 모든 글자는 다양한 의미를 지녀 해석에 적절하게 이용할 수 있다. 따라서 폭넓은 사고로 접근하는 것이 무엇보다 중요하다.

천간은 단순하게 태어난 생년월일의 의미만 있는 것이 아니다. 지지를 합

천간의 상징과 의미	
갑 (甲)	크고 곧은 나무를 상징한다. 하늘을 향해 뻗어나가는 성격이며 명예지향적이고 인자하다.
	씨앗이 재생된 상태로 씨앗의 모습을 나타낸다. 씨앗에서 뿌리가 조금 나타나는 모습, 알이 부화된 상태다. 갑은 형이하학적인 구현이다. 얼었던 압축이 해제되니 갑은 힘이 생긴다. 역동적이다.
을 (乙)	작은 나무, 화초, 작은 꽃나무, 넝쿨식물을 상징한다. 부드럽고 인자하며 자신을 낮추고 굽힐 줄 알며 분위기에 잘 적응한다.
	식물이 구불구불 자라는 모양. 지표면 아래에서 씨앗이 터져서 자라는 모양. 구불구불한 모양이 탄력을 느끼게 한다. 대체로 을목은 갑목보다 지능이 떨어진다. 그러나 활용도는 더 높다. 글자 안에 열 십(十)자가 없지 않은가. 식물은 항상 뭔가를 잡고 있다. 그래서 욕심이 많다.
병 (丙)	태양, 용광로, 큰불, 자연발화되니 불이다. 밝고 명랑하고 화사하다. 적극적이며 활동성이 뛰어나다.
	빛이다. 밝다. 태양을 의미하지만 꽃을 나타내기도 한다. 그냥 꽃이 아니라 지혜의 꽃이다. 즉 지성적인 이성이다. 눈에 보이지 않지만 지혜가 발현된 것이다. 이성은 본시 차가운 것이다. 병화 역시 매섭다. 겉으로 온화하고 화사하지만 과감하고 사정없이 몰아친다. 그러나 공평무사하다. 우주의 법이다. 우주의 이치이다.
정 (丁)	촛불, 모닥불, 호롱불, 형광등, 달빛을 상징한다. 인간이 만든 문화의 불이며, 은근한 끈기와 인내심이 있고 밝고 명랑하다.
	열(熱)이다. 글자 모양이 갈고리같이 생겼다. 글자는 형상이나 의미를 가진다. 갈고리는 걸려고 만든 것이니 걸면 걸린다. 이것이 법이다. 문화의 불이다. 사람이 피운 법이다. 사람의 불이다. 따라서 정은 인간의 법이다. 인간미가 드러난다. 정은 따뜻함이다. 그러나 화가 나면 모든 것을 태워버린다.
무 (戊)	넓은 대지, 높은 산, 넓은 땅을 상징한다. 은근히 고집이 있으며 과묵하고 자기중심적이며 외로움을 즐긴다.
	무성하게 다 자랐다. 열매라기보다는 열매를 계속 키워가는 상태, 즉 수정된 이후 성장해 가는 상태, 자라나는 모습이다. 꿈, 포부가 크지만 현실성은 미치지 못한다. 대범하여 자잘한 것에는 신경을 안 쓰고 게으르다. 토가 강하면 더욱 게으르다. 갑목이 가장 싫어한다. 생각은 민첩하고 다양하나 움직임은 둔하다. 겉으로는 허황돼 보인다. 운이 안 따르면 계획만 무성하고 실천이 없다. 돈이 없으면 허구다. 그러다보니 철학자, 고독한 사람이 된다.

기 (己)	논과 밭의 농토, 정원, 화단과 같은 작은 땅이다. 소극적이며 안정을 추구한다. 환경적응이 빠르고 자기를 지키는 데 열중한다.
	몸이다. 다 큰 열매이기는 하지만 결실 상태는 95%에 불과하니 완벽한 결실의 전 단계이다. 무가 성숙하여 무성해지면 생각을 담아낸 것이다. 구부러진 글자이니 탄력이 느껴진다. 가장 내면적이다. 몸은 구체적이고 물질적인 것이므로 기 역시 이러한 속성을 닮았다. 그래서 을, 정과 맥을 같이한다.
경 (庚)	바위산, 큰 철광석, 기차, 비행기 등의 큰 쇳덩어리를 지칭한다. 매사에 적극적이고 의지가 강하며 자신을 드러내는 데 익숙하다.
	천간의 출발점인 경으로 돌아왔다. 경은 출발점이자 도착점이다. 따라서 새로운 시작이다. 하지만 도착점의 경이 출발점의 그것과 같을 수는 없다. 출발점의 경이 주체이고 자아였다면 도착점의 경은 결실이다. 따라서 열매이다.
신 (辛)	보석, 옥, 액세서리, 칼과 같은 제련되고 다듬어진 작은 금속이다. 날카롭게 반응하고 섬세한 기질을 드러낸다. 지나치게 이기적이다.
	열매의 씨앗을 의미한다. 아무리 갑목이 땅을 뚫고 자라나고 태양을 본다고 해도 결과는 열매를 맺고 씨앗을 남기는 것이다. 열매가 없는 결실은 없다. 따라서 결실이다. 이 씨앗이 땅속으로 들어가 임계수를 만나야 비로소 갑이 되어 싹을 틔우는 것이다.
임 (壬)	바닷물, 오대양, 가을, 큰 호수와 같은 큰 물을 상징한다. 자신을 보여주고 싶어 하는 기질이며 총명하고 머리가 좋다.
	왼쪽에 사람 인(人) 변을 붙이면 애 밸 임(任)자다. 천간 임(壬)도 그와 통한다. 여자의 자궁이다. 자식을 낳는 것이다. 씨가 들어 있다. 알은 아닌 것이니 지식이고 지혜다. 글자 가운데 열 십(十)자가 들어 있는 데서도 알 수 있듯이 막힘이 없다. 완벽하다. 임(壬)은 형이상학적 지혜를 나타낸다.
계 (癸)	이슬, 안개, 빗물, 서리와 같은 작은 물을 상징한다. 온화하고 섬세하며 머리가 좋다. 다정하고 여린 심성이다.
	씨앗이 움직이지 않고 잠을 자는 것이다. 식물의 씨. 얼어서 압축된 상태. 계에는 식물의 모든 것이 압축되어 들어 있다. 이것이 자연의 섭리다. 글자 안에도 하늘 천(天)이 들어 있어 하늘의 의미를 나타내기도 한다. 지혜의 글자다. 계수를 달리 옹달샘이라고 표현한다. 옹달샘도 바로 물의 알이라 할 것이다. 지혜가 끝없이 샘솟는다.

하여 그 숫자가 많고 적음에 따라 나타나는 영향이 아주 다양하다. 사고와 사건은 물론이고 병을 나타내기도 한다. 사주에서 어떤 오행이 많은 것은 병이다. 사주에서 없는 것도 병이다. 따라서 사주를 파악하면 근본적인 병을 알 수 있다.

천간을 파악하는 방법에는 여러 가지가 있다. 그만큼 천간의 의미가 다양하다는 뜻이다. 그것은 천간이 단순한 글자가 아니라 부호 의미가 있기 때문이다. 따라서 천간을 확실하고도 다양하게 이해하는 것은 일간을 더욱 정확하게 파악하는 방법이 된다.

천간을 정확하게 이해해야 드러나는 성격을 이해할 수 있고 적성을 살필 수 있다. 적성을 살펴 이해한다면 올바른 진로 결정이나 선택 기회를 무산시키지 않을 것이다.

우리는 살아가며 무수한 기회를 만나게 된다. 하나같이 주어지는 기회다. 이 기회의 순간에 뚜렷한 데이터가 없다면 망설이거나 기회가 와도 살리기 어려울 것이다.

옛말에 '궁즉통(窮卽通)'이라는 말이 있다. 이는 틀린 말이다. 변하지 않으면 통할 수 없다. 즉 변화를 위해 무엇인가 해야 방법이 나타난다. 따라서 '궁즉변(窮卽變), 변즉통(變卽通)이다. 궁하면 변해야 하고, 변해야 비로소 통한다. 변화를 주고자 하면 노력해야 하지만 그보다 올바른 변화를 추구해야 한다. 이 변화야말로 일간의 적성을 따져 파악할 일이다. 따라서 천간의 성격을 알아야 한다.

천간오행의 건강

천간	甲	乙	丙	丁	戊	己	庚	辛	壬	癸
음양오행	양	음	양	음	양	음	양	음	양	음
	목(木)		화(火)		토(土)		금(金)		수(水)	
오장	간장		심장		비장		폐장		신장	
육부	담낭		소장		위장		대장		방광	
건강 문제	간장질환 췌장 뼈 수술 정신질환 스트레스 자율신경계		심장질환 혈관질환 안과질환 정신과질환 순환기질환 조현병		비장질환 위장질환 비만 산부인과질환 비뇨기과질환		뼈 우울증 자폐증 폐질환		산부인과 비뇨기과 두통 불면증 혈관질환 임신 우울증(정신)	
없을 때	교통사고 추락 소아마비 허리디스크 간질환 스트레스 치매 자율신경계		심장판막증 뇌출혈 중풍 안과질환 심근경색 정신질환 울화병		위장병 췌장암 자궁 난소 난임 비만/과식		대장 폐 우울증 자폐증 뼈		신장결석 요로결석 방광 자궁 비임신 난임 전립선 임질/매독	
많을 때	교통사고 추락 소아마비 허리디스크 간질환 스트레스 치매 자율신경계		심장판막증 뇌출혈 중풍 안과질환 심근경색 정신질환 울화병		위장병 췌장암 자궁 난소 난임 비만/과식		대장 폐 우울증 자폐증 뼈		신장결석 요로결석 방광 자궁 비임신 난임 전립선 임질/매독	

천간의 성격과 적성					
천간	甲乙	丙丁	戊己	庚辛	壬癸
성격	어질다 인간적이다 인(仁)	예의바르다 포괄적이다 예(禮)	믿음이 있다 든든하다 신(信)	의리가 있다 정직하다 의(義)	총명하다 지혜가 있다 지(智)
많을 때	명예지향적 굽힘이 없다 전진성향 주변을 무시 주장이 강하다	자기표현 확실 다혈질 과장되다 나선다 과장한다	끈기 있다 고집 부린다 사람 무시 굽히지 않는다 주장이 강하다	비판한다 뒤집는다 주장이 강하다 타협이 없다 막무가내	타인 배려 쓸데없는 걱정 자기이익 추구 타인 무시
없을 때	회피 대인기피 비판에 노출	과장 삐침 투쟁적	회피 자기안식 줏대 없음	삐침 고집 피움 자기소외	줏대 없음 뒷담화 이익 추구
적성 1순위	문과 행정계열 법	연예 예술 문화 방송 요리	중계 상담 대인계통 외교	군인 의사 경찰 의사 간호사 운동선수 체육교사	이과 경제학 회계 통계 수학 물리
적성 2순위	미술 교육 교육행정 방송	문과	부동산 토목 건축 유통 중계	이과 금속공학 컴퓨터	음악 연예 방송 무역

3. 천간의 분석

천간은 사주팔자를 이루는 글자에서 위쪽에 자리한다. 4개 기둥을 사주(四

柱)라고 하면 이 중에 위쪽에 자리한 4개 글자가 천간이다. 천간이라는 말은 하늘의 기둥이라는 의미이다. 하늘의 의미를 지녔다는 것을 나타낸다. 천간이라 하여 지지보다 높거나 크다는 의미는 아니다. 나타내는 것이 다를 뿐이다. 그 의미에서 보이듯 하늘처럼 위쪽에 자리한다는 것으로 파악해야 할 것이다. 천간의 의미와 지지의 상관성도 중요하다. 또한 천간의 의미는 지지의 의미와 통하기도 한다.

1) 갑목(甲木)

갑목은 양목(陽木)으로 아름드리나무라서 하늘을 향해 자라는 나무이다. 동량지재(棟樑之材)이며 완고하고 쉽게 꺾이지 않는다. 병화(丙火)를 보고 자라야 하는 속성을 지녔다. 갑목은 태어난 시기를 잘 살펴야 한다. 봄, 여름, 가을, 겨울의 태생이 각각 다르다.

다른 오행과 달리 목의 오행은 성장이라는 측면에서 살펴야 한다. 인월(寅月)의 새싹부터 한 해가 다 지나는 축월(丑月)까지 나무의 형태를 잘 살펴보면 사람의 본성과도 연결됨을 살필 수 있다. 인월(寅月)의 갑목(甲木)은 천간에 목이 많거나 지지에 지원하는 힘이 강해도 단순한 신강으로 표현하는 것이 아니다. 봄이 되어 싹이 이제 올라오니 어린 묘목(苗木)이라. 마음이 여리고 선한 마음을 지녔음을 알 수 있다. 다 자란 과실목이기 때문에 신약해진다는 것으로 자연스러움을 알아야 한다. 자식을 낳은 부모는 약해지고 늙어가게 마련 아닌가?

갑목(甲木)의 기본 특성	
갑목	양목(陽木)이고 지지의 인목(寅木)과 같은 기운이다. 곧게 뻗은 나무, 하늘을 향해 자라는 나무, 베이면 죽는 나무 갑(甲)은 뾰족한 글자이니 신(辛)과 함께 현침살(顯針殺)이다. 현침살이니 뾰족한 것을 다루는 직업에도 좋다. 갑갑(甲甲)으로 두 글자가 나란히 붙어 있으면 갑갑해지고 경쟁이 치열해진다. 갑갑(甲甲)으로 두 글자가 나란히 붙어 있으면 부모와 생사이별이 있다. 갑갑갑(甲甲甲)으로 나란히 투간하면 부자의 기운이 넘친다. 갑갑갑갑(甲甲甲甲)은 무시무시한 하나의 큰 기운이다. 거목

2) 을목(乙木)

을목은 글자의 형상대로 생긴 모양이 구부러지고 호수에 뜬 오리와 같은 모습이다. 이 음목을 나타내는 글자는 새 을(乙)에서 기인하였다. 이 글자는 보는 방향에 따라 여러 가지 물상으로 보인다. 그 대표적인 것이 새 모양인데, 물에 뜬 새 무리가 요란하듯 시끄럽다는 의미를 지닌다.

을목은 꽃을 의미한다. 을목은 꽃과 바람의 형상으로 가장 많이 표현된다. 특히 계절에 따라 각각 다양한 꽃의 형태로 보게 되며 그 형상에 따라 화려함도 다르다. 어느 꽃이라도 늘 화려하게 사시사철 피는 것은 아니다.

꽃은 항상 태양[丙火]을 보아야만 필 수 있다. 꽃의 본분은 예쁘게 피어야 사랑받고 잘살 수 있다. 을목은 베이는 것을 두려워한다. 따라서 신금(辛金)을 매우 두려워한다.

을목의 속성은 꽃, 화초, 넝쿨, 바람 등으로 나타낸다. 모두가 하늘거리고 유약해 보이지만 생명력에서는 강한 것이다. 을목은 생육(生育)에서 갑목과 같다. 을목의 본분은 태양을 보고 생육(生育)되어 꽃을 피우는 것이다. 을목은 근본적으로 성정이 온유하고 섬세하며 화려함을 추구하여 자신을 꾸며 여성적이지만 은근히 고집이 있다.

부드러우나 강하다. 을목은 일견 약하게 보인다. 겉으로 나타내지 않으려는 외유내강(外柔內剛)의 성품을 가지고 있다. 약함이 약한 것이 아니며 끈질긴 생명력을 안으로 숨기고 있다. 본인의 어려움을 타인과 공유하지 않는다. 어려움이 닥쳐도 주변의 도움을 청하지 않고 스스로 극복하려는 성정이 강하다.

을목은 태어난 날이 중요하다. 즉, 월령에 따라 을목을 물상으로 비유한다. 그러나 근본적으로 을목은 홀로 피어 있는 꽃, 벌레 먹은 꽃, 연약한 꽃, 쓸쓸한 꽃, 화사한 꽃, 거리의 꽃 등과 같은 이치로 많이 비유된다.

을목의 특징은 겉으로는 약하나 속으로 강하며, 생활력이 뛰어나고 생존력도 강하다. 친화적이고 유동성이 많다. 화사한 것을 좋아하며 치장에도 일가견이 있다. 바람으로 비유하기도 하듯 변화가 많은 인생이다. 을목은 한곳에 머물러 있기가 쉽지 않아 사주 구성에 따라 편차가 많은 일간이다.

을목(乙木)의 기본 특성	
을목	음목(陰木)이고 지지의 묘목(卯木)과 같은 기운이다. 습목(濕木)이고 생목(生木)이다. 작은 나무, 풀, 화초, 넝쿨식물과 같고 새싹이다. 을(乙)은 구부러진 글자이니 기(己)와 함께 곡각살(曲角殺)이다. 곡각살이니 목, 허리, 무릎에 병이 있다. 을을(乙乙)로 두 글자가 나란히 붙어 있으면 갑갑해지고 경쟁이 치열해진다. 을을(乙乙)로 두 글자가 나란히 붙어 있으면 인덕 부족에 외로움을 느낀다. 을을(乙乙)로 두 글자가 나란히 붙어 있으면 늘 시끄럽다. 을을을(乙乙乙)로 나란히 투간하면 부자의 기운이 넘친다. 을을을을(乙乙乙乙)은 무시무시한 하나의 큰 기운이다. 웅장한 등나무

3) 병화(丙火)

병화는 태양을 의미한다. 양화(陽火)로 양 중의 양(陽)이며, 가장 강한 빛을 뿜어내는 물상이다. 하늘에 떠 있는 태양이니 널리 퍼지는 속성이라. 적극적이고 활동성이 크고 크게 움직인다. 세상을 변화시키려는 에너지를 내포하고 있다. 열린 마음이다. 늘 드러내고 저지르는 속성이다. 비밀을 간직하기 쉽지 않으며 넓게 멀리 발산하려는 기질이다.

태양은 가장 높은 곳에 머물러 있다. 만물은 태양이 없으면 생존이 불가능하다. 만물을 육성하고 키우는 존재이니 자존감이 높고 자존심이 강하다. 태양은 때때로 열기를 뿜고 활활 타오른다. 이처럼 때로는 자신의 불같은 성정을 이기지 못하는 경우가 있다.

본인의 성정대로 살지 못하면 화병에 걸리거나 우울증에 빠진다. 아무리 뜨거운 태양이라 해도 하루가 저물면 소멸하고 산 뒤로 숨는 법이다. 아무리 열정이 있고 불같이 화를 내도 일정 시간이 지나면 소멸하니 뒤끝이 없다.

태양의 흐름으로 시간을 안다. 하루의 시간과 태양의 위치를 보면 병화의 속성을 이해할 수 있다. 자시(子時, 11:30~01:30)에는 하늘이 열리고, 축시(丑時, 01:30~03:30)에는 땅이 열린다고 했다. 인시(寅時, 03:30~05:30)에는 사람이 기상한다. 인시가 되면서 태양이 열리는 시간과 묘진시(卯辰時)를 지나며 살피고 사오미(巳午未), 신유술(辛酉戌)과 해자축(亥子丑)의 시간 변화를 살펴 태양의 생성과 저물고 사라지는 모습을 살펴보면 월령에 따른 태양의 생사를 이해할 수 있다.

모든 천간에는 임무가 있고 역할이 있다. 양의 천간은 진취적이고 포괄적이다. 임수(壬水)는 갑목(甲木)을 양육하여 결실을 맺는 것이 본분이다. 이와 비교하여 병화는 만물을 비추고 만인에게 도움이 되기를 원한다. 병화가 있어야 갑목은 결실이 이루어진다. 병화 없는 갑목은 쭉정이를 맺을 뿐이다. 병화의 성품은 착하고 만물에게 빛을 내려주어야 하는 사명감을 지니고 있다. 생동감 있고 밝은 성격을 지녔으며 얼굴은 화사하다. 일의 추진은 빠르나 뒤가 무르다는 것은 약점이다.

병화(丙火)의 기본 특성	
병화	양화(陽火)이고 지지의 사화(巳火)와 같은 기운이다. 태양, 용광로, 화산, 화재, 큰불이다. 열정이 강하고 때로 폭발하여 주변을 태운다. 예술성이 강하다. 병병(丙丙)으로 두 글자가 나란히 붙어 있으면 갑갑해지고 경쟁이 치열해진다. 병병(丙丙)으로 두 글자가 나란히 붙어 있으면 도(道) 지역 정도의 역마이다. 병병(丙丙)으로 두 글자가 나란히 붙어 있으면 활동적이고 움직임이 많은 직업이 좋다. 병화일간인 사람은 화사함을 풍긴다. 병화일간이나 사주에 병화가 많으면 둥글고 미인형이다. 병병병(丙丙丙)으로 나란히 두간하면 부자의 기운이 넘진다. 병병병병(丙丙丙丙)은 무시무시한 하나의 큰 기운이다. 거대한 태양

4) 정화(丁火)

정화는 인간이 만든 불이다. 따라서 문화의 불이라고 한다. 정화는 지상의 불로써 촛불, 모닥불, 라이터불, 횃불, 전등, 달 등으로 표현된다. 인간이 만든 불이라 인간의 성정이 담겼다. 정화는 어떠한 경우라도 불심지가 있어야 잘 탈 수 있다. 촛불과 달이 말해주듯 신비적 현상이나 소원을 비는 행위 등의 속성이 있다.

정화는 음화(陰火)로 타오르는 활화(活火)이며 한번 타오르면 쉽게 꺼지지 않는다. 등촉화(燈燭火)이거나 모닥불로 표현되는 것으로 인간의 성정이 가장 잘 녹아 있다. 왕하면 열화(熱火)이고 약하면 별빛이다.

표면적으로 은근하고 명랑하며 인정이 많고 사교적이다. 봉사정신도 있으며 사랑받기 원하는 감정이 강하다. 정이 많아 이해득실을 따지지 않고 타인 일에 나섰다가 손해를 보는 경우도 많다. 적극적으로 임하는 성격이나 반드시 대가를 바란다. 칭찬에 매우 약하다.

은근하게 빛을 뿌리는 병화와 달리 외적으로 왕하게 타는 불이므로 속을 감추지 못한다. 싫은 것은 표현하는 성격이다. 타 일간에 비하여 희비 표현이 많이 나타난다.

인간의 불인 것처럼 예술성이 강하다. 어두운 곳을 밝히는 불이므로 나서서 도움을 청하지 않으면 주변의 도움을 받지 못하고 희생하는 경우도 많다. 한번 타오르면 무섭게 타오르기 때문에 성질이 나면 끄기 어렵다. 본분은 갑목(甲木)을 심지로 경금(庚金)을 제련하는 것이다.

정화일주는 단순하게 신강신약으로 추명하면 큰 오류가 따른다. 사오미월(巳午未月)의 정화를 신강이라고 추명하면 안 되는 이유는 사오미시(巳午未時)에 비견한다. 이 시간에 하늘을 보면 태양이 떠 있다. 태양빛이 밝아 별의 모습은 보이지 않는다. 이처럼 존재감이 없는 것이다. 정화는 태양빛에 가려지게 마련이다. 신유술시(辛酉戌時), 해자축시(亥子丑時)가 되어야 비로소 태양이 가시기 때문에 드러난다. 태양이 없는 시간에야 제 역할을 할 수 있다.

이러한 연유는 병화가 자취를 감추고 별이 뜨고 불을 켜는 것과 같은 이치이다. 따라서 자연론에서는 정화일간이 해자축(亥子丑)에 태어났을 때 비로소 귀한 자식이라는 표현을 쓴다.

정화(丁火)의 기본 특성	
정화	음화(陰火)이고 지지의 오화(午火)와 같은 기운이다. 촛불, 화롯불, 모닥불, 작은 불이다. 하늘의 별과 달과 같다. 열정이 강하고 때로 폭발하여 무섭게 타오른다. 인간미가 있고 자신을 희생하며 잘 삐치고 대가를 바란다. 예술성이 강하다. 정정(丁丁)으로 두 글자가 나란히 붙어 있으면 갑갑해지고 경쟁이 치열해진다. 정정(丁丁)으로 두 글자가 나란히 붙어 있으면 인덕 부족에 외로움을 탄다. 정화일간이나 사주에 병화가 많으면 갸름하고 미인형이다. 정화가 지나치면 야화(夜花)로 흐름을 조심해야 한다. 정정정(丁丁丁)으로 나란히 투간하면 부자의 기운이 넘친다. 정정정정(丁丁丁丁)은 무시무시한 하나의 큰 기운이다. 거대한 산불

5) 무토(戊土)

무토는 큰 산이고 넓은 산이며 높은 산이다. 후중한 양토(陽土)로 에베레스트와 같은 높은 산이다. 고강하고 웅장하다. 무토는 높은 산이 많은 것을 품듯 포용의 신이다. 무게감이 있어 속내를 드러내지 않는다.

예의 바르고 완벽하길 바라며 조용하다. 겉으로 조용하고 과묵하지만 다가오는 사람을 거부하지는 않는다. 사람들을 본인의 기준에 맞추려고 하는 까다로운 기질이 있어 사람 사귀기에 약하다. 사람을 사귀는 데 익숙하지 못하고 낯가림이 심하여 인간관계는 극소수이다. 높은 산에 새들이나 등산객이 많지 않은 것처럼 외로움을 느낀다.

신의를 중요시하는 성격이 드러난다. 한번 신뢰를 잃으면 회복하기 어렵고 쉽게 용서하지 않는 성격이 드러난다. 자존감을 내세우고 고집이 대단히 강하다. 나름 리더십이 강하지만 사용하기가 쉽지 않다. 자존심이 매우 강하여 윗사람이 무토일간이라면 조심스럽게 대해야 한다. 무토는 때로 알면서도 고집을 피우는 경우가 있다.

무토일간은 사주원국의 구성이 잘 갖추어져 있으면 부자들이 많다. 높은 산이라 산출되는 것이 많다. 보석, 주옥, 광산, 금처럼 남모르는 자원을 많이 가지고 있다. 하지만 반드시 산출만 있는 것은 아니다. 산에서 불이 나면 폐해가 큰 것처럼 화기(火氣)가 강한 사오미월(巳午未月)의 무토일간은 간명에 세심함을 기울여야 한다. 무토일간은 지지에 반드시 신진(申辰)의 글자가 있어야 좋다. 또한 무토일간의 천간에서 임계수(壬癸水)가 투간되면 돈 때문에 마음이 바쁘다.

무토(戊土)의 기본 특성	
무화	양토(陽土)이고 지지의 진토(辰土), 술토(戌土)와 같은 기운이다. 높은 산, 넓은 영토, 광활한 대지, 큰 산이다. 높은 산이 의미하듯 조용하고 외로움을 탄다. 무무(戊戊)로 두 글자가 나란히 붙어 있으면 갑갑해지고 경쟁이 치열해진다. 무무(戊戊)로 두 글자가 나란히 붙어 있으면 해외 역마이다. 무무(戊戊)로 두 글자가 나란히 붙어 있으면 해외를 왕래하는 직업이 좋다. 무토일간인 사람은 대체로 넓은 공간을 선호한다. 무토일간인 사람은 좁은 공간은 싫어하고 액세서리도 단순한 것을 착용한다. 무무무(戊戊戊)로 나란히 투간하면 부자의 기운이 넘친다. 무무무무(戊戊戊戊)는 무시무시한 하나의 큰 기운이다. 큰 산맥

6) 기토(己土)

기토는 사람이 곡식을 가꾸는 전답이며 평소에 밟고 다니는 땅이다. 사람의 손길이 닿는 땅이며 음토(陰土)이다. 전원지토(田園之土)라고 하며 농토, 먼지 혹은 동물이 뛰노는 벌판, 목장으로도 표현된다.

기토의 성정은 매우 인간적이다. 사교적이고 대인관계가 좋다. 타인을 배려하고 이해한다. 땅의 특성처럼 모든 것을 포용하려는 마음이 강하다. 신의를 중요시하고 때론 보수적인 성향이 강하지만 간혹 자신에게 집착하여 타인이 이해할 수 없는 행동을 하기도 한다.

기토는 깊은 땅이다. 흙으로 이루어진 땅이다. 땅은 속을 파보아야만 안을 볼 수 있듯이 속내를 알 수 없다. 자기 관리를 잘하고 함부로 나서지 않는다. 자기 가족을 방어하며 배려하고 챙긴다. 자기 것을 챙기고 자신과 연관이 있는 것을 보호한다. 가족이나 친구 간의 연대감도 잘 조성하며 중재자 역할을 잘한다.

이익과 화합이라는 측면을 강조하기 때문에 때로는 기회주의자 같은 면모가 드러나기도 한다. 근본적으로 타인을 배려하기 때문에 사회생활을 잘한다. 기토의 본분은 병화(丙火)를 보면서 갑을목(甲乙木)을 양육하는 것이다.

기토는 사람이 식물을 심고 곡식을 심는 전답토(田畓土)이니 문화적이고 인간적이다. 농토로 표현된다. 따라서 사람을 잘 기르는 성향이다. 잘 받아들이고 친절하다.

여자로서는 가장 이상적인 일간이다. 갑병(甲丙)을 보아야 상격구조이다. 따라서 갑(甲)과 병(丙)의 투간은 기토의 인물됨을 보여준다. 기토는 흙으로 이루어진 밭이니 돌은 좋지 않다.

기토에 암석을 의미하는 경금(庚金)은 최대 걸림돌이다. 갑일간(甲日干)이 기토를 보면 논바닥에서 쓰러진 나무가 된다. 병일간(丙日干)이 기토를 보면 땅에 떨어진 태양이니 빛을 보기 어렵다. 경일간(庚日干)이 기토를 보면 먼지 묻은 금(金)이니 빛이 나지 않는다. 임일간(壬日干)이 기토를 보면 기토탁임(己土濁壬)이 되어 몸이 아프고 일에 차질이 많다.

기토(己土)의 기본 특성	
기토	음토(陰土)이고 지지의 축토(丑土), 미토(未土)와 같은 기운이다. 전답토, 화분의 흙, 정원의 흙처럼 작고 토심이 깊은 흙이다. 구부러진 글자이니 곡각살(曲角殺)이다. 목, 허리, 무릎이 아플 가능성이 높다. 수용하는 자세이고 잘 가르치고 포용한다. 가족을 지키려는 애정이 강하다. 기기(己己)로 두 글자가 나란히 붙어 있으면 갑갑해지고 경쟁이 치열해진다. 기기(己己)로 두 글자가 나란히 붙어 있으면 지역 역마이다. 기기(己己)로 투간되면 지역에서 직업을 가지거나 정적인 직업이 어울린다. 가르치는 직업에 어울린다. 분재를 좋아하고 작은 정원, 작은 액세서리를 좋아한다. 기기기(己己己)로 나란히 투간하면 부자의 기운이 넘친다. 기기기기(己己己己)는 무시무시한 하나의 큰 기운이다. 끝없는 벌판

7) 경금(庚金)

경금은 완금(頑金)이라 하니 제련되지 않은 쇠, 철광석이다. 규모가 큰 바위와 암석 혹은 돌로 이루어진 산이다. 경금은 제련되지 않은 것이니 거칠고 굳고 단단한 것을 나타낸다. 속성은 냉(冷)하고 강중강(鋼中鋼)으로 꺾이지 않고 변하려 하지 않는 기질이다. 차가운 가을의 숙살지기(肅殺之氣)를 지닌다. 저무는 가을 기운이며 칼로 베는 기운이다.

개성이 강하고 완고하며 타협하기 쉽지 않다. 의지가 강하고 주장도 강하며 자기과시적 경향이 있다. 뒤집어엎는 반골기질이 나타나고 타인의 주장에 승복하지 않는 기질도 있다. 병화(丙火)일간도 과시적 경향을 드러내지만 경금(庚金)의 경우와는 약간 차이가 있다. 경금은 나름의 의지를 바탕으로 한 확고한 과시다. 드러내기 좋아하는 병화일간의 과시성과는 차이가 많다.

정화(丁火) 없이 경금이 갑목을 보게 되면 제련되지 않은 거친 기운이라 반골이나 폭도의 명(命)이 되기 쉽다. 명이 나쁘면 깡패, 폭군 등이 된다.

경금은 제련되지 않은 철광석의 원석으로 완성되지 않았다는 의미가 있다. 경금은 불을 받아야 쓸모 있는 기물로 변한다. 거칠고 큰 바위로 물을 생(生)하는 의미가 있다. 용신(用神)은 정화(丁火)와 임수(壬水)를 쓰는 경우가 있는데, 용신이 상반된 경우가 많아 외방자식을 두기 쉽다.

경금(庚金)의 기본 특성	
경금	양금(陽金)이고 지지의 신금(申金) 같은 기운이다. 거친 바위, 무쇠덩어리, 금광, 바위산, 유람선, 유조선, 기차, 비행기다. 경금이 중중하면 반골기질이 나타난다. 노랑이 혹은 절약정신이 강하다. 경경(庚庚)으로 두 글자가 나란히 붙어 있으면 갑갑해지고 경쟁이 치열해진다. 경경(庚庚)으로 두 글자가 나란히 붙어 있으면 국내 역마이다. 경경(庚庚)으로 두 글자가 나란히 붙어 있으면 국내를 폭넓게 왕래하는 직업이 좋다. 경경(庚庚)으로 나란히 투간하면 무(武)의 성향이 강하게 나타난다. 경경경(庚庚庚)으로 나란히 투간하면 부자의 기운이 넘친다. 경경경경(庚庚庚庚)은 무시무시한 하나의 큰 기운이다. 거대한 항공모함

8) 신금(辛金)

신금은 음금(陰金)이다. 경금(庚金)의 질(質)이며 경금의 추상적 제어가 나타난다. 잘 다듬어진 단단한 보석이다. 다이아몬드, 보석, 살상용 무기인 칼·창·돌도끼·돌화살촉 등이 생각나는 글자다. 강하고 예리하며 빛이 난다. 따라서 폼생폼사, 멋을 즐긴다. 압축, 빈틈이 없는 상태, 외부 억압을 견디는 과정에서 오는 결집된 정신과 육체라고 할 수 있다.

어떤 시련이 오더라도 이를 악물고 견뎌내야 하는 상황과 같은 압박감을 이겨낸 자의 정신, 오기 같은 것이 서려 있다. 절박한 상황에서도 살아남아야 한다는 오기와 강한 정신력 같은 것이 느껴진다.

신금은 오기와 차가움, 냉정함, 목적을 이루고자 하는 정신과 지나친 이기심, 경쟁자를 질시하거나 짓밟아버리고 우뚝 서려는 시기심을 지니니 누구라도 막기가 어렵다. 늘 경쟁하려 하고 약자를 업신여기며 강자에게 허리를 굽힌다. 이기심을 부려 목적을 달성하고 난 후의 후련함을 즐기고 냉정함과 화려함이 공존한다. 거짓된 리더십을 드러내고 잘난 척하며 지식은 약하고 사기성이 강하다. 그러한 약점을 예술성과 돈, 거짓된 언변으로 막으려고 한다.

어느 경우라도 자신의 것은 내주지 않고 오로지 자신만이 거두려는 이기심과 자만심으로 똘똘 뭉쳐 있다. 이러한 정신으로 목적을 달성했을 때의 만족감과 화려함으로 자신을 장식한다.

신금으로 태어난 사람은 이기적인 성향이 타의 추종을 불허한다. 탐욕을 타고났다. 실속파이며 자신만의 만족을 위해 내달리는 사람이다. 약자에게 강한 면모는 자신을 뽐내는 성향 때문이다. 자식과 배우자에게도 이익 개념을 적용한다. 자기만 편하다면 남에게 피해를 주어도 무방하다. 만약 세상을 성실하게 살아가는 마음을 타고났다면 주위에서 인정을 받을 수 있다.

표면적으로 성격이 부드럽지만 속으로는 칼날처럼 날카로운 사람이 많고 두뇌 회전이 빨라 거짓된 말과 행동으로 남의 마음을 사로잡는 비상한 재주가 있다. 자기 눈에 벗어나면 독설과 직언을 하여 무안을 주며, 약자는 깔아뭉개고 까다로운 면과 부드러운 면을 동시에 가지고 있다. 성격이 깔끔하고 깨끗한 것을 좋아하지만 날카로운 것으로 상대방을 찌르는 것처럼 대한다. 특히 사고(思考)가 독특하여 일반적이지 않고 보편타당성이 결여되어 자기 주장만 한다. 말할 때 비유를 적절하게 잘 구사하지만 필요에 따라 거짓말을 능청스럽게 습관적으로 한다. 사랑에도 쉽게 푹 빠지는 스타일이 아니고 심사숙고하는 타입이다. 한번 맺은 사랑에는 몰두하지만 다른 사람이 생기면 헌신짝처럼 버리는 성향이다.

신금(辛金)의 기본 특성	
신금	음금(陰金)이고 지지의 유금(酉金) 같은 기운이다. 옥, 반지, 다이아몬드, 일반 보석, 칼날, 작은 금속이나 돌 등이다. 폼생폼사, 이기심, 차가운 이성, 거짓된 리더십, 이익의 극대화가 성정이다. 뒤끝이 있으며 이익을 위해서는 사기성도 나타난다. 타인 배려에 약하고 오로지 자신의 이익을 위해 매진한다. 신신(辛辛)으로 두 글자가 나란히 붙어 있으면 갑갑해지고 경쟁이 치열해진다. 신신(辛辛)으로 두 글자가 나란히 붙어 있으면 늘 어려움이 따른다. 신금은 뾰족한 글자라 현침살이다. 현침살은 말을 잘하거나 독하게 하고 뾰족한 물건을 다루는 직업이 좋다. 신신신(辛辛辛)으로 나란히 투간하면 부자의 기운이 넘친다. 신신신신(辛辛辛辛)은 무시무시한 하나의 큰 기운이다. 무시무시한 살기

9) 임수(壬水)

임수는 거대한 규모의 물이고 양수(陽水)이다. 흐르는 물이고 광대무변하다. 한곳에 갇혀 있거나 고정되어 있지 않고 흐르니 열린 마음을 지니고 있으며 모든 것을 수용한다.

물은 흐르며 지형에 따라 모습을 바꾸니 이를 열린 마음이라 한다. 물이 흐르듯 어떤 경우에도 거부하지 않는 마음이 있다. 모양에 따라 모양을 바꾸듯 수용하는 마음도 있다. 자신의 주장을 내세우지 않고 한 가지만 고집하지도 않는다.

바닷속에서 조류가 흐르고 해초가 흔들리듯 겉은 차분하고 수려하며 조용하나 속은 생각이 많고 많이 흔들린다. 구름의 강한 원동력이 되기도 하며 갑목이 새싹을 피워내게 하는 근원이 되기도 한다. 지도자 기질이 있기도 하지만 자학하는 기운이 내재되어 스스로 시련을 만들어내기도 한다. 좌절하고 주저앉다가도 새로운 삶과 희망을 만들어내기도 한다. 작은 것이나 단순하기보다는 바다와 같은 성정이라 넓고 깊은 것을 들여다보는 마음이 있고 갈등이 많으나 허무와 희망의 중간에서 자신을 판단한다. 항시 허공을 바라보는 심정이며 새로운 창조와 희망을 꿈꾼다.

모든 만물이 고정된 신금(辛金) 다음에 자리하니 무엇인가 재창조하려는 마음이다. 경금(庚金)이 새로운 시작인 것처럼 임수도 창조를 꿈꾼다. 모든 변화는 수(水)에서 시작하니 창조이고 출발점이다. 임(壬)은 임(姙)이라 아기를 밴다는 의미가 있다. 즉 음양이 서로 교류해 잉태가 이루어지는 것을 의미한다.

임수가 강한 일주라면 좋은 머리를 지녔으므로 공부를 많이 하여 학자의 길을 걷거나 지도자의 길을 가는 것이 임수다운 길이다. 광활하고 광대무변의 심연 속에서 깊이를 찾아내 결실을 만들어내는 것이 어울린다.

임수일간이나 약하다면 원하는 방향으로 수의 기운을 사용하는 인내가 필요하다. 즉 안개와 습기(濕氣)를 모아 한곳에 비를 뿌려 목적을 이루어야 한다. 시작의 의미이며 창조의 의미이다. 그래서 결실을 찾아내는 것이 임수의 사명이다.

임수(壬水)의 기본 특성	
임수	양수(陽水)이고 지지의 해수(亥水) 같은 기운이다. 강물, 바닷물, 큰 호수처럼 큰 물이나 많은 물이다. 머리가 좋으므로 학습을 잘하여 큰길로 나아간다. 간혹 뒷말을 하는 것은 큰 흠이다. 임임(壬壬)으로 두 글자가 나란히 붙어 있으면 갑갑해지고 경쟁이 치열해진다. 임임(壬壬)으로 두 글자가 나란히 붙어 있으면 도화이다. 임임(壬壬)으로 두 글자가 나란히 붙으면 인기와 관련 있는 직업이 좋다. 임임(壬壬)으로 두 글자가 나란히 붙으면 방송, 연예, 예술, 문화 관련 직업이 좋다. 경금과 임수가 붙으면 금수쌍청(金水雙淸)이니 총명하다. 임임임(壬壬壬)으로 나란히 투간하면 부자의 기운이 넘친다. 임임임임(壬壬壬壬)은 무시무시한 하나의 큰 기운이다. 끝없는 바다

10) 계수(癸水)

계수는 가장 완벽한 물이며 음수(陰水)이다. 흐르는 물이고 하늘에서 내리는 물이며 안개이다. 생명을 잉태시켜 성장시키는 물이니 자궁 속의 물이요, 가뭄의 단비이다. 쉬지 않고 흐르고 그 형체가 변화하는 물이니 활동성이 있다. 물에서 안개, 서리, 이슬로 변하니 그 속성이 드러난다. 흐르는 지형에 따라 형태가 변하니 지혜와 적응력이 뛰어나다. 만물을 씻어주며 흐르는 작용이다. 막연하게 흐르는 것이 아니라 찌꺼기를 걸러주고 씻어 정화해준다. 어디론가 한곳에 모이기 위해 흐르고 쉼 없이 흐르니 일관성이 있고 목적의식이 강하다.

계수는 움직여 흐르고 얼음으로 응고하는 성격이다. 여러 곳의 물길이 모여 뭉치려는 것이 목적이다. 내부에서 움직이는 성분이다. 따라서 가족 전체의 끈끈한 정이 돋보이고 가족이 삶의 원동력이다. 부부의 정으로 오래도록 살아온 끈끈하고 단련된 정이다. 가슴속에서 일어나는 결속력, 솟아나는 진실이 계수의 참된 역할이다. 그러나 간혹 자신에게 불리하거나 이롭지 않으면 배우자라고 할지라도 내치는 차가운 성정이 드러난다. 따라서 계수는 차가운 성격이다.

계수(癸水)의 기본 특성	
계수	음수(陰水)이고 지지의 자수(子水)와 같은 기운이다. 계곡물, 개울물, 안개, 빗물 등과 같은 작은 물이다. 지형에 따라 변하듯 적응력이 매우 뛰어나며 지혜가 있다. 겉으로는 인간적이고 친화적이나 속은 차갑다. 계계(癸癸)로 두 글자가 나란히 붙어 있으면 갑갑해지고 경쟁이 치열해진다. 계계(癸癸)로 두 글자가 나란히 붙어 있으면 도화이다. 계계(癸癸)로 두 글자가 나란히 붙어 있으면 연예, 예술, 문화, 방송 관련 일이 좋다. 음란해지기 쉬우므로 주의가 필요하다. 신금과 계수가 붙으면 금수쌍청(金水雙清)이니 총명하다. 계계계(癸癸癸)로 나란히 투간하면 부자의 기운이 넘친다. 계계계계(癸癸癸癸)는 무시무시한 하나의 큰 기운이다. 끝이 보이지 않는 강

계수는 남들과 결합하는 데 관심이 많다. 이러한 성정이 잘못 풀리면 음탕해지기 쉬우며 음란해질 수 있다. 계수는 세심한 관찰력으로 사람들을 융

화하고 응집하는 원동력이 있다. 습기가 모든 물체에 빨려 들어가듯 계수는 대중 속으로 흡수되고 그들을 융화하는 데 탁월하다. 여러 사람을 융화하고 끈끈한 고리 역할을 하는 데 탁월하다. 그러나 성정이 지나치게 강하면 범람하고 넘치는 모습으로 나타난다.

자신의 영향이 크다는 것을 인식하고 처신해야 한다. 계수가 범람하면 목에 좋지 않은 영향을 미친다. 인간을 무력하게 만들기도 하는데 조절을 잘 해야 한다.

4. 천간의 병립(竝立), 삼립(三立), 사립(四立)

김동완 박사를 비롯한 다른 연구가나 학자들이 사용한 병존(竝存), 삼존(三存), 사존(四存)과 같은 의미다. 만세력을 찾아 사주를 기입하다보면 똑같은 오행이 같이 연이어 투간되는 경우가 있다. 일간이 병(丙)인데 월간이나 시간에 병(丙)이 투간되는 것이다. 물론 일간과 같은 음양오행이 가까운 월간이나 시간에 투간되는 것이다. 일간과 먼 곳인 년간에 투간되는 것은 병존이 아니다.

【아차!】 **병립(竝立)**

같은 음양오행을 지닌 두 글자가 나란히 서는 것이다. 양립(兩立)이라는 말을 사용해도 될 것이다. 김동완 박사를 비롯한 명망 있는 학자들이 병존(竝存)이라고 사용하는 것과 같은 의미다. 병립은 일간이 끼어 있어야 강한 성격을 나타낸다. 병존이 이루어지면 그에 해당하는 성격이 강하게 나타나지만 일처리가 더디고 늘 경쟁하는 마음을 지닌다. 이는 동등한 힘을 지닌 형제나 동료가 있어 경쟁하는 경우와 같은데 매사 조급하고 답답함을 느낀다. 같은 음양오행의 천간이 투간되어도 붙어 있지 않고 떨어져 있으면 병존이 아니다.

그뿐 아니다. 같은 오행 3개가 나란히 투간되는 경우가 있다. 이 경우는 월일시에 같은 오행이 투간되는 경우에 해당한다. 이 경우에는 삼립(三立)이라고 한다. 아울러 같은 음양오행 4개가 투간되는 경우가 있다. 이 경우는 사립(四立)이라는 단어를 사용하는 것이 가능하다. 년월일시가 모두 같은 글자의 투간이다. 즉 병립은 같은 글자가 일시나 일월에 투간되는 것이고, 삼립은 년을 빼고 월일시에 같은 글자가 투간되는 것이다. 혹은 시간을 빼고 연월일에 투간되는 경우도 같다. 사립은 년월일시가 모두 같은 오행으로 투간되는 것이다. 병립, 삼립, 사립의 개념은 예부터 있었으나 김동완 박사의 연구에서 그 개념이 발전하였다. 김동완 박사는 병존, 삼존, 사존이라는 단어를 사용하였다.

때에 따라서는 같지 않은 오행이 투간되는 경우도 있다. 물론 투간에 대해 모든 경우가 같지는 않다. 일주를 파악하고자 하는 데는 반드시 필요하다. 사주를 파악할 때는 일주가 가장 중요하다. 그 일주의 속성을 알아야 한다. 일주의 속성을 살피고자 하는 경우라면 일주와 첩신(貼身)된 오행을 통해 살피는 것도 중요하다. 첩신은 일간의 좌우인 월간과 일간에 붙은 글자의 속성을 더불어 푸는 경우이다.

천간의 병립(양립兩立)	
甲甲	거대한 나무가 나란히 서 있다. 나무 두 그루가 서 있는 개념이 아니라 숲이라고 해석한다. 나무들이 서로 햇빛을 보려고 경쟁한다. 부모 대나 본인의 대에 파가(破家)가 일어나거나 조실부모한다. 현침의 중첩이다.
乙乙	풀이 무성한 언덕이다. 또한 을(乙)은 새의 모양이다. 많은 새가 호수에 떠 있는 것처럼 시끄럽다. 오리들의 합창이다. 자신을 내세우니 인덕이 없으며 군중 속의 빈곤이다. 늘 외롭고 고독을 느낀다. 구부러진 글자의 중첩이니 곡각이다.
丙丙	태양이 사방으로 퍼지는 듯하다. 태양은 넓게 번지는 속성이다. 내 곁에 더욱 빛나는 태양이 있으니 나는 빛이 나지 않는다. 사방을 비추는 빛처럼 대단히 넓은 범위의 역마에 해당한다. 내가 동등한 빛과 경쟁하니 일찍 부모 곁을 떠난다.
丁丁	정은 예술적이고 등불과 같다. 정은 음하고도 정(情)한 기운이다. 하늘에 무수한 별이 뜬 것과 같다. 늘 경쟁하고 음의 기운이 넘치므로 화류계와 인연이 있다. 음한 기운이 강하고 예술적이나 인덕이 없고 외롭다.
戊戊	넓은 땅이 다시 넓은 땅을 만나니 끝이 보이지 않는 땅이다. 해외 역마에 해당한다. 넓은 땅을 돌아치는 것이나 같다. 유학을 가거나 부모를 떠나 생활하는 것이 유리하다. 무역, 이민이 좋다. 무(戊)에는 칼이 있다. 수술수를 조심해야 한다.
己己	기(己)자는 작은 땅이다. 작은 땅이 중첩되었다. 이 동네 저 동네의 개념이다. 작은 마을이나 좁은 땅의 중첩이다. 마을의 이동이니 지역 역마이고 일정 지역을 벗어나지 않는다. 국내에서 맴돈다. 구부러진 글자의 중첩이니 곡각이다.
庚庚	경(庚)은 강한 쇠의 성분이다. 개혁의 성분이다. 금속성의 강한 성정이 드러나지만 경쟁심리도 강하다. 경의 병립은 국내 역마의 성정을 지닌다. 따라서 국내에서 할 수 있는 활동과 직업을 찾는 것이 좋다.
辛辛	현침이 겹치니 현침살이다. 차가운 신(辛)이 중첩되니 차갑기가 얼음 이상이다. 자신을 지나치게 내세운다. 성정이 차가우니 사람에게 존경받기 어렵다. 어려운 일이 다변하고 비참한 일이 따른다.
壬壬	수기(水氣)는 도화살이다. 도화살의 중첩이니 매사 몸조심이다. 큰 바다가 다시 바다를 만나니 물이 넘치고 만다. 주제넘은 행동이 자신을 피곤하게 한다. 화가 중첩되니 인기를 얻을 수 있는 연예, 예술, 문화, 방송이 좋다.

癸癸	수기(水氣)는 도화살이다. 계수는 유난히 강한 도화기이다. 매우 강한 도화살이니 인기를 얻을 수 있는 연예, 예술, 문화, 방송이 좋다. 좁은 계곡에 물이 흐르는 것처럼 주변이 요란하고 늘 말썽이 있다.

병존은 달리 병립(兩立)이라고 해도 좋을 것이다. 일간의 오행이 주변의 힘을 얻어 강해지므로 속성을 나타내는 데 유리하고 강하게 나타난다. 그러나 풍수지리의 이론처럼 같은 지역에 같은 힘을 지닌 두 물체나 물건은 대립된 기운을 뿜어낸다. 명리도 이와 같아서 같은 음양오행을 지닌 글자 두 개가 나란히 병존하면 대립하므로 갑갑하고 경쟁하는 심리가 생긴다.

천간의 삼립	
甲甲甲	나무가 숲을 이루니 토(土)와 화(火)가 충분해야 한다.
乙乙乙	풀이 모든 것을 덮으니 어떤 경우에도 살아남는다.
丙丙丙	태양이 대단히 조열하니 수기(水氣)와 토(土)가 있어야 한다.
丁丁丁	불길이 강하니 쇠를 제련하고 물은 빛을 반사시킨다.
戊戊戊	끝없이 넓은 벌판이고 큰 산이니 무엇이든 기를 수 있다.
己己己	기름진 땅이니 수확이 넘치고 모든 것이 수용된다.
庚庚庚	무수한 산이 겹치니 매장량이 무수한 광산이다.
辛辛辛	보석이 가득 쌓여 있으니 재복이 넘친다.
壬壬壬	강이 흘러 바다를 이루니 끝없는 노력과 거대한 결과가 있다.
癸癸癸	가랑비가 온 세상을 덮으니 지혜가 끝이 없고 사색적이다.

일간과 동일한 오행이 월간과 시간 혹은 년간에도 투간되어 같은 오행이 나란히 3개가 투간되는 것이다. 삼립이 이루어지면 일간의 성격이 강하게 나타날 수 있으며 목적을 이루는 힘이 강해진다. 삼립은 부자의 명이며 깨지지 않는 사고를 나타낸다.

천간의 사립	
甲甲甲甲	나무가 빽빽하게 숲을 이루는 형상이다. 하나의 거대한 나무로 볼 수 있다.
乙乙乙乙	꽃들이 집단을 이루는 형상이다. 매우 큰 꽃이다. 하늘을 덮는 큰 넝쿨이다.
丙丙丙丙	태양이 높이 떠 있고 세상이 온통 빛과 열기로 가득하다. 매우 밝거나 큰 태양이다.
丁丁丁丁	하늘에 별과 달이 가득한 형상이다. 온 산에 불이 타오르는 것과 같다.
戊戊戊戊	끝없이 넓게 펼쳐진 대지의 형상이다. 거대한 산맥이다. 끝이 보이지 않는 높은 산이다.
己己己己	정원은 넓은데 기름진 흙이 가득 깔린 형상이다. 평원이다. 그 끝이 가물가물한 넓은 평야지대이다.
庚庚庚庚	거대하고 높은 돌산이며 매장량이 무궁한 산의 형상이다. 거대한 항공모함, 무수한 사람이 타는 거대한 항공기, 수십 량을 연결한 기차의 모습이다.
辛辛辛辛	보석으로 가득 찬 형상이다. 예리한 기운이 가득하다. 거대한 보석과 같다. 무시무시한 칼이다.
壬壬壬壬	강이 모두 흘러들어 물이 모이니 바다를 이루었다. 끝이 보이지 않는 바다. 오대양. 우주의 바다다.
癸癸癸癸	하늘 가득 이슬이 내리고 세상에 물방울이 맺혀 영롱하기만 하다. 끝이 보이지 않는 긴 강줄기다.

천간이 모두 하나의 기운이다. 일기격(一氣格)은 오로지 하나의 기(氣)가 흐른다는 의미로 천간의 비견들이 일치단결하여 재(財)나 관(官)을 허자로 불러오는 작용이 강해서 사주의 그릇이 커진다. 즉 모든 천간이 하나의 글자로 나타나면 그 글자가 힘을 합쳐 합의 관계에 있는 오행을 불러오는 기운이 강해지는데, 합을 하는 글자는 재성(財星)이나 관성(官星)이다. 이치에 따르면 재가 강해져 부자가 되거나 관을 불러 명예가 강해지는 격이다. 그러므로 부자사주라고 한다. 천간에 비겁이 2개 있으면 비겁의 의지가 2배 작용하는 것이고 3개 있으면 3배 작용하는 것이고 4개 있으면 4배로 작용하는 것이다. 대부분 4립은 타고난 부자의 사주를 푸는 경우가 강하지만 간혹 예외적으로 운로가 나쁘면 극단적 사주가 되어 조실부모하거나 형제 이별, 부부 이별의 흉한 결과가 나타나기도 한다.

【성보명리】 **지지의 병립은 자충(字冲) 혹은 자형(字刑)**

명리학에 자형(字刑)이라는 용어가 있다. 자형은 진진(辰辰), 오오(午午), 유유(酉酉), 해해(亥亥), 술술(戌戌), 축축(丑丑), 미미(未未)와 같이 같은 글자가 만나는 것이다. 이 형(刑)이 되는 글자는 폭풍우를 머금은 태풍처럼 강렬한 에너지가 구축되어 극렬하게 작동하려는 기운을 지니고 있다. 자형도 일부 글자에만 인정하는 게 작용력이 크다는 것이지 모든 글자가 같은 글자를 만나는 것을 자형으로 보아야 한다고 생각한다.

다시 생각해보자. 풍수지리는 명리학과 그 괘를 같이한다. 풍수지리에서는 동일한 장소에 동일한 힘을 지닌 건물, 즉 동일한 크기와 체적을 지닌 건물이 나란히 있으면 충의 작용과 형의 작용으로 망한다고 해석한다. 그렇다면 이러한 이론을 명리로 가져와보자. 동일한 글자가 같이 나란히 선 것을 말한다. 그래서 辰辰, 午午, 酉酉, 亥亥, 戌戌, 丑丑, 未未는 자형이라 정의되었다. 그렇다면 나머지 글자들은 나란히 서도 자형이 아니라는 말인가? 자자(子子)는 자형이 아닌가? 인인(寅寅)은 자형이 아닌가? 묘묘(卯卯)는 자형이 아닌가? 사사(巳巳)도 역시 자형이 아닌가? 신신(申申)은?

풍수적으로 해석하면 동일한 글자는 서로 찌르고 싸운다. 이는 형이라기보다는 충의 개념이다. 이미 명리학에서 몇 개 지지가 나란히 서면 자형으로 판단하는데 나머지 글자들의 병립도 자형이나 자충으로 해석함이 옳다고 보인다.

POINT

병존, 삼존, 사존과 병립, 삼립, 사립 한국에는 뛰어난 실력을 지닌 명리학자들이 많다. 이들 연구가들은 기존의 명리를 파악하고 새로운 이론을 발표하기도 한다. 천간이나 지지에 같은 글자가 나란히 서는 경우가 있다. 같은 글자 2개가 나란히 투간되거나 때로 3개 혹은 4개가 나란히 투간되는 경우가 있다. 이러한 경우 과거에도 표기법이 있었을 것이다.

많은 제자를 배출한 학자들 중 김동완 박사가 있다. 한국 명리학의 거장이

신 도계(陶溪) 박재완(朴在琓, 1903~1992) 선생의 제자로 알려져 있다. 서당과 한의원을 운영하시던 할아버지의 영향으로 어릴 적부터 한학과 동양학에 심취하신 분이다. 자강 이석영 선생에게 역학을 사사하셨고 하남 장용득 선생에게 풍수학을 사사하신 것으로 알려져 있으며 김일부 선생, 문파 청풍스님에게 주역과 풍수학을 사사하신 것으로 알려졌다. 최근 명리학을 연구하는 많은 학자의 평가는 자강 이석영이 만든 근대적 개념의 명리학이 동국대 김동완 박사가 새롭게 변화·발전시켜 현대적 개념의 학문으로 거듭나고 있다는 것이다.

같은 글자가 나란히 서는 개념에서 사용하는 병존, 삼존, 사존의 개념과 정립은 김동완 선생의 작품이다. 선생의 역작《김동완의 사주명리학 강의 1~9권》에 병존, 삼존, 사존의 개념이 정확하게 정의되어 있다. 많은 학자와 연구가들이 김동완 선생이 정립한 병존 개념을 차용하거나 사용한다. 성보명리도 병존의 개념에서 김동완 박사의 이론과 실례를 차용하거나 응용하고 있다.

---

5. 지지의 이해와 적용

지지는 사주를 구성하는 개념에서 변화, 행동을 나타내는 글자이다. 즉 천간이 생각을 나타낸다면 지지는 변화를 나타낸다. 천간이 정신이라면 지지는 육체와 같은 것이다.

지지는 12자로 이루어져 있으며 천간과 합해 사주를 구성한다.

POINT

지지(地支) 사주를 구성하는 8개 글자 중에서 지지는 개념에서 변화, 행동을 나타내는 글자이다. 12자의 지지는 땅을 형상화하며 12개 동물을 착안한다. 가장 중요한 지지는 일지로 행동의 축이다. 년을 파악하는 사주의 풀이법도 있는데 이는 당사주로 이미 폐기에 가까운 학문이다.

지지는 자(子), 축(丑), 인(寅), 묘(卯), 진(辰), 사(巳), 오(午), 미(未), 신(申), 유(酉), 술(戌), 해(亥) 12자로 이루어져 있으므로 달리 12지지라고도 한다. 사실 12지지는 명리에서만 사용하는 것은 아니다. 이미 우리의 생활 속에 널리 퍼져 있는데 바로 12달이라는 의미도 그렇거니와 태어난 년도 각각 이 12지지를 적용한다. 1년은 12달로 나누어 12지지를 적용하였고 우리 선조들은 시간도 지금의 서양식 시간인 24시간과 달리 하루를 12시간으로 나누었는데 역시 12지지를 적용하였다. 1년을 12개월로 나누었는데 이를 12절기라고 한다. 아울러 명리학에서도 12절기를 매우 중요하게 여긴다.

지지는 땅을 의미하는 글자이다. 땅을 상징하니 달리 지원이라고 한다. 이는 천간을 천원이라 부르는 것과 비슷한 공식이다. 세상의 모든 만물은 음양과 오행을 적용하니 지지도 그런 범주에서 벗어나지 않는다.

큰 개념에서 천간이 양이라면 지지는 음이다. 하늘이 양이라고 보고 땅을 음으로 보는 이치가 그것이다. 음양의 관계에서 살핀다면 지지는 음이고 밤이며, 정지상태이고 어두운 개념이다. 여성적이고 수긍하고 수렴적이다. 부드럽고 느리며 포용하는 것이다. 물론 명리학에서 사주를 풀 때는 이런 단순한 공식으로 적용하지 않지만 포괄적 개념에서는 적용이 가능한 범주이다.

지지는 천간과 크게 다르지 않게 음양오행을 적용한다. 그러나 지지와 천간이 같은 정도의 사고라고 보면 안 된다. 지지는 천간보다 세세하며 다양한 이론과 이치를 적용한다. 시간, 계절, 절기, 입절 개념과 같은 개념이 추가되어 복잡하고 비교적 풀이하기가 어렵다.

12지지의 음양오행과 기본 성정

地支	子	丑	寅	卯	辰	巳	午	未	申	酉	戌	亥
陰陽	양	음	양	음	양	음	양	음	양	음	양	음
五行	水	土	木	木	土	火	火	土	金	金	土	水
띠	쥐	소	범	토끼	용	뱀	말	양	원숭이	닭	개	돼지
음력	11월	12월	1월	2월	3월	4월	5월	6월	7월	8월	9월	10월
색	흑색	황색	청색	청색	황색	적색	적색	황색	백색	백색	황색	흑색
방향	북	북동	동북	동	동남	남동	남	남서	서남	서	서북	북서
절기	대설	소한	입춘	경칩	청명	입하	망종	소서	입추	백로	한로	입동
계절	겨울		봄			여름			가을			겨울
시간	23:30 01:30	01:30 03:30	03:30 05:30	05:30 07:30	07:30 09;30	09:30 11:30	11:30 13:30	13:30 15:30	15:30 17:30	17:30 19:30	19:30 21:30	21:30 23:30
비고		濕土			濕土			乾土			乾土	

지지는 각기 목 2, 화 2, 금 2, 수 2, 토 4개로 이루어진다. 다른 오행과 비교할 때 토가 많은 것이 특징이다. 이 토의 오행에는 또한 습토(濕土)가 있고 건토(乾土)가 있다. 이 토는 환절기를 의미하기도 하는데 4개 글자가 각각 봄, 여름, 가을, 겨울을 나타낸다. 토의 오행은 4개가 각각의 절기 사이에

배치된다.

또한 지지를 각각 배치해 도화, 역마, 화개로 나누어 배치한다. 사주풀이를 할 때 도화는 애교, 예술, 사람을 불러 모으는 힘으로 해석하고 역마는 돌아다니는 기능, 이동하는 특성의 직업적 기능 혹은 직업으로 해석한다. 화개는 달리 명예살이라고도 하며 고집을 나타낸다.

십이지지의 기본 성격				
지지	성격	방향성	장점	단점
子	도화	북	감각이 뛰어나다.	실천력이 떨어진다.
丑	화개		꾸준하고 묵묵하다.	쓸데없이 고집을 부린다.
寅	역마		여유가 있다.	겁이 많고 몰아친다.
卯	도화	동	생식능력이 뛰어나다.	욕심이 많다.
辰	화개		적극적이다.	예민하고 변화가 심하다.
巳	역마		활동성이 크다.	변동이 심해 안정감이 없다.
午	도화	남	활동영역이 넓다.	성격이 급하다.
未	화개		집중력이 뛰어나다.	자존감이 지나치다.
申	역마		지혜가 출중하다.	자기 꾀에 넘어간다.
酉	도화	서	재주가 많다.	잔소리가 심하다.
戌	화개		추진력이 강하다.	쓸데없는 고집을 부린다.
亥	역마		활동성이 크다.	자기 생각에 빠진다.

십이지지에서 자(子)를 쥐, 축(丑)을 소, 인(寅)을 호랑이 등과 같은 동물로 배정한 것은 후한(後漢) 왕충(王充, 27~96년경)의 《논형(論衡)》에서 처음 생긴 것으로 보인다.

이런 동물 표현이 본격적으로 이용되기 시작한 것은 한경(漢鏡, 거울)에서다. 지역에 따라서는 12지 동물을 각기 다른 것으로 정하는 경우도 있다. 인도에서 정한 십이지와 중국에서 사용하는 십이지가 다르다. 그 후 오행가(五行家)들이 십간과 십이지에 목화토금수의 오행을 붙이고 상생상극(相生相剋)과 같은 이론을 복잡하게 배열하여 인생의 운명은 물론 세상의 안위까지 점치는 법을 만들어냈다.

공식적으로 십간과 십이지가 기록에 나타난 것은 상(商)나라 초기부터라고 하지만 실제로는 하(夏)나라 때부터 이미 쓰였을 것으로 추정한다. 신기한 것은 멀리 아랍이나 프랑스와 같은 곳에서 고대에 이와 유사한 사상이 있었다는 점이다. 다만 기록을 근거로 할 때 생성 시기는 상나라 건국 연도인 기원전 1766년이 된다. 이는 근거가 되는 문자가 완비되지 못했거나 자료가 남아 있지 않기 때문이다. 만약 자료가 발견된다면 그 연원은 더 올라갈 것으로 보인다.

십이지에 해당하는 동물을 어떤 방법으로 배치하였는지에 대한 이야기는 아주 다양하다. 십이지의 열두 동물의 유래와 관련해 전해오는 이야기는 다음과 같다. 석가가 이 세상을 하직할 때에 모든 동물을 불렀는데 열두 동물만이 하직인사를 하려고 모였다고 한다. 석가는 동물들이 도착한 순서에 따라 그들 이름을 해마다 붙여주었다. 쥐가 가장 먼저 도착하였고 다음에 소가 왔다. 그리고 뒤이어 호랑이, 토끼, 용, 뱀, 말, 양, 원숭이, 닭, 개, 돼지가 각각 도착하였다. 이것이 오늘날의 십이지가 되었다. 이는 어쩌면 불교적 관점에서 파악한 것인지도 모르겠다.

더 재미있는 이야기도 있다. 아득한 옛날에 하느님이 뭇짐승을 소집하고 "정월 초하룻날 아침 나한테 세배하러 와라. 빨리 오면 일등상을 주고 십이등까지는 입상하기로 한다"라고 말했다. 소는 달리기 경주라면 자신이 없었다. 말이나 개나 호랑이에게는 어림도 없고 돼지나 토끼에게도 이길 가망이 없었다. 그래서 소는 자기는 워낙 늦게 걷다보니 남보다 일찍 출발해야겠다고 생각했다. 이리하여 우직한 소는 남들이 다 잠든 그믐날 밤에 길을 떠났다. 눈치 빠른 쥐가 이것을 보고 잽싸게 소 등에 올라탔다. 드디어 소는 동이 틀 무렵 하느님 궁전 앞에 도착했다. 문이 열리는 순간, 쥐가 재빨리 한 발 앞으로 뛰어내려 소보다 먼저 문 안에 들어와서 소를 제치고 1등이 되었다. 천 리를 쉬지 않고 달리는 호랑이는 3등이 되었고 달리기에 자신이 있는 토끼도 도중에 낮잠을 자는 바람에 4등이 되었으며 그 뒤를 이어 용, 뱀, 양, 원숭이, 닭, 개, 돼지 차례로 들어왔다. 어차피 사람이 만든 일화이니 십이지 개념을 만들기 위한 것이라 여기자.

십이지(十二支)라고 하면 지지에 배속시킨 열두 가지 동물을 가리킨다. 따라서 열두 동물의 배치를 이용하여 지지를 살핀다. 12를 붙이려면 십이지지(十二地支)라고 해야 한다. 십이지지는 각각 의미가 있고 적용범위가 있다.

6. 지지 각각의 의미

지지는 각기 음양오행으로 나뉘어 있고 천간과 마찬가지로 여러 가지 적용을 받는다. 색, 숫자, 오장육부, 방향, 계절을 적용받는 것은 오행으로 이루어지므로 동일하다. 아울러 지지마다 여러 가지 의미와 특징이 있다.

1) 자(子)

물이다. 차가운 물이고 맑은 물이다. 개물(開物), 시원(始原)의 의미가 된다. 음수(陰水)로서 생명의 시작이 되는 근원이다. 출생을 위한 첫 번째 행위로 성교에서는 반드시 액체가 분비되어 동반되므로 생명수이다. 아이도 양수에서 자란다. 어둠, 씨앗, 종자, 미생물, 정자를 나타낸다. 지혜의 씨앗은 학문이다.

쥐는 번식력이 강하여 다산형이고 야행성이다. 따라서 음지, 비밀, 어두움, 애정, 자궁, 생명의 근원지, 고독, 슬픔, 비관을 나타낸다. 지혜롭기는 해도 표현력이 약하다. 평소에는 따뜻한데 배란기에는 차가워진다. 난자가 살아 있는 동안은 차다[冷水]. 속으로 생각하고 행동력이 약하다. 깊고 견고하며 두께가 두껍다. 원래 수(水)라는 것은 표면이 없다. 자오묘유(子午卯酉)는 자기 모양을 갖추니 폐쇄적이다.

천간은 생명을 의미하는 갑(甲)으로 시작한다. 반면 지지는 씨앗을 의미하는 자(子)로 시작한다. 자(子)는 쥐를 나타낸다. 쥐는 예지력을 갖고 있다. 예부터 알려진 바가 있지만 침몰하는 배에는 쥐가 없다. 바로 지혜를 가지고 있기 때문이다. 또한 쥐는 번식을 잘하니 종자를 상징한다.

쥐의 야행성은 밤 시간과 관련이 있다. 남자는 애정사가 있어도 잘 조절하여 여지를 남겨두지만 여자는 비밀스러움에서 끝장을 보게 되어 좋지 않게 결말이 나는 경우가 많다. 신(申), 자(子), 진(辰)은 애정사에 비밀이 있다.

자오묘유(子午卯酉)는 모두 왕지(旺支)이며 도화살(桃花殺)을 가리킨다. 자(子)는 성욕, 오(午)는 맛있다, 묘(卯)는 바람기, 유(酉)는 미인이라는 의미이다. 자오(子午)가 지근에서 충(沖)을 하면 신사(神社)의 풍모가 나타난다. 그러나 그 사이에 다른 오행이 끼어들면 신사인 척하는 것이다.

직업으로 연구소, 생명공학, 원자, 전자, 통신 등을 가리킨다. 자(子)는 씨앗, 종자를 나타내니 자연과학계통도 어울리는 직업군에 해당한다.

자수(子水)는 속마음이 겉으로 절대 드러나지 않는다. 자수는 음 속에서 양이 태동되어 나오는 것이다. 차가워 보이지만 속에서 뜨거운 것이 나온다. 따라서 최고 열정을 가지고 있다.

사업을 한다고 생각하자. 겉으로 노출되는 것이 간판인데 자(子)는 돌출 간판이 좋다. 양(陽)을 사용해야 한다. 돌출은 양이다. 자수는 내실이 중요하다. 드러나는 간판도 중요하지만 어떤 일을 하든지 설명으로 하면 좋다. 자수의 간판은 소상함이 필요하다. 자수의 특성은 내면을 울리면서 겉의 멋을 찾아야 한다.

명리상담가라면 상담할 때 오화일지(午火日支)에게 상담하면 웃고 가고, 자수일지(子水日支)에게 걸리면 울고 가게 된다. 자(子)는 설명서와 같은 간판이다. 자수는 눈으로 보고 읽게 하면 충분하고 오화(午火)는 멈추어서 보고 가게 하면 된다. 자고로 자수는 신중함을 곁들여 설명을 잘해야 한다. 자월생(子月生)이 수목원(樹木園)을 하면 얼어 죽게 된다. 집을 지으면 자월생(子月生)은 마당에 잔디를 까는 것이 좋다.

자수(子水)의 성격과 적용	
성격	동물로는 쥐이다. 차고 맑은 물이다. 시작의 의미가 있다.
적용	원래는 양수(陽水)이나 적용단계에서는 음수(陰水)로 해석한다. 천간의 계수(癸水)와 같다. 도화살(桃花殺)이다. 밤 11시 30분에서 다음 날 새벽 1시 30분까지다. 왕기(旺氣)라 하여 강한 수(水)의 기질이 드러난다. 자월(子月)은 절기로 대설에서 소한 전까지이다. 두 글자가 나란히 붙은 자자병립(子子竝立)이 되면 활인업(活人業)에 종사하면 좋다. 두 글자가 나란히 붙은 자자병립이 되면 도화가 강해지니 인기 직종에 종사하면 좋다.

2) 축(丑)

준비, 뛰어오르려고 움츠린 형상이다. 무릎을 꿇고 앉은 형상이기도 하고 손에 붓을 쥔 형상이기도 하다. 그 모습은 만물이 가장 많이 오그라드는 모양이다. 수집, 보관을 나타낸다. 축(丑)은 수집가이다. 12월생을 나타낸다. 12월의 축월(丑月) 출생자는 수전노에 구두쇠가 많다. 지하실, 무기창고, 은행, 세무서, 각종 창고, 차고, 정류장, 자물쇠, 열쇠, 방앗간, 주차장, 고궁, 증권, 보험, 보세창고, 과수원과 같은 다양한 의미가 있다.

좋은 지략과 두뇌로 훌륭한 계획은 있으나 남에게 주지 않는 비밀주의자이다. 머릿속에서 비밀을 캐내기 어렵다. 밝고 환한 것을 기다리며 애태우는 급함이 있다. 흙으로 만든 집 안에 갇혀 있는 형상이다. 지장간(地藏干)이 또 모두 음이다. 그러니 지나치게 음적(陰的)이고 음성적이다. 조용하다. 소의 조용함을 닮았다.

축토는 지하실을 의미한다. 땅속에 숨어 모든 일을 한다. 지략가적인 속성이 있다. 축토는 대단히 비밀이 많고 평소에도 비밀이 많다. 축토는 속을 아는 능력이 있다. 누구도 내막을 아느냐고 의심하지만 축토만은 그 속을 안다. 은밀한 무엇인가를 하고자 하면 축토를 찾아가야 한다. 축은 은밀한 일에 적격이다. 축(丑)은 구불구불한 글자로 일종의 곡각이다. 허리와 목, 무릎에 병이 오고 창자와 위장도 의심스럽다.

축토(丑土)의 성격과 적용	
성격	동물로는 소이다. 정원의 흙, 작은 흙이다. 수집, 보관을 나타낸다.
적용	수기(水氣)가 강한 흙이다. 상황에 따라 수(水)로 푼다. 음토(陰土)이고 천간의 기토(己土)와 같다. 화개살이다. 곡각살이다. 새벽 1시 30분에서 새벽 3시 30분까지다. 축월(丑月)은 절기로 소한(小寒)에서 입춘(立春) 전까지다. 두 글자가 나란히 붙은 축축병립(丑丑倂立)이 되면 성격이 꼼꼼해진다. 두 글자가 나란히 붙은 축축병립이 되면 지배받기 싫어하는 성정이 드러난다. 축축병립이 되면 곡각으로 무릎, 허리, 창자에 병이 올 수 있다.

3) 인(寅)

완성이고 뛰어오르는 도약의 형상이다. 세상 모든 사물의 시작과 개척을 나타낸다. 일어섬과 상승의 기세를 갖고 있다. 우두머리, 신장, 발전의 상을 나타내고 진취적인 정신과 강권한 성향을 나타낸다. 무모함을 나타낸다. 양기가 충만하다. 실제 드러나기는 숲속에 숨은 호랑이라 겁쟁이의 성향도 나타난다.

물상으로는 우두머리, 최고 위치, 밖에서 활동함, 바람, 우레, 불빛, 보일러실, 주방, 발전실, 서재, 책장, 방송실, 기둥, 도로, 교량, 학교, 학원, 터미널, 우체국, 의상실, 산신당, 신문사, 문화회관, 국회, 안테나, 화로 등의 의미가 있다.

인목(寅木)이나 신금(申金)은 시설물, 조형물이다. 인목(寅木)에 다가가거나 유인하려면 물건을 주어야 한다. 따라서 인목에 부탁하거나 술수를 쓰고자 하면 술을 사서 주며 아부하는 것이 빠르다. 인신사술(寅申巳戌)은 프로기질을 가지고 있다. 훌륭한 무기를 가졌다.

인목(寅木)의 성격과 적용	
성격	동물로는 호랑이다. 큰 나무, 고목(古木), 사목(死木), 하늘을 가리는 나무다. 세상 모든 사물의 시작과 개척을 나타낸다.
적용	표면으로 목(木)이나 수(水)의 기운이 강할 때도 있다. 양목(陽木)이고 천간의 갑목(甲木)과 같다. 역마살이다. 새벽 3시 30분에서 5시 30분까지다. 인월(寅月)은 절기로 입춘(立春)에서 경칩(驚蟄) 전까지다. 두 글자가 나란히 붙은 인인병립(寅寅併立)이 되면 명예를 중시한다. 인인병립이 되면 활동적인 성향이 드러난다.

범, 원숭이, 뱀, 개는 독을 가지고 있는 동물들이다. 이들을 대할 때는 독을 조심해야 한다. 이들은 프로다. 프로의 인자를 가지고 있다는 말은 언제든지 뽑을 수 있는 무기를 가지고 있다는 뜻이 된다. 사주에 인신충(寅申沖)이 있다면 혁명성을 가진 사주이다. 여자 사주에 인신충이 있으면 모든 것

을 갈아엎으려 한다. 지지의 인신사해(寅申巳亥)는 역마성이 있다. 지지에 역마성이 있다면 직업에 적용한다. 역마성이 있는 사주는 역마성의 직업을 가져야 좋다.

사업을 한다면 동업보다 혼자 하는 것이 유리하다. 옷을 입을 때는 단색을 선호하는 편이며 사업에서 상품을 진열할 때 수평적 상품 진열이 유리하다. 걸어놓는 진열은 그다지 효과가 없다. 제품을 다량 쌓아놓고 파는 방식이 유리하다.

4) 묘(卯)

나누는 의미가 있다. 일(一)이 이(二)로 분할하고 분리하며 전향하는 기가 있어서 새로움과 새로운 만남의 연속이다. 속성속패의 의미가 있다. 자만심이 넘쳐서 남을 능멸하는 기가 있으며 경박함이 가중된 형상이다. 묘(卯)는 글씨 모양이 하부가 갈라져 쏟아지는 형상이라 재산을 모으기 어렵다. 쏟아버리는 형상이다. 일종의 현침이다. 완벽하지는 않지만 글자의 끝이 뾰족하다. 자오묘유는 자기 모양을 갖추니 폐쇄적이다.

묘(卯)는 늦은 공부, 사랑, 바람, 귀여움, 영특함을 나타낸다. 묘목(卯木)은 붙는 성질이다. 사람도 붙고, 사물도 붙어 덕지덕지 붙는 성질이다. 이것이 때로 인생을 힘들게 한다. 이성 문제도 발생한다. 더구나 도화로 음기(淫氣)가 강하다.

어여쁜 어린이나 미인을 보면 자연스럽게 눈길이 간다지만 속은 텅텅 비었다. 풀을 먹고 사니 토끼이다. 토끼는 또한 풀처럼 무럭무럭 자란다. 글자 모양도 토끼의 앞 이빨 2개를 닮았다.

직업으로는 목재를 사용하는 것이거나 목질(木質)이 좋겠다. 목질은 나무나 풀의 성질이 들어 있는 모든 것이니 책방, 목공소, 목재소, 의복, 문구 등이다. 유아용구나 참신한 것으로 장사를 하면 된다. 정문, 서까래, 목재, 산림, 초원, 정원, 종묘원, 임업시험장, 현관, 옷장, 상자, 가구, 책상, 낚싯대, 오르간, 가로수, 제재소, 방직, 제지공장, 양복점, 완구점, 레코드, 지팡이, 손잡이 등의 의미가 있다. 부동산 매매에 좋다. 장식, 디자인, 예술, 설계의 인자이며 무엇이든 꾸미는 직업은 적합하다.

묘목(卯木)의 성격과 적용	
성격	동물로는 토끼다. 작은 나무, 화초, 풀, 넝쿨식물을 상징한다. 재산을 모으기 어렵다.
적용	음목(陰木)이고 천간의 을목(乙木)과 같다. 도화살이다. 꽃을 상징한다. 아침 5시 30분에서 7시 30분까지다. 왕기(旺氣)라 하여 강한 목(木)의 기질이 드러난다. 묘월(卯月)은 절기로 경칩(驚蟄)에서 청명(淸明) 전까지다. 두 글자가 나란히 붙은 묘묘병립(卯卯倂立)이 되면 활인업(活人業)에 종사하면 좋다. 묘묘병립이면 활인업으로 사람을 살리는 의사, 간호사, 약사, 한의사가 좋다. 묘묘병립이면 예술계통에서 실력을 발휘할 가능성이 높다. 묘묘병립인데 활인업에 종사하지 않으면 뼈를 다치는 사고가 생길 가능성이 높다.

남자 사주에 묘(卯)가 있다면 건축설계, 여자는 디자인, 예술, 장식 쪽으로 살펴보라. 활동성이 높기 때문에 부지런하면 소기의 목적을 이룬다.

자오묘유(子午卯酉)는 모두 왕지(旺支)이며 도화살이다. 자(子)는 성욕,

오(午)는 맛있다, 묘(卯)는 바람기, 유(酉)는 미인이라는 의미이다. 남자가 자기일지에 묘(卯)를 깔고 있으면 본인이 바람기가 있는 데 그치지 않고 아내도 바람기가 있다.

여자가 지지에 묘(卯)를 깔면 한 남자와 오래 같이 있으려 하지 않고 시시때때로 돌아다니거나 남자를 바꾼다. 사주에 묘(卯)가 있는 사람이 묘(卯)대운이 오면 이사를 자주 하게 된다.

5) 진(辰)

변화가 다채롭다. 진(辰)은 샘터이기에 무한정 물을 뿜어 생명수를 제공한다. 만물을 기르는 덕을 갖추었으나 자기를 지키는 수비와 투쟁의 기운이 강하다. 의욕과 활기가 넘치고 욕심이 많아 음식을 보면 음식을 탐하고 색을 보면 색을 탐한다. 즐겁게 놀기도 하고 충돌하여 싸움도 잘한다. 재주가 있지만 무분별함이 한탄스럽다.

성질은 기상 변화, 지붕, 장관, 물탱크, 하천, 양어장, 법원, 형무소, 군부대, 사찰이나 교회, 비행장, 여관, 보호실, 농수산청, 비행기, 보관창고, 물통, 자궁, 생식기, 투쟁을 나타낸다. 특히 신(申), 자(子), 진(辰)은 애정사에 비밀이 있다.

진토(辰土)를 나타내는 천간이 무토(戊土)이다. 무토는 양인데 안에 들어 있는 것은 음이다. 진월, 즉 양력 4월이 바로 이처럼 외강내유이다. 즉 겉은 양의 기운으로 더운 듯하나 실제로는 아직 좀 춥다. 용은 진(辰)에서 연상된다. 용은 비를 타고 승천한다는데 지장간에 계수(癸水)가 들어 있다.

진(辰)은 초에 불을 붙인 것이다. 초에 불이 붙었다. 초는 크지만 불은 크지 않다. 아름답게 시선을 모은다. 나무에 핀 꽃이나 같다. 나무는 크지만 꽃은 크기가 작다. 사람들의 시선이 모이니 홍일점을 말하는 것이다. 사람들은 초를 보는 것이 아니라 촛불을 본다. 사람들은 나무를 보는 것이 아니라 꽃을 보는 것이다. 진토(辰土)는 적색이다. 홍일점이다.

사업을 한다면 진토는 컴컴하게 해서 포인트를 준다. 진토가 사업으로 진열하게 되면 음식의 모양을 만들고 마네킹을 둔다. 진토는 부분적으로 중요한 것만 드러내는 방식이다.

진토(辰土)의 성격과 적용	
성격	동물로는 용이다. 넓은 땅, 들판, 밭, 논, 습기가 있는 땅을 의미한다. 수비와 투쟁의 기운이 강하다.
적용	표면은 토(土)이나 수(水)로 작용할 때도 있다. 양토(陽土)이고 천간의 무토(戊土)와 같다. 역마살이다. 물이 무한정 솟아나오는 샘이라고 본다. 진토 하나로 무수한 갑목의 물을 댄다. 아침 7시 30분에서 9시 30분까지다. 진월(辰月)은 절기로 청명(淸明)에서 입하(立夏) 전까지다. 두 글자가 나란히 붙은 묘묘병립(卯卯倂立)이 되면 활인업(活人業)에 종사하면 좋다. 묘묘병립이면 활인업으로 사람을 살리는 의사, 간호사, 약사, 한의사가 좋다.

6) 사(巳)

글자 생김이 꼬여 있다. 이미 이(已)자와 유사하다. 이미 일이 일어났다는 뜻이다. 다시 일어난다는 의미다. 재기한다는 의미가 있다. 그 의미는 끝과 새로운 출발이다. 구불거리는 것은 탄력이 있는 것이고 재기의 힘을 보여주는 것이다. 음양의 교차점이며 과거와 미래의 분기점이다. 사람들이 사는 곳에서는 네거리 광장과 같다. 변화를 의미한다. 변화하는 일과 관계된다.

뱀이 허물을 벗는 과정을 거친다. 변화를 보여주는 과정이다. 겉은 따스하나 속은 차갑다. 변화 시점이다. 어수선하고 소란스러움을 나타낸다. 길흉간의 교차점이다. 일시주(日時柱)에 사화(巳火)가 있으면 불우하다. 처자와 이별하거나 불화한다. 운에서 만나는 직업이 수시로 바뀐다. 배우자와 환경이 순식간에 바뀐다.

글자 모양이 보이듯 구불거리는 글자는 곡각이다. 목, 허리, 무릎이 아플 가능성이 있고 위장과 창자에 관련된 병을 조심해야 한다.

글자 모양이 마치 깃발이 펄럭이는 것 같다. 고개를 쳐든 뱀과 같다. 이 글자 형태는 다양한 해석이 가능하다. 지면이 일어난다, 문밖으로 뛰쳐나간다, 알린다, 소통한다는 의미도 있다. 따라서 사화(巳火)는 윗사람하고 잘 통한다. 입찰하거나 수주하는 일에서 능력을 발휘할 가능성이 크므로 거간, 중개, 중도매 등에서 빛을 볼 수 있다. 멤버십으로 고정고객을 잡든지 단가를 올려서 영업하면 성공할 가능성이 크다. 사업할 때 사화(巳火)는 사람이 없는데 문을 열어놓는 것이다. 인신사술(寅申巳戌)은 프로에 인자다. 훌륭한 무기를 가졌다. 자오묘유는 자기 모양을 갖추니 폐쇄적이다. 사화는 모자를 신경쓴다.

태양, 광선, 가스, 연료, 석유, 화학, 화공약품, 공장지대, 공업도시, 화학철강산업단지, 주유소, (터)번화가, 염색공장, 백화점, 미용실, 폭발물, 레이저광선, 방사선, 형광등, 연탄, 동전 등의 의미가 있다.

사화는 문구형(文具形)이다. 짜인 것을 좋아한다. 사화(巳火)와 친해지고 싶거나 뇌물을 쓸 때는 행동에 옮기기 전에 만나 접하고 칭찬이 앞서야 통한다. 사화(巳火)에는 그럴듯하게 말을 잘해야 하고 인사할 때는 난(蘭)을 사가야 수긍하거나 목적을 이루기 쉽다. 특히 그의 프로 기질을 칭찬하라.

인신사술(寅申巳戌)은 프로 기질을 가지고 있다. 사화(巳火)는 강력한 무기를 가지고 있는 인자이다. 말을 잘한다. 역마성이 있으므로 매사가 바쁘다. 사화는 윗사람하고 잘 통한다.

사화는 마음에 들지 않으면 말로 행패를 부린다. 사업을 하거나 장사를 할 때는 깃발을 걸어놓아야 통한다. 간판을 걸 것이라면 돌출 간판이 아니라 옆으로 걸어야 사람이 들어온다. 선전을 하고 퍼뜨려야 한다. 소리 지르고 여러 곳에 사인을 보내야 한다. 손님이 없으면 사화는 영업을 나가야 한다. 사화는 동네 어귀에 머무르는 것이니 영업장을 잡을 때는 입구에 잡아라.

사화(巳火)의 성격과 적용	
성격	동물로는 뱀이다. 큰 불, 태양, 용광로, 거친 불길을 의미한다. 겉은 따스하나 속은 차갑다.
적용	음양적으로 음화(陰火)이나 용(用)에서는 양화(陽火)로 본다. 천간의 병화(丙火)와 같다. 역마살이다. 곡각살이다. 목, 허리, 무릎, 창자의 병이 예상된다. 아침 9시 30분에서 11시 30분까지다. 사월(巳月)은 절기로 입하(立夏)에서 망종(芒種) 전까지다. 두 글자가 나란히 붙은 사사병립(巳巳併立)이 되면 활동적인 직업에 종사하면 좋다. 사월(巳月)의 초기는 목(木)의 기운이 강하다.

7) 오(午)

빛이 번지는 모양이다. 새로운 출발을 나타낸다. 장대하고 높이 솟아오르는 의미가 있다. 만물이 다시 성장하는 의미가 된다. 이러한 형상은 마치 죽순의 마디가 층층으로 이어 올라가는 형상과 유사함을 알 수 있다. 본래 있던 것에 새로운 것을 접목하는 형상이다. 새것에 대단히 민감하고 새로운 유행을 따른다. 미완성이란 뜻이 있지만 보충이라는 의미도 있다. 새로운 일과 새로운 소식에 연관이 깊다.

태양열, 광명, 청명, 별빛, 달빛, 붉음, 열, 이별, 경마장, 예식장, 언론기관, 출판업소, 보도기관, 광고업소, 정신과, 텔레비전, 학용품, 이혼장 등의 의미가 있다. 예술적 기능을 이야기하고 현침이니 말을 잘한다. 자존심이 강하다. 모든 것을 감추지 않고 드러낸다. 솔직하고 담백하다. 화기가 너무 강해지면 자신이 한 말에 책임을 지지 않으려고도 한다. 언론, 방송은 물론 공공성 있는 직업을 택하면 좋다.

오화(午火)는 겉으로 속마음이 드러난다. 자(子)와 오(午)는 표면적으로 서로 충(沖)하는 관계이지만 궁합이 잘 맞는다. 주지 않으려는 것과 주려는 것이니 상호 보완적으로 잘 맞는다. 자(子)는 참는 것이고 오(午)는 참지 않으니 좋다. 자오(子午)가 지근에서 충(沖)을 하면 신사의 풍모가 나타난다. 그러나 그 사이에 다른 오행이 끼어들면 신사인 척한다. 자오묘유(子午卯酉)는 자기 모양을 갖추니 폐쇄적이다. 자오묘유는 모두 왕지(旺支)이며 도화살을 가리킨다.

매우 단순하다. 오는 또한 역마의 글자다. 말도 돌아다니고 열기도 돌아다닌다. 오의 지장간(地藏干)에는 정(丁)이 자리해 열이 펄펄 나는데 이리저리

돌아다닌다. 오는 길고 높다. 오는 상하로 생각한다. 항상 짤막하나 길어진다는 의미가 있으니 반어적이다.

오의 속은 차고 겉은 뜨겁다. 오는 물렁물렁하다. 오는 아지랑이가 피어오르는 모습처럼 율동한다. 오에는 부풀리다, 늘어나다, 팽창하다의 의미가 있다.

오화(午火)의 성격과 적용	
성격	동물로는 말이다. 촛불, 모닥불, 전등, 형광등, 달과 별을 의미한다. 빛이 번지는 모양이다.
적용	음양적으로 양화(陽火)이나 용(用)에서는 음화(陰火)로 본다. 천간의 정화(丁火)와 같다. 도화살이다. 현침살이다. 아침 11시 30분에서 13시 30분까지다. 왕기(旺氣)라 하여 강한 화(火)의 기질이 드러난다. 꺼지지 않는 불이다. 오월(午月)은 절기로 망종(芒種)에서 소서(小暑) 전까지다. 두 글자가 나란히 붙은 오오병립(午午倂立)이 되면 예술업에 종사하면 좋다. 오오병립이면 인기를 기반으로 하는 직종에 종사하면 좋다. 오오병립이면 불과 관련된 사고를 조심해야 한다.

오(午)를 이야기하면 늘 자(子)를 이야기해야 한다. 까마귀하고 백로하고 차이가 자오(子午)라고 할 수 있다. 오화는 겉으로 속마음이 드러난다. 자수는 속마음을 숨긴다. 자와 오는 궁합이 잘 맞는다. 주지 않으려는 것과 주려는 것이니 의외로 궁합이 잘 맞는다. 자는 참는 성향이고 오는 참지 않는 성향이니 어울린다. 오는 겉으로 뜨거우나 음이 시작되는 곳이다. 따라서 속이 차다. 뜨거운 것이 차가워지는 것이다.

명리학자에게 상담할 때 오화일주(午火日柱)에게 상담하면 웃고 가고 자수일주(子水日柱)에게 상담하면 울고 간다. 모든 상황에서 오(午)는 눈으로 보게 한다. 오월생(午月生)이 수목원(樹木園)을 하면 타 죽고 만다. 집을 짓는다면 오월생은 주변으로 큰 나무를 심는 것이 좋다.

8) 미(未)

미(未)의 속성에서 가장 두드러지는 것은 의심이 많다는 것이다. 미(未)는 미(味)이니 맛있다는 의미이다. 항시 음식 먹기를 즐겨하고 화합하고 사람들과 사귀기를 좋아한다. 사막토(砂漠土)이고 해변의 모래이니 그 깊이는 깊지 않고 일정 수위에 다다르면 시들해버린다. 표면적으로 교유관계가 넓다. 그러나 깊이는 글쎄다. 일에 전문가적인 기질이 있어서 어느 경우에도 실력을 발휘한다. 겉으로는 늘 만족스럽고 드러내지 않는 성격이나 항상 부족한 기운이 있어서 무엇이든 긁어모으는 기질이 있다.

전진보다는 안정을, 투쟁보다는 화해를 하려고 한다. 양(羊)을 의미한다. 양은 평소 안정적이고 조용하나 생식기에는 투쟁적이고 험준한 바위를 탄다. 미는 겉으로 모든 것을 포용하는 듯 보이나 속으로는 일정한 기준에 맞춘다. 덜도 아니고 더도 아닌 기준에 따라 평가하고 정의한다. 따라서 깊이에 한계가 있다. 사랑도 한계를 두고 일도 한계가 있다.

정원, 용마루, 장독대, 전원, 전답, 공동묘지, 시멘트, 요정, 음식점, 식품점, 혼수품 등의 의미가 있다. 어떤 일을 하든 기준이 명백하다. 자기 사업을 한다고 가정해도 일정 수위를 넘지 않는다. 따라서 제한적인 성향이다. 인원을 조절할 수 있어도 인원 초과는 절대로 용납하지 않는다.

스스로 높은 위치에 있다고 생각한다. 자신이 대단히 높다고 생각한다. 미토는 높이 있는 스카이 라운지다. 하늘로 숨겨진 미토와 땅속에 숨겨진 축토(丑土)가 다르다. 일정한 위치에 있는 사람이라고 생각하고 그런 사람과 어울리고자 한다. 결벽증이 있어 스스로 판단해 좋아하는 사람하고만 논다. 사실 미는 다 알 것 같지만 오히려 모르는 것이 너무 많다.

미토(未土)의 성격과 적용	
성격	동물로는 양이다. 정원의 흙, 화분의 흙, 사막의 모래, 바닷가의 모래를 의미한다. 의심이 강하다.
적용	음토(陰土)이고 천간의 기토(己土)와 같다. 마른 건토(乾土)이고 조토(燥土)이다. 화개살이다. 현침살이다. 맛있다는 의미가 있다. 오후 13시 30분에서 15시 30분까지다. 미월(未月)은 절기로 소서(小暑)에서 입추(立秋) 전까지다. 두 글자가 나란히 붙은 미미병립(未未併立)이 되면 어려움을 많이 겪는다. 미미병립으로 활인업(活人業)에 종사하면 어려움이 준다. 미미병립이면 활인업으로 사람을 살리는 의사, 간호사, 약사, 한의사가 좋다.

가족 중 반드시 모자란 사람이 있다. 미(未)의 대운을 만나면 잘되는 일도 없고 안 되는 일도 없다. 묘미(卯未)대운에는 지루해진다. 남자의 명운(命運)에서 묘미(卯未)라면 해묘미(亥卯未)대운이라도 써먹기가 어렵다. 미월(未月)에 태어난 경우, 여름이 끝나가지만 아직은 일러서 익지 않았으니 곡식을 먹을 때가 아니다. 아직 안 익었으니 소득이 없다. 그래서 아닐 미(未)자를 쓴다. 아직 아니라는 말이다. 을(乙)은 바로 싹이 튼 풀이고, 정(丁)은

돌아다니는 열이다. 풀 먹고 싸돌아다니는 양이 그다음 글자로 배속되었다.

9) 신(申)

재주가 많은 사람이지만 부산하고 정신없이 설치는 경우가 많다. 사람됨이 순수하고 과감하다. 인정머리가 있어 남의 일을 잘 도와준다. 평소 성품이 우직하고 단순하지만 상황이 불만스러워지면 돌변하여 포악한 면이 있다. 신(申)은 위아래로 뾰족한 글씨이기 때문에 현침살이다. 남을 찌르는 말을 잘하고 의식하지 않는다.

신(申)이라는 글자 형태가 그러하듯 위아래가 모두 통한다는 의미의 글자이므로 위를 찌른다는 의미가 있다. 또한 학문적으로 깊이가 있고 철학에 조예가 있다. 갑(甲)을 꿰뚫은 모습이다. 그런 만큼 활동적이다. 나무 위에 올라앉은 원숭이 모습이기도 하다.

아울러 일지에 자리하면 배우자가 찌르는 격이니 배우자 운이 좋지 않다. 신금은 주렁주렁 곶감이 달려 있는 모양과 같다. 밭을 뚫고 지나간 글자다. 무언가를 뚫고 가니 꿰어져 있다.

소란스러운 도로, 군병, 병기, 침, 의사, 종교, 신을 모시는 것과 관계가 있다. 전화, 통신, 복도, 수도, 차고, 차량, 도로, 여행사, 조선소, 차바퀴공장, 항공사, 하천, 승강기, 세차장, 전선, 기계류, 절단기, 농기구 등의 의미가 있다. 꿰어 있는 모습, 상하가 달린 옷, 다양한 패션, 상품을 걸어놓는 형태, 오징어, 액세서리 등을 걸어놓고 판다.

인목(寅木)이나 신금(申金)은 시설물, 조형물이다. 신(申), 자(子), 진(辰)

은 애정사에 비밀이 있다. 인신사술(寅申巳戌)은 프로 기질이 있다. 훌륭한 무기를 가졌다. 사람들은 대부분 신(申)의 대운에 승부를 걸려고 한다. 여명(女命)은 신(申)의 대운에 돈이 생기는 경우가 많다. 그러나 신(申)의 대운(大運)이 오면 육친에 왜곡이 생긴다. 이별, 변화, 변동이 오는데 부부이별이 오고 형제와 멀어지기도 한다.

모든 일에 적극성이 없고 자여자약하다. 패션으로 논하면 신금은 한 벌로 입기보다 상하를 달리 입으려 할 것이다. 신금은 다양한 것을 좋아한다. 사업을 하려고 상품을 진열할 때 펼쳐서 진열하기보다는 걸어놓아야 한다. 걸어놓는 방식이 장사가 잘된다. 울릉도 오징어와 같이 걸어놓아야 한다. 액세서리를 팔 때도 펼쳐놓기보다 걸어놓고 팔아야 한다.

신금(申金)의 성격과 적용	
성격	동물로는 원숭이다. 쇳덩이, 철광석, 큰 바위, 기차, 비행기를 상징한다. 학문적으로 깊이가 있고 철학에 조예가 있다.
적용	양금(陽金)이고 천간의 경금(庚金)과 같다. 현침살이다. 하늘과 땅을 통하는 글자(철학)를 의미한다. 오후 15시 30분에서 17시 30분까지다. 신월(申月)은 절기로 입추(立秋)에서 백로(白露) 전까지다. 두 글자가 나란히 붙은 신신병립(申申併立)이 되면 활동력이 커진다. 신신병립이 되면 활동적이라 하부신체의 사고나 건강을 조심해야 한다. 신월(申月) 초기는 화(火)의 기운이 강하다.

10) 유(酉)

유(酉)는 매우 차가운 글자다. 냉정하고 대단히 분석적이다. 정지와 수습의 의미가 있다. 버릴 것은 버리고 취할 것은 취하되 분리하여 따로 묶어둔다. 날카로우니 맺고 끊음이 분명하여 냉철하다. 타산적이어서 애정에서도 실리를 따져본다. 그러나 한번 사랑하면 말리기 어렵다.

후문, 창문, 보석상자, 은행, 금은, 시계반지, 기계상, 부속공장, 귀금속, 이발기구, 의약기구, 장유공장, 닭고기, 조미료 판매점, 탁구·당구·볼링장, 기원, 산부인과, 균 배양소, 세균의 의미가 있다.

자오묘유(子午卯酉)는 모두 왕지(旺支)이며 도화살을 가리킨다. 유(酉)는 술병이니 조상을 모신다는 의미가 있고 맏며느릿감이다. 유(酉)는 다시 자궁이라는 의미가 있으니 좋은 자식을 낳을 가능성이 높다. 단 유는 가장 차가운 글자이니 인간적인 부분에서는 차가움이 드러난다. 자오묘유는 자기 모양을 갖추니 지극히 폐쇄적이다. 동그랗고 원형적이다.

결실을 의미한다. 술병을 의미하는 유(酉)에 삼수변(氵)을 붙이면 주(酒)자가 된다. 물이 비로소 결실을 맺은 것이니 바로 술이다. 중국에서 가을이 되어 잘 익은 기장을 병에 담아 술을 만드는 것을 의미하는 글자다. 결국 곡식으로 술을 만드니 조상을 받드는 것이다.

닭은 또한 결실의 상징이다. 그러나 누가 보아도 닭이 결실은 아니다. 따라서 결실은 닭이라는 생물이 아니라 닭이 낳은 알이다. 계란껍데기는 또한 신금(辛金)처럼 단단하다. 유금의 지장간에 신금(辛金)이 들어 있다.

영업할 때는 간판을 길가에 노출하거나 둥글게 세워놓으면 효과가 있다. 유금은 성정이 팽팽하고 딱딱하다. 매를 친다면 회초리는 묘목이 낫고 곤장을 때릴 때는 유금이 낫다.

유금(酉金)의 성격과 적용	
성격	동물로는 닭이다. 작은 보석, 예리한 칼, 바늘, 주사기, 날카로운 무기를 의미한다. 가장 차가운 기운이다.
적용	음금(陰金)으로 천간의 신금(辛金)과 같다. 도화살이다. 술병, 여자의 자궁을 의미한다. 오후 17시 30분에서 19시 30분까지다. 왕기(旺氣)라 하여 강한 금(金)의 기질이 드러난다. 유월(酉月)은 절기로 백로(白露)에서 한로(寒露) 전까지다. 두 글자가 나란히 붙은 유유병립(酉酉併立)이 되면 활인업에 종사하면 좋다. 유유병립이면 사람을 살리는 직업이나 예술업에 종사하면 좋다.

11) 술(戌)

마른 땅이니 조토(燥土)이고 건토(乾土)이다. 늦은 가을, 겨울의 길목이다. 만물이 성장을 끝내고 쇠멸하는 곳이다. 차가운 기운이 드러나지만 화(火)를 감싸고 있다. 음과 양이 휴수(休囚), 사멸(死滅)된 상태를 말한다. 움직임이 없고 조용히 누워 있다. 명중(命中)에 술(戌)이 있으면 모든 일에 적극성이 없고 자여자약하다. 그야말로 늘어져 조는 개다. 개는 틈만 나면 엎드려 존다. 평소에 졸음이 많은 편이다. 개가 그렇듯 누군가 강제로 조정하려면 화를 내고 결국 싸움을 한다. 수비의 뜻도 있어 남을 의심하고 감추고 잠근다. 어차피 집 지키는 개다. 불로소득을 좋아하여 헛된 욕심을 부리기도 한다.

사업을 하면 영업장은 사방으로 트이도록 조치하고 전면이 다 보이게 한다. 전면유리, 통유리, 개방성을 말한다. 전체를 드러내는 방식이다. 천문, 고산준령, 기암절벽, 두뇌, 옛무덤, 고적지, 동굴, 광산, 담, 변소, 사찰, 공동묘지, 회의장, 과학기술처, 골동품점, 통계청, 사법부, 비석, 컴퓨터, 반도체, 진공관, 안경렌즈를 의미한다. 인신사술(寅申巳戌)은 프로 기질을 가지고 있다. 훌륭한 무기를 가졌다.

술(戌)은 아픔이 많은 지지의 오행이다. 술(戌)자에는 칼날을 의미하는 과(戈)가 들어 있어 살기가 있다. 수술을 의미하는 글자이기도 하다. 있으면서 없는 척, 없으면서 있는 척한다. 술(戌)의 일지에 인성이 있는 사주는 진돗개같이 감시를 잘한다. 시지(時支)에 술해(戌亥)가 있으면 자꾸만 산으로 가려 한다. 조용한 펜션이나 별장 같은 곳에 가서 살려고 한다. 지지에 술해자축(戌亥子丑)이 있다면 역학을 하면 좋다.

술토(戌土)의 성격과 적용	
성격	동물로는 개다. 넓은 땅, 큰 땅, 들판, 벌판, 사막의 흙, 모래사장의 흙을 의미한다. 모든 일에 적극성이 없고 자여자약하다.
적용	양토(陽土)이고 천간의 무토(戊土)와 같다. 조토(燥土)이며 건토(乾土)이다. 화개살이다. 글자 속에 칼을 의미하는 글자인 과(戈)가 들어 있다. 오후 19시 30분에서 21시 30분까지다. 술월(戌月)은 절기로 한로(寒露)에서 입동(立冬)) 전까지다. 두 글자가 나란히 붙은 술술병립(戌戌倂立)이 되면 해외 역마가 된다. 술술병립이 되면 활동적이고 적극적인 성격이 된다. 술술병립이 되면 수술수가 생기므로 조심해야 한다.

술미(戌未)의 띠는 무엇을 하든 목표달성이 늦는 편이다. 따라서 술미생(戌未生)은 무언가 생각하면 즉시 실천에 옮겨야 결과를 도출하기 좋다. 역학을 하는 사람들 중에는 술토가 많다. 술토는 열매가 매우 크다. 따라서 이룬다고 가정하면 크게 이루는 특성을 지니고 있다. 사업을 한다면 술토는 트여놓고 전면이 다 보이게 한다. 술토는 전면유리, 통유리, 개방성을 말한다. 술토는 숨기지 않고 전체를 드러내는 방식을 선호한다.

12) 해(亥)

돼지이다. 맑은 물이고 차가운 물이다. 겉으로는 냉정하지만 속은 온화하고 다정하다. 겉으로는 냉정하여 깨끗하다는 느낌을 주기도 한다. 한번 노하면 사생결단하는 투쟁심이 있다. 다시 돌아와 잠자는 모습이다. 깊이 생각에 잠기기를 좋아하고 슬픈 명상에 잠기기도 한다. 헌 것을 소중히 여기고 일의 시발(始發)과 종결짓는 일에 관여하게 된다.

먼지, 오물, 헌 것, 하늘, 변소, 하수구, 취사장, 지하실, 연못, 해수욕장, 염전, 섬유공장, 탁아소, 소아과병원, 섬유류, 완구, 군함, 배, 기차, 비누의 의미가 있다.

사업할 때, 영업장에 손님이 많아도 문을 닫아놓은 곳은 해수(亥水)이고, 이와 비교하여 사화(巳火)는 사람이 없는데 문을 열어놓은 것이다. 해수는 주문이 들어오는 곳이다. 해수는 성격적으로 아랫사람을 잘 챙긴다. 물이 아래로 흐르는 것과 같은 이치이다. 따라서 아랫사람하고 잘 통할 수 있다. 영업을 한다면 거래처 관리는 해수가 하는 것이 유리하다. 복장을 갖추며 유독 신발에 신경을 쓰는 것은 해수의 특징이다.

해수는 어떤 일이든 결과가 뒤죽박죽되기 쉽다. 돈도 다르지 않으니 늘 금전관리를 잘해야 한다. 일을 하려는 추진력이 강하지만 일이 잘 풀리지 않을 때는 속세를 떠나고 싶어 한다. 지지의 마지막 글자에는 돼지를 의미하는 글자가 배속되어 있다. 천간의 마지막 글자 계(癸)가 하늘에 제사지내는 것과 지지의 해(亥)는 관련이 깊다. 제물로 돼지를 바치기 때문이다. 육십갑자의 마지막 글자도 계해(癸亥)다. 마음에 들지 않으면 해수는 행동으로 행패를 부린다. 깨부수고 뒤집어엎는 것이 해수이다.

사업을 한다면 기다림의 미학이 필요하다. 해수는 주문이 들어오기를 기다리는 방법이 좋다. 사업을 벌인다면 동네 끝부분이니 시장 안쪽 깊숙한 곳에 자리한다. 큰 건물이나 주된 건물 안에서 매장을 운영하는 것이 유리하다. 식당을 하더라도 큰 건물 지하에서 식당을 운영하라.

해수(亥水)의 성격과 적용	
성격	동물로는 돼지다. 강물, 호수, 바다, 큰물을 의미한다. 빛이 번지는 모양이다. 겉으로는 냉정하지만 속은 온화하고 다정하다.
적용	음양적으로 음수(陰水)이나 용(用)에서는 양수(陽水)로 본다. 천간의 임수(壬水)와 같다. 역마살이다. 아침 21시 30분에서 23시 30분까지다. 해월(亥月)은 절기로 입동(立冬)에서 대설(大雪) 전까지다. 두 글자가 나란히 붙은 해해병립(亥亥倂立)이 되면 활인업에 종사하면 좋다. 해해병립이면 활인업으로 사람을 살리는 직종이나 활동적인 직업에 종사하면 좋다.

7. 지지를 통한 건강 파악

<table>
<tr><th colspan="13">지지의 건강 배정</th></tr>
<tr><td>지지</td><td>寅</td><td>卯</td><td>巳</td><td>午</td><td>辰</td><td>戌</td><td>丑</td><td>未</td><td>申</td><td>酉</td><td>亥</td><td>子</td></tr>
<tr><td>음양</td><td>양</td><td>음</td><td>음</td><td>양</td><td>양</td><td>양</td><td>음</td><td>음</td><td>양</td><td>음</td><td>음</td><td>양</td></tr>
<tr><td>오행</td><td colspan="2">木</td><td colspan="2">火</td><td colspan="4">土</td><td colspan="2">金</td><td colspan="2">水</td></tr>
<tr><td>오장</td><td colspan="2">간장</td><td colspan="2">심장</td><td colspan="4">비장</td><td colspan="2">폐장</td><td colspan="2">신장</td></tr>
<tr><td>육부</td><td colspan="2">담낭</td><td colspan="2">소장</td><td colspan="4">위장</td><td colspan="2">대장</td><td colspan="2">방광</td></tr>
<tr><td>건강
(영향)</td><td colspan="2">뼈
자율신경</td><td colspan="2">혈관
정신(조현병)</td><td colspan="4">자궁
췌장</td><td colspan="2">뼈
정신(자폐증)</td><td colspan="2">자궁
생식기
정신(우울증)</td></tr>
<tr><td>적을 때</td><td colspan="2">간장질환
췌장 문제
교통사고
뼈의 수술</td><td colspan="2">심장병
중풍
심장판막증
안과질환</td><td colspan="4">위장
신장
자궁
난소</td><td colspan="2">대장암
대장염
폐암
폐렴</td><td colspan="2">혈관질환
조루
무임신
방광염
전립선염</td></tr>
<tr><td>많을 때</td><td colspan="2">교통사고
수술
간염
간경화
췌장암
간암
자율신경이상
기억력 상실</td><td colspan="2">혈관질환
심장병
혈압
중풍
정신과질환
화병
조현병</td><td colspan="4">위장암
위장염
췌장염
췌장암
비뇨기질환
산부인과질환</td><td colspan="2">대장암
대장염
폐암
폐렴
관절 계통
뼈
교통사고
자폐증
우울증</td><td colspan="2">산부인과
피부비뇨기
과
우울증
자폐증
불면증
자궁이상
허리척추병
무릎</td></tr>
<tr><td>없을 때</td><td colspan="2">신경이상
정신이상
치매
고소공포증</td><td colspan="2">심장병
화병
울렁증</td><td colspan="4">위장병
과식
폭식
소화불량</td><td colspan="2">자폐증
폐병
대장계통
감기</td><td colspan="2">불면증
비뇨기과
불임과 난임
생리통</td></tr>
</table>

지지는 천간과 마찬가지로 모든 글자가 음양오행을 배정받는다. 색, 숫자, 오장육부, 방향, 계절을 적용받는 것이다. 또 오행으로 분석하여 건강을 파악할 수 있다. 보통 천간과 합해 그 숫자를 세는 방식으로 분석하지만 근본적인 건강을 배정할 수 있다. 아울러 각각의 오행이 적거나 없고, 많을 때도 그 건강 상태를 분석할 수 있다.

8. 지지의 성격과 적성

천간으로 정신을 살필 수 있다. 심지어 천간에 투간된 4개 글자만으로도 그 사람의 됨됨이나 인물됨을 알 수 있다. 그와 비교하여 지지는 변화를 가장 중요하게 살필 수 있다. 또한 지지의 글자는 고유한 특성이 있으므로 성격을 나타내기도 하고 적성을 나타내기도 한다. 실제 해석할 때는 천간과 지지의 오행을 모두 파악하여 해석한다.

지지의 성격 파악

지지	寅 卯	巳 午	辰 戌 丑 未	申 酉	亥 子
발달의 성격 (3개)	어질다 인간적이다 대인관계가 좋다 리더십이 있다 명예지향적이다	예의가 있다 적극적이다 활동적이다 인간적이다 대인관계가 좋다 봉사정신이 있다	믿음직스럽다 중간자적 역할을 한다 의지력이 강하다 노력파이다	의리가 있다 맺고 끊는다 통제력이 있다 믿음직스럽다 차분하다 계획적이다	지혜가 있다 센스가 있다 계획적이다 친화적이다 아이디어가 풍부하다
많을 때의 장점 (4개)	자신감이 있다 어려움에 주저하지 않는다 자유로움을 추구한다 리더십이 발휘된다	적극적이다 자신감이 넘친다 인간적이다 감정표현이 좋다 모든 일에 열정적이다	일처리가 확실하다 의리가 있다 끈기가 드러난다 인간미가 드러난다 도우려고 한다	과단성이 있다. 인간관계가 정확하다 맺고 끊는다 계획적이다 의사표현이 정확하다	지혜롭다 계획적이다 매사 신중하다 크게 본다 일처리가 뛰어나다 사람을 포용한다
많을 때의 단점 (4개)	욕망이 많다 끈기가 약하다 말이 앞선다 오로지 전진 주위를 살피지 않는다	다혈질이다 화를 잘 낸다 싫증을 낸다 조바심을 낸다 남의 말을 듣지 않는다	고집이 세다 표현을 피한다 타인을 무시한다 속인다 가슴속에 담는다	자기중심적이다 뒤집는 성격이다 타인을 무시한다 냉정하다 잔소리가 심하다	생각이 많다 뒷말이 있다 끈기가 부족하다 앞서나간다 정착하기 힘들다 만족이 안 된다

사주는 4개 기둥으로 이루어진 8개 글자이다. 근본적으로 8개 글자를 놓고 실펴 발달이라는 개념은 3개 혹은 월지를 포함하여 2개일 때, 많다는 개념은 4개, 월지를 포함한다면 3개를 말한다.

지지로 사람의 성격을 반영할 수 있다. 그로써 가장 어울리는 적성을 찾아낼 수 있다. 가장 많거나 강한 것이 특성이다. 근본적으로 적성을 적용하는 방법도 다양하고 그로써 어울리는 직업을 찾는 방법도 다양하지만 역시 지지에 따라서도 적성을 판별해낼 수 있다. 학생의 경우 지지로 진로를 파악할 수도 있다. 물론 일간(日干), 용신(用神), 오행의 과다(過多) 등으로 파악하지만 지지의 형태로도 어느 정도 적성에 맞는 진로를 파악할 수 있다.

지지의 적성 배정(많거나 강할수록 작용력 증대)						
지지		寅 卯	巳 午	辰 戌 丑 未	申 酉	亥 子
적성	1순위	정치학과 행정학과 법학과 경영학과 어문계열 사회복지학과 신문방송학과 심리학과 청소년학과 산림학과	스포츠학과 체육대학교 체육교육학과 무용학과 미대계열 디자인학과 연극영화과 피부미용학과 네일아트학과 소방학과 응용예술학과	부동산학과 토목과 건축과 건축설계학과 산림학과 지역환경과	금속공학과 기계공학과 기계설계학과 섬유공학과 산업공학과 항공공학과 재료공학과 자동차학과 법학과 철도학과 간호학과 전기공학과 전자학과 컴퓨터학과	회계학과 경제학과 경영학과 수학교육과 수학과 통계학과 물리학과 생물학과 전자계산학과 정보처리학과 수산학
	2순위	미술학과 의예과 원예과 의상학과 섬유학과 축산학과 언어 문학 문예창작 농림 작물학 식품가공	사회과학계열 어문계열 의상학과 사회복지학과 무대장치학과	외교학과 정치학과 임업과 축산학과 어문학과 관광경영학과 법학과 항공학과 사법계열 철학 역사 고고학	체육학과 의예과 경찰학과 육군사관학교 공군사관학교 해군사관학교 부사관학교	연극영화과 신문방송학과

사회가 발달하고 세분화함에 따라 대학도 학과가 세분화되거나 통합하는 과정을 반복한다. 또한 오행의 분류만으로는 세분하기 어려운 학과도 나타난다. 사회가 복잡해지고 다변하면서 여러 가지 개념이 복합된 학과나 계열이 나타나기도 하고 세분화되어 나타나기도 한다. 오행의 근본 개념을 참고하여 학과를 선택하는 것이 유리하다.

4장

육십갑자와 공망

육십갑자는 달리 육갑(六甲)이라고도 한다. 우리가 흔히 하는 "육갑 잡는다", "육갑하네"라는 말은 모두 이것에서 유래했다. 하늘을 의미하는 십간과 땅을 의미하는 십이지를 결합하면 기둥으로 이루어진 60개 간지(干支)를 얻는다. 이것을 육십갑자라고 한다. 즉 60개로 이루어진 기둥이다.

POINT

육십갑자(六十甲子) 10간(干)과 12지(支)를 결합하여 만든 60개 간지(干支)로서 육십간지, 육갑이라고도 한다. 육십갑자를 이루는 10간은 갑(甲), 을(乙), 병(丙), 정(丁), 무(戊), 기(己), 경(庚), 신(辛), 임(壬), 계(癸)이다. 12지는 자(子), 축(丑), 인(寅), 묘(卯), 진(辰), 사(巳), 오(午), 미(未), 신(申), 유(酉), 술(戌), 해(亥)이다. 천간과 지지를 차례로 연결하여 천간의 마지막 글자인 계와 지지의 마지막 글자인 해가 만나도록 반복해서 결합하면 천간은 6번이 돌고 지지는 5번이 돌아야 한다. 이러한 과정으로 천간지지가 만나면 기둥이 60개 만들어지니 이를 육십갑자라고 한다.

---

1. 육십갑자

하늘을 의미하는 10간은 갑(甲), 을(乙), 병(丙), 정(丁), 무(戊), 기(己), 경(庚), 신(辛), 임(壬), 계(癸)이고, 땅의 운행을 의미하는 12지는 자(子), 축(丑), 인(寅), 묘(卯), 진(辰), 사(巳), 오(午), 미(未), 신(申), 유(酉), 술(戌), 해(亥)이다.

천간과 지지는 각각 짝을 지어 하나의 기둥을 만드는데 이를 간지라 한다. 이 중 년월일시에 맞추어 잡은 4개 기둥을 사주라 한다. 천간은 10개이고 지지는 12개이므로 한 번씩 거치도록 교차하여 짝을 지어 나가며 마지막 천간의 계(癸)와 지지의 해(亥)가 만나도록 계속해 짝을 지으면 60개가 된다. 이를 육십갑자라고 한다. 즉 간지의 결합 방법은 간단하다.

처음에 10간의 첫 번째인 갑(甲)과 12지의 첫 번째인 자(子)를 붙여서 갑자(甲子)를 얻는다. 이로써 하나의 기둥이 완성되었다. 다음에 천간의 두 번째인 을(乙)과 지지의 두 번째인 축(丑)을 결합하여 을축(乙丑)을 얻는다. 두 번째 기둥이 완성된 것이다. 세 번째는 천간과 지지의 각 세 번째가 만나니 병인(丙寅)이다. 네 번째는 천간과 지지의 네 번째끼리 만나니 무진(戊辰)이다. 이와 같이 기둥이 만들어진다. 이처럼 순서에 따라 천간과 지지를 합해 기둥을 만들어나간다.

10개 천간이 계(癸)를 끝으로 다 끝나면 지지의 열 번째인 유(酉)를 만난다. 이 열 번째는 계유(癸酉)이다. 천간은 다시 갑(甲)부터 시작하고 지지는 남은 두 개를 순서대로 배열하니 열한 번째는 갑술(甲戌), 열두 번째는 을해(乙亥)이다. 천간은 세 번째이고 지지는 다시 첫 번째부터 만난다. 따라서 열세 번째는 천간의 세 번째인 병(丙)과 지지의 첫 번째인 자(子)가 만나니 병자(丙子)이다. 이렇게 계속 돌아가 마지막 천간의 계(癸)와 지지의 마지막 해(亥)가 만나게 되면 계해인데 이것이 60번째이다. 60개 간지를 얻은 후 처음으로 돌아가 다시 갑자로 되돌아온다. 결과적으로 각각 하나의 간에 6개 지지가 배당되는 셈이다.

일정한 공식에 따라 줄긋기를 하듯 천간과 지지가 만난다. 천간의 양과 지지의 양이 만나고 천간의 음과 지지의 음이 만나는데 어떤 경우에도 음양이 뒤섞여 만나는 경우는 없다. 이와 같이 순서에 따라 하나씩 간지를 구해나가 60개 간지를 얻는 것이다.

이처럼 60개 기둥이 이루어지고 다시 처음인 갑자(甲子)를 만나면 회갑, 환갑이라고 한다. 옛날부터 61세 생일날에는 회갑잔치를 하는 풍습이 있는데, 이 회갑(回甲) 또는 환갑(還甲)이라는 말은 출생한 해의 간지와 똑같은 간지를 가진 해가 61년 만에 다시 돌아왔다는 뜻이다.

육십갑자									
갑자 (甲子)	을축 (乙丑)	병인 (丙寅)	정묘 (丁卯)	무진 (戊辰)	기사 (己巳)	경오 (庚午)	신미 (辛未)	임신 (壬申)	계유 (癸酉)
갑술 (甲戌)	을해 (乙亥)	병자 (丙子)	정축 (丁丑)	무인 (戊寅)	기묘 (己卯)	경진 (庚辰)	신사 (辛巳)	임오 (壬午)	계미 (癸未)
갑신 (甲申)	을유 (乙酉)	병술 (丙戌)	정해 (丁亥)	무자 (戊子)	기축 (己丑)	경인 (庚寅)	신묘 (辛卯)	임진 (壬辰)	계사 (癸巳)
갑오 (甲午)	을미 (乙未)	병신 (丙申)	정유 (丁酉)	무술 (戊戌)	기해 (己亥)	경자 (庚子)	신축 (辛丑)	임인 (壬寅)	계묘 (癸卯)
갑진 (甲辰)	을사 (乙巳)	병오 (丙午)	정미 (丁未)	무신 (戊申)	기유 (己酉)	경술 (庚戌)	신해 (辛亥)	임자 (壬子)	계축 (癸丑)
갑인 (甲寅)	을묘 (乙卯)	병진 (丙辰)	정사 (丁巳)	무오 (戊午)	기미 (己未)	경신 (庚申)	신유 (辛酉)	임술 (壬戌)	계해 (癸亥)

이들 기둥으로 이루어진 60개 간지는 해마다 1개씩 배당하여 세차(歲次)

라 하고, 다달이 배당하여 월건(月建)이라 하며, 나날이 배당하여 일진(日辰)이라 한다. 또한 각각 갑(甲)으로 시작하는 것은 10개 기둥이 지나간 뒤이다. 즉 첫 번째는 갑자(甲子)이고 10개 기둥이 지나간 뒤에 다시 오는 11번째는 갑술(甲戌)이다. 21번째는 갑신(甲申)이고 31번째는 갑오(甲午)이다. 41번째는 갑진(甲辰), 51번째는 갑인(甲寅)이다. 이처럼 시작을 의미하는 갑은 6번이 있으므로 이를 육갑(六甲)이라 한다.

아울러 각각 열 개를 묶는 것을 순(旬)이라고 하는데 사전적으로는 열흘이라는 의미이다. 폭넓게는 열 개라는 의미가 있다. 따라서 각각 열 개씩 묶어 갑자(甲子)로 시작하는 10개 기둥은 갑자순(甲子旬)이고, 갑술(甲戌)로 시작하는 10개 기둥은 갑술순(甲戌旬)이다. 갑신(甲申)으로 시작하는 10개 기둥은 갑신순(甲申旬)이고 갑오(甲午)로 시작하는 10개 기둥은 갑오순(甲午旬)이다. 갑진(甲辰)으로 시작하는 10개 기둥은 갑진순(甲辰旬), 갑인(甲寅)으로 시작하는 10개 기둥은 갑인순(甲寅旬)이다.

간과 지가 사용된 역사는 매우 오래된 듯하다. 정확하게 언제부터 사용하였는지는 불명확하다. 다만 십간과 십이지를 배합하여 60갑자가 합성된 것은 정확하게 알 수 없으며 연혁을 따져도 상당히 연대가 지난 뒤 성립되었다고 한다. 간과 지가 만들어졌다고 간지가 바로 결합된 것은 아닌 듯하다. 간지를 적용하여 년대(年代)를 표기한 것은 적어도 대략 2,000년 전으로 보인다. 이 시기는 중국의 한대(漢代)인 기원전 105년인데, 이때의 간지를 병자년(丙子年)으로 적었다. 그 이전의 간지는 거꾸로 역산한 것이다.

한보다 이전인 상(商)나라 역대 왕의 이름을 살펴보면 태갑(太甲), 옥정(沃丁), 천을(天乙)과 같이 천간을 의미하는 글자로 지어진 이름이 많다. 이것으로 보아 정확하게 드러나지 않는다고 해도 이미 천간이 존재했다는 것을 알 수 있다. 이로써 이 시대에 이미 하늘을 의미하는 간과 땅을 의미하는 지를 사용한 것으로 추측할 수 있다. 당시 60간지는 이미 이루어진 것으로 보이며 애초의 목적은 날짜를 세기 위하여 썼을 것이라는 추론이 가능하다. 지금도 다를 바 없지만 이 60이라는 일정한 천간지지의 주기는 두 달쯤에 해당하는 적당한 주기이다.

2. 공망(空亡)

공망은 비었다는 뜻이다. 공망이라는 말은 명리학뿐 아니라 풍수지리에서도 방향을 보는 방법에서 다양하게 나오는 말이다. 사주를 배치하고 풀어감에 따라서는 공망이 나타나면 달리 천중살(天中殺)이라고도 한다. 공망은 크게 드러나지 않으나 사주를 살필 때 반대 결과가 나오는지 분석하는 중요한 요소이기에 무시할 수 없다.

POINT

공망(空亡) 일주를 기준으로 하여 년지와 월지, 시지에 적용한다. 년주 기준으로는 일지에 적용한다. 공망은 글자 그대로 공친다, 허탕이라는 뜻이 있다. 흔히 지지가 흉성일 경우 공망(空亡)에 해당하면 흉이 변해서 길이 된다고 하여 해공 혹은 파공이라 한다. 길성이 공망(空亡)에 해당하면 길조는 모두 사라지게 된다.

천간과 지지를 대입해보면 천간은 남자이고 부(父)이다. 또한 지지는 여자이고 모(母)이니, 이는 음양을 나타내는 것이기도 하다. 천간이 하늘이고 지지가 땅이라는 이론에 따라 부부가 혼인을 하듯 천간자와 지지자를 맞추다보면 천간은 10자이고 지지는 12자이기 때문에 지지자가 2자 남게 된다. 이를 공망이라 한다.

공망은 천간 10자와 지지 12자라는 글자 차이 때문에 생기는 것이지만 적용에서는 역할이 매우 크다. 즉 공망이라는 지지는 있고 천간은 없는 것을 말하는데 이는 뿌리는 있지만 하늘은 없는 격이라 만물을 생성할 수 없고 모(母)는 있지만 부(父)는 없는 것과 같은 격이다.

공망이란 이러한 이치를 나타내는 것으로 현세에 인연이 없거나 이루어질 수 없는 것이다. 현상이 깨지는 것이다. 결과가 사라지는 것이다. 깨지거나 조짐이 사라지는 것이다. 임신을 해야 하지만 임신하지 못하는 것이다.

따라서 공망에 들면 역량이 사라지거나 의미가 사라지는 것을 의미한다. 좋은 일에는 사라지면 나쁜 것이고 나쁜 일에는 사라지면 좋은 것이다. 간지는 모두 60개 조합으로 이루어지는데 10개씩 조가 짜일 때마다 두 개 공망이 나타나게 된다. 따라서 공망은 6개 상황에 2개씩 총 12개가 나타날 수 있다.

갑자순(甲子旬)은 천간이 끝나는 계(癸)까지 지지를 맞추면 계유(癸酉)가 된다. 그러나 지지는 아직 2개가 더 남았다. 남은 2개 지지인 술해(戌亥)가 공망이 된다. 갑술순(甲戌旬)은 계(癸)가 만나는 마지막 지지가 미(未)이다. 따라서 다음 두 개 지지인 신유(辛酉)가 공망이다. 갑신순(甲申旬)은 천간의 마지막 계(癸)가 만나는 지지가 사(巳)로 계사(癸巳)가 된다. 따라서 다음 2개 지지인 오미(午未)가 공망이다. 갑오순(甲午旬)은 마지막 천간인 계(癸)

가 만나는 지지가 묘(卯)로 계묘(癸卯)가 되므로 다음 두 개 지지인 진사(辰巳)가 공망이다. 갑진순(甲辰旬)은 천간의 마지막 계(癸)가 만나는 지지가 축(丑)이므로 계축(癸丑)이다. 따라서 다음 두 개 지지인 인묘(寅卯)가 공망이다. 갑인순(甲寅旬)은 마지막 천간인 계(癸)가 만나는 지지가 해(亥)이므로 계해(癸亥)이다. 따라서 다음 두 개 지지인 자축(子丑)이 공망이다.

공망은 역으로 작용한다. 좋은 성질을 지닌 사주가 공망이 되면 흉한 기운으로 바뀌고 흉한 기운이 공망이 되면 자연 해소된다. 원래 하늘의 의미를 지니는 간(干)은 공망이 될 수 없다. 그러나 지지가 공망이 되면 일주를 이루는 천간 또한 공망으로 살핀다.

육십갑자조견표									
甲子	乙丑	丙寅	丁卯	戊辰	己巳	庚午	辛未	壬申	癸酉
甲戌	乙亥	丙子	丁丑	戊寅	己卯	庚辰	辛巳	壬午	癸未
甲申	乙酉	丙戌	丁亥	戊子	己丑	庚寅	辛卯	壬辰	癸巳
甲午	乙未	丙申	丁酉	戊戌	己亥	庚子	辛丑	壬寅	癸卯
甲辰	乙巳	丙午	丁未	戊申	己酉	庚戌	辛亥	壬子	癸丑
甲寅	乙卯	丙辰	丁巳	戊午	己未	庚申	辛酉	壬戌	癸亥

갑자순(甲子旬)은 천간이 끝나는 계(癸)까지 지지를 맞추면 계유(癸酉)가 된다. 그러나 지지는 아직 2개가 더 남았다. 남은 2개 지지인 술해(戌亥)가 공망이 된다. 갑술순(甲戌旬)은 계(癸)가 만나는 마지막 지지가 미(未)이다. 따라서 다음 두 개 지지인 신유(申酉)가 공망이다. 갑신순(甲申旬)은 천간의 마지막 계(癸)가 만나는 지지가 사(巳)로 계사(癸巳)가 된다. 따라서 다음 2개 지지인 오미(午未)가 공망이다. 갑오순(甲午旬)은 마지막 천간인 계(癸)가 만나는 지지가 묘(卯)로 계묘(癸卯)가 되므로 다음 두 개 지지인 진사(辰巳)가 공망이다. 갑진순(甲辰旬)은 천간의 마지막 계(癸)가 만나는 지지가 축(丑)이므로 계축(癸丑)이다. 따라서 다음 두 개 지지인 인묘(寅卯)가 공망이다. 갑인순(甲寅旬)은 마지막 천간인 계(癸)가 만나는 지지가 해(亥)이므로 계해(癸亥)이다. 따라서 다음 두 개 지지인 자축(子丑)이 공망이다.

공망조견표	
갑자순중(甲子旬中)	공망 술해(戌亥)
갑술순중(甲戌旬中)	공망 신유(申酉)
갑신순중(甲申旬中)	공망 오미(午未)
갑오순중(甲午旬中)	공망 진사(辰巳)
갑진순중(甲辰旬中)	공망 인묘(寅卯)
갑인순중(甲寅旬中)	공망 자축(子丑)

1) 공망의 작용

해공(解空)이라는 말은 공망이 풀렸다는 의미이다. 해공이 되는 경우는 아주 다양한데 자기 사주 내에서 삼합(三合), 지합(地合), 반합(半合), 방합(方合), 형(形), 충(沖), 파(破), 해(害)가 있거나 대운(大運)이나 년운(年運)과 같은 행운(行運)상에서 작용하여 삼합, 지합, 반합, 방합, 형, 충, 파, 해가 있거나 대운에서 동일 공망이 오면 역시 해공된다.

해공은 달리 파공(破空)이라고도 한다. 공망이 깨졌다는 말이다. 이는 마지막 열쇠와 같은 의미를 지니는 것으로 불운을 행운으로 돌린다는 의미처럼 느껴지기도 한다. 다만 대운이나 세운처럼 행운에서 해공된다는 것은 그 기간에 한한다.

년지(年支)의 공망

공망은 년지(年支), 월지(月支), 일지(日支), 시지(時支)에 모두 작용한다. 이 중 년지에 작용하는 공망은 조상(祖上)과 연관이 있다. 이는 년주가 근(根)에 해당하기 때문이다. 근(根)은 뿌리이니 곧 조상이다. 따라서 생년의 공망은 조상이 사라지는 격이니 부모와 조상 또는 친가(親家)에 인연이 박하다. 년지의 공망은 양친 또는 편친과 유년기에 생사이별하거나 일찍이 헤어진다. 달리 조상의 복이 없거나 부모 복이 없다고 본다.

월지(月支)의 공망

월지는 묘(苗)라 한다. 묘(苗)는 자라나는 싹과 같은 것으로 나를 자라게 한 원인, 즉 부모의 자리가 된다. 따라서 월지의 공망은 묘의 자리가 사라지는 것이다. 월지의 공망은 부모형제와 인연이 약하다는 것을 보여준다. 월지는 부모의 좌(座)이다. 특히 어머니 자리이다. 억부(抑扶)를 파악할 때 가장 중요한 것이 바로 월지(月支)이다. 대개 용신(用神) 자리로 인명(人命)의 근기운명(根基運命)을 관장하는데 공망이 되는 것은 용신의 역량이 저하됨을 의미한다. 곧 신변에 이변이 생기기 쉽고 사업상 이변이 생긴다.

생일공망(生日空亡)

생일은 화(花)이다. 사주를 분석할 때 과거에는 년주(年柱)를 중시하였다. 년주를 중시한 사주법이 당사주(唐四柱)이다. 그러나 송(宋)나라 시대 이후 지금의 사주는 일주(日柱)를 가장 중요시한다. 이것이 자평명리의 중요점이고 현재의 간명법이다.

사주를 해석할 때 일간은 바로 자신이다. 이처럼 사주에서는 생일의 간지를 가장 중요시한다. 따라서 나를 지탱하는 자리격인 일지가 중요하지 않을 수 없다.

가장 중요한 생일의 간지가 어느 순(旬) 중에 있는지를 파악한다. 6개 갑순에서 공망이 결정된다. 예를 들면 을축일생(乙丑日生)이면 60갑자 중 첫 번째인 갑자(甲子)의 순중생(旬中生)이므로 마지막 2자인 술해(戌亥)가 공망이 된다. 사주에서 공망은 호환공망(互換空亡), 사대공망(四大空亡) 등이 있으나 생일공망을 주안점으로 보게 된다. 즉 생일을 나타내는 일주를 기준으로 공망을 따져 년과 월, 시를 파악한다.

일주를 중심으로 하는 공망법에서 일지공망은 따지기가 불가능하다. 일지가 공망인지를 파악하는 데 년주를 기준으로 한다. 년주를 따져 공망에 해당하는 글자가 일지라면 일지공망이다. 그밖에 해공망이 있다. 일주를 기본으로 그해의 일지가 공망이면 해공망이다. 해공망은 많이 사용하지 않는다.

시지(時支)의 공망

시(時)는 실(實)이라 하여 열매와 같다. 자신의 노후이고 자녀를 의미하는 기둥이다. 자녀가 어떤 상황인지 알려고 한다면 시지를 살피면 된다. 결국 시지를 공망이 차지한다는 것은 노후에 허탈 혹은 허공을 뜻하며, 자녀에게 의지하지 못함을 의미한다. 자손이 발달하고 영화를 누린다고 해도 공망이면 그 덕이 나에게 미치지 못한다.

【성보명리】 **공망(空亡)**

일주를 기준으로 하여 년지와 월지, 시지에 적용한다. 년주 기준으로는 일지에 적용한다. 공망은 글자 그대로 공친다, 허탕이라는 뜻이 있다. 흔히 지지가 흉성일 경우 공망(空亡)에 해당하면 흉이 변해서 길이 된다고 하여 해공 혹은 파공이라 한다. 길성이 공망(空亡)에 해당하면 길조는 모두 사라지게 된다는 것이 일반적 평가이고 견해이며 적용의 법칙이다.

공망(空亡)은 운(運)이 좋든 나쁘든 헛되고 허망하다는 의미다. 空(빌 공)자와 亡(망할 망)자를 사용함에서 알 수 있듯이 공망(空亡)은 모든 것이 비어버리니 공치고 망한다는 의미로 해석한다. 그런데 중요한 주장 중 하나는 이 주장이 원래 명리가 아니라 일본식 해석이라는 것이다. 즉 명리학에 공망이라는 단어나 의미가 없는 것은 아니나 지금 대다수 명리학자가 적용하는 해석 방법이 신살론을 많이 사용하는 일본식 주장으로 변질되었다는 의견이 있다. 따라서 공망이 들었다고 하여 무조건 망하거나 이루어짐이 없다고 해석한다면 어불성설(語不成說)이라는 주장이다.

일간을 기준으로 년지공망은 조상복이 없고, 월지공망은 부모덕이 없으며, 시지공망은 자식복이 없다고 하는 것이 일반적 해석이다. 년을 기준으로 하여 일지가 공망이면 배우자복이 없다고 해석한다. 이처럼 공망(空亡)을 적용하는 것만으로 육친(六親, 가족관계) 중 누구와는 인연이 없거나 복이 없다고 해석하고 표현한다면 타당성이 결여될 수 있다. 명리학은 하나의 주장이나 하나의 논리로 해석하는 것이 아니라 다양한 원리를 적용하여 복합적으로 해석해야 한다.

대표적으로 사주는 다양한 이론 중 용신(用神)을 구해 여러 가지 이론에 접목하고 있다. 물론 용신으로 모든 것을 해결하는 것은 아니나 용신을 가장 잘 활용해야 하는 것도 사실이다. 즉 용신을 찾아 적용해서 해결점을 찾고 논리적 추리를 하는 것이 일반적이다. 그렇게 적용해도 틀리기 쉽다. 그런데 공망만 가지고 육친에 대한 판단을 마무리 짓기에는 여러모로 석연치 않다. 또한 육친에 대한 적용과 운과 복을 파악하는 방법은 해석법이 많으므로 종합적으로 판단하는 것이 좋겠다.

2) 기타 적용

공망은 비었다는 것을 의미한다. 비었다는 것은 모두 사라진다는 것이다. 마음이 비고 재물이 비며 사람이 빈다. 좋은 기운도 공망이 되면 흩어져버려 없는 것이나 다름없다. 사주에 공망이 많으면 안정감이 떨어져 방황하고 마음이나 일이 하나로 정착되기 어렵다. 직업도 한가지로 정하지 못하고 안정을 찾지 못해 수시로 직업을 바꾸거나 방황하기도 하고 주거 변동이 잦다.

차후에 전개되는 육친법(六親法)에서도 공망의 위력을 찾을 수 있는데 육친의 하나인 식상(食傷)이 공망에 들면 나이가 들어서도 자녀에게 의지하기 어려우며 관성(官星)이 공망에 들면 명예가 오래가지 못한다. 인성(印星)에 공망이 들면 부모 후원을 얻기 어렵고 재성(財星)에 공망이 들면 재물이 모이지 않는다.

때때로 공망이 도움이 된다. 재성이 태과(太過)하면 공망이 좋고, 관성이 태과하면 공망이 들어야 중화가 된다. 아울러 흉함이 넘칠 때에는 공망이 들어옴으로써 그 흉성을 잠재울 수도 있다.

공망의 적용				
根苗花實	시[實]	일[花]	월[苗]	년[根]
天干	庚	甲	辛	丁
地支	午	申	亥	酉
空亡	午未공망			

근묘화실이란 년월일시를 각각 조상, 부모, 배우자, 자식으로 적용하는 방법이다. 즉 년(年)은 뿌리이니 근(根)으로 조상, 월(月)은 기둥이니 묘(苗)이고 부모와 형제, 일(日)은 꽃이니 화(花)이고 나와 배우자, 시(時)는 열매이니 실(實)로 자식이다. 일주를 기본으로 6개 순(旬)을 적용하여 공망을 찾는다. 갑신(甲申)은 갑신순(甲申旬)으로 오미(午未)가 공망이다. 시지에 오(午)가 있으므로 오가 공망이다. 근묘화실법으로 시주(時柱)는 자식에 해당하는 실(實)이다. 따라서 자식이 공망에 들었으니 자식 복이 없다고 해석한다.

5장

사주팔자

우리가 흔히 사주라고 하는 사주는 네 개 기둥이라는 의미이다. 사람의 년월일시를 네 개 기둥으로 풀어 인생 항로를 예측하는 방식이 명리학이다. 사람이 태어난 년월일시를 하늘의 기운을 나타내는 천간과 땅의 기운을 나타내는 지지를 결합하여 세운다.

천간과 지지를 결합하면 육십갑자가 나오는데, 이 육십갑자는 각각 위는 천간, 아래는 지지로 이루어진다. 한자는 우에서 좌로 쓰고 위에서 아래로 쓰니 기둥처럼 보인다. 년월일시에 맞추어 맞는 기둥을 육십갑자에서 찾아 세우면 4개 기둥이 세워지는데 년을 나타내는 기둥은 년주(年柱), 월을 나타내는 기둥은 월주(月柱), 일을 나타내는 기둥은 일주(日柱), 시간을 나타내는 기둥은 시주(時柱)라고 한다. 이 4개 기둥은 사주라고 하고, 사주를 이루기 위해 천간 4글자, 지지 4글자로 모두 8개 글자를 사용하니 팔자(八字)라고 한다. 이 팔자를 이용하여 미래를 예측하므로 미래예측학이라 한다.

사람이라는 존재를 하나의 집으로 비유하고 생년, 생월, 생일, 생시에 천간과 지지를 배열하여 네 개 기둥이라고 본다. 각각의 기둥은 각각 천간과 지지의 간지 두 글자씩을 배치하여 만들어 두 개 글자로 이루어진 기둥이 4개이니 사주팔자이다. 네 개 기둥에 여덟 개 글자로 이루어져 사주팔자라고 하는데 이 여덟 개 글자를 풀어 사람의 타고난 운명을 파악하니 사주팔자라는 말은 운명학의 이름처럼 여겨진다. 이와 같은 이유로 사주팔자라는 말은 통상 운명이나 숙명의 뜻으로 쓰이기도 한다. "아이고 내 팔자야!" 이런 식이다.

우리가 명리학이라고 하는 이 학문은 사람마다 태어나면 주어지는 사주팔자를 다양한 방식으로 분석하여 그 사람의 운명의 흐름, 길흉화복, 성격, 개성, 적성, 건강, 죽음, 그밖에 다양한 인간관계를 파악한다. 이러한 여러 가지를 파악하는 데 필요한 것이 바로 사주팔자이고 이를 분석하는 데 가장 먼저 사용되는 것이 음양오행이다. 사람의 운명을 파악하는 학문이나 기술은 반드시 필요한 것이기에 수법이나 종류도 다양하고 점술학(占術學)까지 동원된다. 동양에서 인간의 운명을 예측하기 위해 사용하는 여러 가지 학문 중에서 현재 가장 많이 이용되는 것은 명리학이다.

1. 사주란

사람은 누구나 태어나는 순간 사주팔자가 정해진다. 어떤 경우가 있어도 이 사주팔자는 변하지 않는다. 혹자는 굿으로, 절이나 종교 단체에 이름을 팔아, 다른 어떤 과정으로 사주를 바꾸었다고 이야기한다. 명백하게 말하고 싶다. 당신은 사기를 당했다. 물론 어떤 결과나 과정을 거쳐 정신적 위안을 받을 수는 있다. 그러나 사주는 변하지 않는다. 사주는 평생 어떤 과정을 밟아도 변하지 않는다.

사주는 반드시 좋은 것이 아니다. 또한 반드시 나쁜 것도 아니다. 혹자는 좋고 나쁨에 매달린다. 중요한 것은 변화이다. 사주에는 좋고 나쁨이 공존한다. 돈이 많다고 반드시 행복한 것이 아니다. 학문이 높다고 반드시 행복한 것도 아니다. 높은 지위에 올랐다고 반드시 행복한 것도 아니다. 모두에게 행복과 불행이 공존한다.

사주팔자에는 단점과 장점이 공존하므로 장점을 알 수 있다면 인생을 좀 더 행복하게 이끌 수 있을 것이다. 자기 사주의 단점을 알면 보완할 수 있을 테고 희망이 달라질 것이다.

사주는 하늘과 땅을 의미하는 간지로 나타낸다. 간(干)은 하늘의 기운을 나타내는데 10가지이므로 십간(十干)이라 하고, 사주의 윗글자에 쓰여 하늘의 지위를 차지하므로 천간(天干)이라고도 한다. 이와 비교해서 밑에 쓰이는 글자는 지(支)라 한다. 지는 12가지이므로 달리 십이지(十二支) 혹은 천간 아래에 쓰이므로 땅을 의미한다고 해서 지지(地支)라고도 한다.

2. 사주 세우기

천간 10자와 지지 12자를 이용하여 사주를 세운다. 사주를 세울 때는 각각 기둥을 찾아야 한다. 사주를 세우는 데는 정해진 법식이 있어 년주, 월주, 일주, 시주를 세운다. 태어난 해는 년주, 태어난 달은 월주, 태어난 날은 일주, 태어난 시간은 시주이다. 그러나 현재는 《만세력(萬歲曆)》이 있어 이 책을 이용하여 법식을 세운다. 심지어 컴퓨터를 이용해 법식을 세울 수 있도록 컴퓨터 만세력이나 휴대전화기에서도 살필 수 있는 앱이 만들어져 있다.

기본적으로 사주를 세울 때 참고하여 사용하는 것은 만세력이다. 만세력은 적어도 100년에 걸쳐 태세(太歲), 월건(月建), 일진(日辰)이 육갑으로 적혀 있어 찾아보기에 편리하다.

자신이 원하는 방식으로 기입하거나 기록할 수 있지만 전래 방식은 우측에서 년주를 쓰고 이어서 좌측으로 월주, 다시 좌측으로 일주, 마지막으로 시주를 적는다. 즉 우측에서 좌측으로 기입해나가는 방식이다.

보통의 경우 남자 사주는 남명(男命)이라 하는데 전래의 기록은 건명(乾命)이다. 여자 사주는 여명(女命)이라고 하지만 전래 방식은 곤명(坤命)이라고 한다. 사람마다 사주를 푸는 방식이 있어 기입법이 다르지만 전래 방식이 비교적 편하다.

1) 년주(年柱) 세우기

년주는 사주의 주인이 태어난 해이다. 일반적으로 만세력에서 자기가 태어난 해를 찾는다. 각각의 해도 천간지지로 이루어져 있다. 갑오년, 을미년과 같은 식이다. 년주의 천간은 년간이라 하고 년주의 지지는 년지라고 한다.

년주를 세울 때는 주의할 것이 있다. 역술(易術)에서는 구정(舊正)을 새해의 시작으로 보거나 양력의 1월 1일을 새로운 해의 시작으로 보지 않는다. 만세력을 기초로 하고 살펴보면 명리학에서는 입춘(立春)을 기점으로 새해가 시작된다. 음력 1월 1일을 생각하는 사람이 있을 수 있으나 명리학에서는 아무런 의미가 없다. 따라서 명리학에서 사용하는 기준은 절기력(節氣

曆)이다.

년주 세우기				
	시	일	월	년
天干				甲
地支				子

태어난 년을 찾는 것이 년주(年柱)가 된다. 해가 바뀌었다고 해도 입춘(立春)을 기준으로 하여 입춘이 지나지 않았다면 전년도로 년주를 세우고, 입춘이 지났다면 새로운 해의 년주를 세운다. 만약 입춘 당일에 해당한다면 그해의 입춘시(立春時)를 참고한다. 입춘시가 지나지 않았으면 전년도 년주이고 입춘시가 지났다면 새로운 해의 년주를 세운다.

아무리 새해라 하여 양력 1월 1일이나 구정을 세워 음력 1월 1일이 지나도 아직 명리학의 새해는 밝지 않은 경우가 많다. 즉 새해에 들어 입춘 전이면 지난해의 태세로 년주(年柱)를 삼는다. 대략 입춘은 구정 전후에 자리하는 경우가 많은데 입춘이 지나지 않으면 전해로, 입춘이 지나면 새해의 간지로 년주를 세우는 것이다.

간혹 양력으로 생년월일을 적용해야 하는지 혹은 음력으로 생년월일시를 말해야 하는지 망설이거나 고민하는 사람이 있다. 그러나 어떤 방식을 사용해도 명리학에서는 관계없다. 명리학은 절기력을 기준으로 하고 양력과 음력을 모두 사용하는 태음태양력(太陰太陽歷)을 사용하기 때문이다.

【앗, 잠깐!】 **태양력과 태음력**

사주를 보는 사람들이 습관적으로 하는 말이 있다. "음력이지요?" 그러나 그건 틀렸다고 할 수 없지만 맞은 것도 아니다. 생년월일만 확실하게 알고 있다면 음력과 양력은 가리지 않는다. 결국 생일만 확실하게 알면 사주를 뽑을 수 있기 때문이다. 사주에서 사용하는 달력을 만세력이라 하는데, 이 만세력에는 양력과 음력이 모두 기록되어 있다.

태양력 지구가 태양을 공전하는 시간(약 365일)을 기준으로 만든 달력을 '태양력(양력)'이라고 한다. 현재 양력은 태양의 공전주기인 365.2422일을 12달로 나누어 만든 것이다. 고대 로마 황제 카이사르는 1년이 365.25일이라 생각해 365일 하고도 남는 0.25일을 4년간 모아서 4년에 한 번씩 1일을 더해주었다. 이런 해가 바로 '윤년'이며 윤년의 2월은 29일이 존재한다. 사람들은 윤년과 윤달을 헷갈리거나 동일시하는 경우가 있다. 그러나 윤년과 윤달은 다르다.
로마시대를 기원으로 보는데, 율리우스력에서 그레고리력으로 발전했다. 율리우스력은 기원전 46년 1월 1일부터 사용한 것으로 전해지고 4년마다 1일을 더하는 윤년이 있었다. 현재는 그레고리력을 사용한다. 그레고리력은 양력이다. 1582년부터 사용하기 시작했고 4년마다 윤년을 두지만 100으로 나누어지는 해는 윤년을 두지 않는다. 다시 400으로 나누어 떨어지는 해는 1일을 더해 윤년으로 하는 복잡한 역법이 적용되어 오늘에 이른다.
우리나라는 원래 중국에서 발전한 음력을 사용해왔는데, 조선시대 효종 때 최초로 태음태양력인 시헌력(時憲曆)을 사용한 것으로 알려져 있다. 태음력(太陰曆)에 태양력(太陽曆)의 원리를 적용하여 24절기의 시각과 하루의 시각을 정밀하게 계산해서 만든 역법으로 1895년(고종 32) 음력 11월 17일에 고종이 그날을 1896년 1월 1일이라 공표하고 처음 양력을 사용하여 현재에 이르고 있다. 1895년(고종 32) 태양력이 채택되었으나 이 시헌력도 같이 참용(參用)되었다. 지금까지도 민간에서는 구력(舊曆)이라는 이름으로 사용하는 사람이 적지 않다.

태음력 보통 음력이라 한다. 달이 지구를 한 바퀴 도는 것을 기준으로 한다. 달의 운행만을 기준으로 삼아 달이 평균 29.53059일을 주기로 차고 기우는 것을 1달로 정해서 만든 달력이다. 따라서 계절 변화는 상관하지 않는다. 달이 차고 기우는 데 걸리는 시간(약 29.5일)을 기준으로 만들어진 달력을 태음력(음력)이라고 한다. 달은 초승달–상현달–보름달–하현달–그믐달의 과정을 겪는다. 즉, 그믐달에서 다음 그믐달로 돌아오는 기간을 1달로 정해서 음력

1달은 29일과 30일을 번갈아 사용하며 이를 큰달, 작은달이라 한다. 음력에 따른 1년 12달의 날짜를 모두 합하면 354일이다. 따라서 365일을 기준으로 하는 양력과 11일 차이가 난다. 모자라는 11일을 3번 모아 3년에 1번 혹은 조정하여 2년에 1번 1달을 더 넣어 날짜 차이를 줄일 수 있도록 했다. 이렇게 해서 한 달 더 들어간 달이 '윤달'이다.

2) 월주(月柱) 세우기

음력 1월을 예로 살펴보자. 년도가 바뀌었더라도 입춘이 지나지 않았으면 묵은해의 태세로 년주를 세우듯 월주를 세우는 방법도 동일하다. 즉 입춘이 들어 있는 음력 1월은 입춘을 기준으로 하여 넘어가기 이전이라면 전달로, 절기가 넘어간 이후는 새로운 달로 월주를 세운다. 모든 달은 절기를 기준으로 하는 것이다. 월주(月柱)는 인월(寅月, 1월)부터 지지 차례대로 축월(丑月, 12월)까지 해당 월의 지지 법식에 따라 천간을 붙인다.

월주 세우기				
	시	일	월	년
天干			戊	
地支			子	

태어난 월을 찾는 것이 월주(月柱)가 된다. 12절기를 기준으로 하여 찾는다. 절기를 지나지 않았다면 전달로 월주를 세우고, 절기가 지났다면 새로운 달로 월주를 세운다. 만약 절기일(節氣日) 당일에 해당한다면 그 절기일의 시간을 참고한다. 절기시(節氣時)가 지나지 않았으면 전달의 월주이고 절기시가 지났다면 새로운 달의 월주를 세운다.

특기할 것은 새로운 달의 기준이다. 달은 그달의 1일 기준이 아니라 그 절기(節氣)의 시작을 기준으로 한다. 즉 절기 이전은 전달로, 절기 이후는 새로운 달로 월주를 세운다. 따라서 1월생이라고 반드시 인월이 되는 것이 아니다. 일반적으로 24절기라고 하는데 이 중 달이 바뀌는 데 관여하는 절기는 12절기이다.

만세력을 살펴보면 입절을 알 수 있다. 입절은 달리 절입이라고도 한다. 입춘으로부터 다음 입절인 겹칩까지는 음력 1월인 인월(寅月)이 되는 것이다. 양력과는 1달 정도 차이가 있지만 그때그때 그 간격은 달라진다. 태어난 달의 천간은 월간이라 하고, 태어난 달의 지지는 월지라고 한다. 특히 월지는 매우 중요한 자리이다. 이 월지에서 많은 것이 이루어지고 분석된다.

12절기(입절)												
절기	입춘	경칩	청명	입하	망종	소서	입추	백로	한로	입동	대설	소한
년/월	1월	2월	3월	4월	5월	6월	7월	8월	9월	10월	11월	12월
甲己	丙寅	丁卯	戊辰	己巳	庚午	辛未	壬申	癸酉	甲戌	乙亥	丙子	丁丑
乙庚	戊寅	己卯	庚辰	辛巳	壬午	癸未	甲申	乙酉	丙戌	丁亥	戊子	己丑
丙申	庚寅	辛卯	壬辰	癸巳	甲午	乙未	丙申	丁酉	戊戌	己亥	庚子	辛丑
丁壬	壬寅	癸卯	甲辰	乙巳	丙午	丁未	戊申	己酉	庚戌	辛亥	壬子	癸丑
戊癸	甲寅	乙卯	丙辰	丁巳	戊午	己未	庚申	辛酉	壬戌	癸亥	甲子	乙丑

24절기의 개략적인 날짜				
절기	음력	양력날짜	입절일	비고
입춘	1월	2월 3일~2월 5일경	입절일	봄의 시작
우수	1월	2월 18일~2월 20일경		
경칩	2월	3월 5일~3월 7일경	입절일	
춘분	2월	3월 20일~3월 22일경		
청명	3월	4월 4일~4월 6일경	입절일	
곡우	3월	4월 19일~4월 21일경		
입하	4월	5월 5일~5월 7일경	입절일	여름의 시작
소만	4월	5월 20일~5월 22일경		
망종	5월	6월 5일~6월 7일경	입절일	
하지	5월	6월 21일~6월 23일경		
소서	6월	7월 6일~7월 8일경	입절일	
대서	6월	7월 22일~7월 24일경		
입추	7월	8월 7일~8월 9일경	입절일	가을의 시작
처서	7월	8월 23일~8월 24일경		
백로	8월	9월 7일~9월 9일경	입절일	
추분	8월	9월 22일~9월 24일경		
한로	9월	10월 8일~10월 9일경	입절일	
상강	9월	10월 23일~10월 25일경		
입동	10월	11월 7일~11월 10일경	입절일	겨울의 시작
소설	10월	11월 22일~11월 23일경		
대설	11월	12월 6일~12월 8일경	입절일	
동지	11월	12월 21일~12월 23일경		
소한	12월	1월 5일~1월 7일경	입절일	
대한	12월	1월 20일~1월 21일경		

만세력을 살펴보면 입절일이 매년 비슷한 시기에 들어옴을 알 수 있다. 이는 절기가 태양력에 기인함을 보여주는 것이다. 따라서 절기가 음력과는 전연 상관없음을 알 수 있다.

24절기							
계절	절기	월	자연현상	계절	절기	월	자연현상
봄	**입춘**	1	**봄이 시작됨**	가을	**입추**	7	**가을의 시작**
	우수	1	봄비가 내림, 싹이 틈		처서	7	일교차가 심해짐
	경칩	2	개구리 입이 떨어짐		백로	8	이슬이 내리기 시작
	춘분	2	낮이 길어지기 시작		추분	8	밤낮의 길이가 동일
	청명	3	봄 농사를 준비함		한로	9	찬이슬이 내림
	곡우	3	농사에 필요한 비가 옴		상강	9	서리가 내림
여름	**입하**	4	**여름이 시작됨**	겨울	**입동**	10	**겨울의 시작**
	소만	4	여름의 기운이 조금 생김		소설	10	눈이 내림
	망종	5	볍씨를 뿌림		대설	11	큰눈이 오기 시작
	하지	5	낮이 가장 김		동지	11	밤이 가장 긴 시기
	소서	6	본격적 여름 더위 시작		소한	12	겨울 추위 시작
	대서	6	더위가 가장 심함		대한	12	가장 큰 추위 시작

24절기 해설	
입춘(立春)	입춘은 대한(大寒)과 우수(雨水) 사이에 있는 음력(陰曆) 정월(正月) 절기로 양력으로는 2월 4일경이다. 입춘 전날은 절분(節分)으로 불리며 철의 마지막이라는 의미로 '해넘이'라고도 불리면서 이날 밤 콩을 방이나 문에 뿌려 마귀를 쫓고 새해를 맞이한다. 특히 입춘에는 '입춘대길(立春大吉)' 등의 입춘방(立春榜)을 문에 붙이고, 입춘절식(立春節食)이라 해서 고유의 절기 때 먹는 음식인 절식(節食)으로 입춘에 먹는 햇나물 무침이 있다. 입춘 기간에는 동풍(東風)이 불어 언 땅이 녹고, 동면(冬眠) 벌레가 움직이기 시작하며, 어류(魚類)가 얼음 밑을 다닌다고 한다.
우수(雨水)	우수는 입춘(立春)과 경칩(驚蟄) 사이에 있는 음력 정월 중기(中氣)로 양력(陽曆)으로는 2월 19일경이다. 봄을 알리는 단비가 내려 대지를 적시고 겨우내 얼었던 대지가 녹아 물이 많아진다는 의미로 우수(雨水)라고 한다. 우수 경칩에 대동강(大同江) 물이 풀린다는 옛말이 전해온다.

경칩 (驚蟄)	경칩은 우수(雨水)와 춘분(春分) 사이에 있는 음력(陰曆) 2월 절기(節氣)로 양력으로는 3월 6일경이다. 이 무렵은 날씨가 따뜻해져 초목(草木)에 싹이 돋고 동면(冬眠)하던 동물이 깨어 꿈틀대기 시작한다는 의미에서 명칭이 정해졌다. 이때의 풍속(風俗)에는 개구리 정충(精蟲)이 몸을 보(保)한다고 해서 개구리알을 잡아먹고, 흙일을 하면 탈이 없다 해서 담을 쌓거나 벽을 바르는 일을 하고, 이날 보리 싹의 성장상태로 보리농사의 풍흉(豊凶)을 점쳤다고 한다.
춘분 (春分)	춘분은 경칩(驚蟄)과 청명(淸明) 사이에 있는 음력 2월 중기(中氣)로 밤과 낮의 길이가 같아지며 양력으로는 3월 21일경이다. 춘분 기간에는 제비가 날아오고 우레가 들리며 그해 처음으로 번개가 친다고 한다.
청명 (淸明)	청명은 춘분(春分)과 곡우(穀雨) 사이에 있는 음력 3월 절기로 양력으로는 4월 5일경이다. 날씨를 이야기할 때 '청명하다'는 말을 사용하는 것에서 알 수 있듯이 맑고 깨끗한 기후의 시기다. 보통 중국 제(齊)나라의 개자추(介子推)라는 인물에서 유래된 한식(寒食)날이 이날을 전후해 있어 '한식에 죽으나 청명에 죽으나'라는 속담도 있다.
곡우 (穀雨)	곡우는 청명(淸明)과 입하(立夏) 사이에 있는 음력 3월 중기(中氣)로 양력으로는 4월 20일경이다. 의미는 봄비가 내려 백곡(百穀)이 윤택해진다는 것이고 농가에서는 못자리를 마련하고 한 해 농사 준비가 시작된다.
입하 (立夏)	입하는 곡우(穀雨)와 소만(小滿) 사이에 있는 음력 4월 절기(節氣)로 양력으로는 5월 6일경이다. 곡우(穀雨) 후 15일이다. 여름에 들어섰다고 하여 입하라 한다. 옛날 중국에서는 입하 15일간을 5일씩 3후(候)로 세분하여 ① 청개구리가 울고, ② 지렁이가 땅에서 나오며, ③ 왕과(王瓜, 쥐참외)가 나온다고 하였다. 음력에서는 보통 4월, 5월, 6월 석 달을 여름이라고 하지만 이것은 너무 엉성한 구분이고, 엄격히 입하 이후 입추 전날까지를 여름이라고 규정짓는다.
소만 (小滿)	소만은 입하(立夏)와 망종(芒種) 사이에 있는 음력 4월 중기(中氣)로 양력으로는 5월 21일경이다. 의미는 만물(萬物)이 점차 생장하여 가득 찬다는 뜻으로 날씨가 여름에 들어 모내기가 시작되고 보리 수확을 시작한다. 소만 기간에는 씀바귀가 뻗어나오고 냉이가 누렇게 죽어가며 보리가 익는다고 한다.
망종 (芒種)	망종은 소만(小滿)과 하지(夏至) 사이에 있는 음력(陰曆) 5월 절기(節氣)로 양력으로는 6월 6일경이다. 의미는 까끄라기 종자를 뿌려야 할 적당한 시기라는 뜻이고 모내기나 보리 베기가 완성되는 시기다. 망종 기간에는 까마귀가 나타나고, 왜가리가 울기 시작하며, 지빠귀가 울음을 멈춘다고 한다.

하지 (夏至)	하지는 망종(芒種)과 소서(小暑) 사이에 있는 음력 5월 중기(中氣)로 양력으로는 6월 22일경이다. 이날은 낮의 길이가 1년 중 가장 긴데, 이는 지구 표면이 받는 열량(熱量)이 가장 많아진다는 것으로 이 열량이 계속 쌓여 하지(夏至) 이후에 더욱 더워져 삼복(三伏) 시기에 가장 덥게 된다.
소서 (小暑)	소서는 하지(夏至)와 대서(大暑) 사이에 있는 음력 6월 절기(節氣)로 양력으로는 7월 7일경이다. 날씨는 더위와 함께 장마전선의 정체로 습도가 높아 장마철이 시작된다.
대서 (大暑)	대서는 소서(小暑)와 입추(立秋) 사이에 있는 음력 6월 중기(中氣)로 양력으로는 7월 23일경이다. 대개 중복(中伏) 시기와 비슷해서 폭염의 더위가 심한 시기이면서도 장마로 비가 많이 내리기도 한다.
입추 (立秋)	입추는 대서(大暑)와 처서(處暑) 사이에 있는 음력(陰曆) 7월 절기(節氣)로 양력(陽曆)으로는 8월 8일경이다. 입추 기간에는 서늘한 바람이 불어오고, 이슬이 진하게 내리며, 귀뚜라미가 운다.
처서 (處暑)	처서는 입추(立秋)와 백로(白露) 사이에 있는 음력 7월 중기(中氣)로 양력으로는 8월 23일경이다. 의미는 더위가 물러간다는 뜻이다. 처서 기간에는 매가 새를 잡아 늘어놓고, 천지가 쓸쓸해지며, 논벼가 익는다고 한다.
백로 (白露)	백로는 처서(處暑)와 추분(秋分) 사이에 있는 음력 8월 절기(節氣)로 양으로는 9월 8일경이다. 이 시기에는 밤에 기온이 내려가 대기 중 수증기가 엉겨 이슬이 되어 풀잎에 맺힌다. 백로 기간에는 기러기가 날아오고, 제비가 돌아가며, 뭇 새가 먹이를 저장한다.
추분 (秋分)	추분은 백로(白露)와 한로(寒露) 사이에 있는 음력 8월 중기(中氣)로 춘분과 함께 밤낮의 길이가 같고 양력으로는 9월 23일경이다. 이 시기는 추수기가 시작되고 백곡(百穀)이 풍성한 때이다. 추분 기간에는 우레가 그치고, 동면할 벌레가 구멍 창을 막으며, 땅 위의 물이 마르기 시작한다고 한다.
한로 (寒露)	한로는 추분(秋分)과 상강(霜降) 사이에 있는 음력 9월 절기(節氣)로 양력으로는 10월 9일경이다. 이슬이 찬 공기를 만나 서리가 되며 단풍이 짙어지고 여름새와 겨울새의 교체기에 해당하며 오곡백과(五穀百果)를 수확한다. 한로 기간에는 기러기가 모여들고, 참새가 줄어들고 조개가 나돌며, 국화꽃이 노랗게 피어난다고 한다.
상강 (霜降)	상강은 한로(寒露)와 입동(立冬) 사이에 있는 음력 9월 중기(中氣)로 양력으로는 10월 24일경이다. 이 시기에는 맑은 날씨가 계속되며 밤에는 기온이 매우 낮아져 수증기가 지표에 엉겨 서리가 내린다. 상강 기간에는 승냥이가 산짐승을 잡고, 초목이 누렇게 변하며, 동면하는 벌레가 모두 땅속으로 숨는다고 한다.
입동 (立冬)	입동은 상강(霜降)과 소설(小雪) 사이에 있는 음력 10월 절기(節氣)로 양력으로는 11월 8일경이다. 입동 기간에는 물이 비로소 얼고, 땅이 처음 얼며, 꿩은 드물고 조개가 잡힌다고 한다.

소설(小雪)	소설은 입동(立冬)과 대설(大雪) 사이에 있는 음력 10월 중기(中氣)로 양력으로는 11월 23일경이다. 이 시기는 첫겨울의 징후가 보여 눈이 내린다는 의미가 있다.
대설(大雪)	대설은 소설(小雪)과 동지(冬至) 사이에 있는 음력 11월 절기(節氣)로 양력으로는 12월 7일경이다. 눈이 많이 내리는 시기라는 의미이지만 실제 추위의 계절은 동지(冬至)를 지나서부터다.
동지(冬至)	동지는 대설(大雪)과 소한(小寒) 사이에 있는 음력 11월 중기(中氣)로 양력으로는 12월 22일경이다. 동지는 24절기 중 직접적인 풍습이 가장 많이 있는 기간이다. 민간에서도 동지절식(冬至節食)을 먹었는데, 붉은 팥으로 죽을 쑤어 그 속에 찹쌀로 옹심이 또는 새알심이라는 단자(團子)를 만들어 넣어 먹고 역귀(疫鬼)를 쫓는다는 의미로 팥죽 국물을 벽이나 문에 뿌렸다.
소한(小寒)	소한은 동지(冬至)와 대한(大寒) 사이에 있는 음력 12월 절기(節氣)로 양력으로는 1월 6일경이다. 대한이 더 춥다는 의미지만 우리나라는 소한 때가 더 추워 '대한이 소한 집에 놀러 갔다가 얼어 죽었다'는 옛말이 생겨났다.
대한(大寒)	대한은 소한(小寒)과 입춘(立春) 사이에 있는 음력 12월 중기(中氣)로 양력으로는 1월 21일경이다. 겨울 추위의 매듭을 짓는다는 의미의 대한(大寒)이지만 실제는 소한(小寒) 때가 더 춥다.

만세력을 찾기 어려울 때도 있다. 이 시기에 사용하는 방법이 있다. 월주를 세울 때도 60갑자를 따르고 십이지지 순서를 따르므로 월간만 알면 되는데, 년주를 알면 월간을 찾을 수 있다. 월간만 찾으면 지지는 저절로 대입이 된다. 즉 1월 인월, 2월 묘월, 3월 진월 하는 식이기에 월간만 찾으면 대입이 자동으로 이루어진다.

여기에는 고정된 방법이 있다. 즉, 연간이 갑이거나 기이면 음력 1월의 천간은 병으로 시작한다. 즉 병인월이 된다. 년간이 을이거나 경이면 1월의 천간은 무로 시작한다. 즉 무인월이다. 년간이 병이거나 신이라면 음력 1월의 천간은 경인월이다. 년간이 정이나 임이면 음력 1월의 천간은 임으로 시작한다. 즉 임인월이다. 년간이 무이거나 계이면 음력 1월의 천간은 갑이니 갑인월이다.

아직 합의 사용을 배우지 못했다. 그런데 앞으로 천간합의 원리를 배우면 이해하기가 쉬워질 것이다. 생월을 잡는 원리는 철저하게 천간합의 원리에 따른다. 즉 년간이 합을 이루어 생합된 오행을 월간으로 삼는 것이다. 따라서 먼저 간단하나마 천간의 합을 알아야 한다.

천간합(천간의 합으로 새로운 합이 탄생)		
天干合	생합	비고
甲＋己	土	甲의 五行은 木이고 己의 五行은 土이나 둘이 합하면 土가 된다.
乙＋庚	金	乙의 五行은 木이고 庚의 五行은 金이나 둘이 합하면 金이 된다.
丙＋辛	水	丙의 五行은 火이고 辛의 五行은 金이나 둘이 합하면 水가 된다.
丁＋壬	木	丁의 五行은 火이고 壬의 五行은 水이나 둘이 합하면 木이 된다.
戊＋癸	火	戊의 五行은 土이고 癸의 五行은 水이나 둘이 합하면 火가 된다.
천간합이라고 한다. 각각 다른 오행이 다른 오행을 만나 그 성격이 변하는 것이다.		

천간합의 법칙을 이용하여 월주를 만든다. 즉 년간을 이용하여 월간을 만들어내면 월지는 달의 순서에 따라 배정하면 된다. 년간을 합하여 생합된 오행을 생하는 양의 오행이 월간이다.

- 년천간이 갑(甲)이거나 기(己)라면 갑기합(甲己合)을 적용하여 토(土)가 된다. 토를 생하는 오행은 화(火)이다. 화의 오행 중에서 양(陽)의 오행인 병화(丙火)를 음력 1월인 인월(寅月)의 천간으로 삼으니 병인월(丙寅月)이다.
- 년천간이 을(乙)이거나 경(庚)이라면 을경합(乙庚合)을 적용하여 금(金)이 된다. 금을 생하는 오행은 토(土)이다. 토의 오행 중에서 양(陽)의 오

행인 무토(戊土)를 음력 1월인 인월(寅月)의 천간으로 삼으니 무인월(戊寅月)이다.

• 년천간이 병(丙)이거나 신(辛)이면 병신합(丙辛合)을 적용하여 수(水)가 된다. 수를 생하는 오행은 금(金)이다. 금의 오행 중에서 양(陽)의 오행인 경금(庚金)을 음력 1월인 인월(寅月)의 천간으로 삼으니 경인월(庚寅月)이다.

생월조견표						
음력	절기	甲·己년	乙·庚년	丙·辛년	丁·壬년	戊·癸년
1월	입춘	丙寅	戊寅	庚寅	壬寅	甲寅
2월	경칩	丁卯	己卯	辛卯	癸卯	乙卯
3월	청명	戊辰	庚辰	壬辰	甲辰	丙辰
4월	입하	己巳	辛巳	癸巳	乙巳	丁巳
5월	망종	庚午	壬午	甲午	丙午	戊午
6월	소서	辛未	癸未	乙未	丁未	己未
7월	입주	壬申	甲申	丙申	戊申	庚申
8월	백로	癸酉	乙酉	丁酉	己酉	辛酉
9월	한로	甲戌	丙戌	戊戌	庚戌	壬戌
10월	입동	乙亥	丁亥	己亥	辛亥	癸亥
11월	대설	丙子	戊子	庚子	壬子	甲子
12월	소한	丁丑	己丑	辛丑	癸丑	乙丑
합의 관계		甲己合土를 생하는 丙이 寅月	乙庚合金을 생하는 戊가 寅月	丙辛合水를 생하는 庚이 寅月	丁壬合木을 생하는 壬이 寅月	戊癸合木을 생하는 甲이 寅月

12개월에 천간합은 5개이므로 육십갑자의 간지가 모두 소요된다. 음력 1월은 봄이며 한 해가 시작된다. 따라서 천간을 갑년의 1월을 병인으로 시작하면 60개 기둥이 차례로 배열된다.

• 년천간이 정(丁)이거나 임(壬)이라면 정임합(丁壬合)을 적용하여 목(木)

이 된다. 목을 생하는 오행은 수(水)이다. 수의 오행 중에서 양(陽)의 오행인 임수(壬水)를 음력 1월인 인월(寅月)의 천간으로 삼으니 임인월(壬寅月)이다.

• 년천간이 무(戊)이거나 계(癸)라면 무계합(戊癸合)을 적용하여 화(火)가 된다. 화를 생하는 오행은 목(木)이다. 목의 오행 중에서 양(陽)의 오행인 갑목(甲木)을 음력 1월인 인월(寅月)의 천간으로 삼으니 갑인월(甲寅月)이다.

세상은 불공평하기 때문에 차라리 공평하다, 변화가 없다면 불공평했을 것이다. 만세력은 양력과 음력이 모두 기입되어 있다. 그런데 음력을 살펴보면 2년이나 3년 만에 한 번씩 윤달이 찾아온다. 따라서 혹자는 윤달에 태어나기도 한다. 윤달도 하나같이 간지를 배정받고 있다. 윤달이라는 이유가 단지 죽은 달이나 썩은 달이라는 의미는 아니다.

윤달은 태음력상 역일(曆日)과 계절이 서로 어긋나는 것을 막기 위해 끼워넣은 달이다. 태음력에서 1달은 29일과 30일을 번갈아가며 사용하는데 이를 1년 12달로 환산하면 도합 354일이 된다. 365일을 기준으로 하는 태양력과는 11일이 차이 난다. 이렇듯 달을 기준으로 하는 태음력(太陰曆)으로는 태양력과 날짜를 맞추기도 어렵거니와 계절의 추이를 정확하게 알 수도 없다. 따라서 윤달은 이러한 날짜와 계절의 불일치를 해소하기 위해 만든 치윤법(置閏法)에서 나온 개념이다.

윤달 계산은 통상 19태양년에 7번 윤달을 두는 19년 7윤법이 가장 많이 쓰이는데, 이 계산법에 따르면 19태양년은 태음력 235개월이 된다. 태양력으로 만 3년이 채 못 되어 윤달이 한 번씩 돌아오는 형태다. 흔히 윤달은

윤달 현황(1901~2050)			
연도	윤달	연도	윤달
1903년	윤5월(小)	1979년	윤6월(大)
1906년	윤4월(大)	1982년	윤4월(小)
1909년	윤2월(小)	1984년	윤10월(小)
1911년	윤6월(小)	1987년	윤6월(小)
1014년	윤5월(小)	1990년	윤5월(小)
1917년	윤2월(小)	1993년	윤3월(小)
1919년	윤7월(小)	1995년	윤8월(小)
1922년	윤5월(小)	1998년	윤5월(小)
1925년	윤4월(小)	2001년	윤4월(小)
1928년	윤2월(小)	2004년	윤2월(小)
1930년	윤6월(小)	2006년	윤7월(小)
1933년	윤5월(大)	2009년	윤5월(小)
1936년	윤3월(大)	2012년	윤3월(大)
1938년	윤7월(大)	2014년	윤9월(小)
1941년	윤6월(大)	2017년	윤5월(小)
1944년	윤4월(大)	2020년	윤4월(小)
1947년	윤2월(小)	2023년	윤2월(小)
1949년	윤7월(小)	2025년	윤6월(小)
1952년	윤5월(大)	2028년	윤5월(小)
1955년	윤3월(小)	2031년	윤3월(小)
1957년	윤8월(小)	2033년	윤5월(小)
1960년	윤6월(小)	2036년	윤6월(大)
1963년	윤4월(小)	2039년	윤5월(小)
1966년	윤3월(小)	2042년	윤2월(小)
1968년	윤7월(小)	2044년	윤7월(小)
1971년	윤5월(小)	2047년	윤5월(大)
1974년	윤4월(小)	2050년	윤3월(大)
1976년	윤8월(小)		

윤달이 4년마다 한 번씩 온다고 생각하는 사람이 많다. 그러나 실제 윤달은 3년이 넘기 전에 온다. 기이한 것은 윤달이 드는 빈도는 5월이 가장 많고 11월, 12월, 1월은 거의 없다는 것이다. 또한 윤달은 큰달이 있고 작은달이 있다. 큰달은 날짜가 30일까지이고 작은달은 29일까지이다.

4년마다 한 번씩 온다고 생각하는 사람이 많은데 만 3년이 되기 전에 온다.

혹자는 궁금해할 것이다. 생일이 윤달인 사람은 어떻게 해야 하나 걱정도 할 것이다. 하나도 걱정할 것이 아니다. 음력이나 양력이나 상관없다. 윤달도 상관없다. 정확하게 자기 생년월일을 알고 있다면 만세력을 이용하여 일주를 파악할 수 있다. 자기 생일이 윤달인지 아닌지를 파악하는 것이 중요하다. 윤달인데 윤달이 아닌 달로 찾거나 윤달이 아닌데 윤달로 찾는다면 일주가 다르기 때문에 사주를 파악하기가 불가능하다. 따라서 자기 생일이 윤달은 아닌지 정확하게 알고 있어야 한다.

【앗, 잠깐!】 **윤달(閏月)에 대하여**

윤달은 태음력상 역일(曆日)과 계절이 서로 어긋나는 것을 막기 위해 끼워넣은 달이다. 즉 달과 일의 차이가 생기는 것을 막는 것이다. 태음력(太陰曆)의 적용에서 1년을 이루는 열두 달 외에 불어난 한 달을 말한다. 태음력에서 남는 시간으로 날짜가 계절과 한 달 차이가 생기는 것을 조절하기 위해 끼워넣은 달로 하나의 달이 두 번 거듭되는 달이다. 사실 다른 해에는 음력 12월까지나 이해는 음력 13개월로 정해도 되지만 애써 윤달을 정한다. 즉 태음력에서 1달은 29일과 30일을 번갈아가며 사용하는데 이를 큰달, 작은달이라고 한다. 이를 1년 12달로 모두 환산하면 도합 354일이 된다. 1년은 365일이다. 이 365일을 기준으로 하는 태양력과는 11일 차이가 난다. 이 차이가 나는 날수를 무언가로 메워야 한다. 달을 기준으로 하는 태음력에서는 태양력과 동일한 날짜를 맞추기도 어렵고 계절의 추이를 정확하게 알 수도 없다. 사실 계절의 추이는 달이 아니라 해로 따진다. 즉 계절은 음력이 아니라 양력 개념이다. 따라서 계절을 알리는 입절일도 양력에 가깝다. 따라서 양력과 다른 음력의 날짜를 채우기 위해 윤달이 필요하다. 윤달은 양력과 음력이 보여주는 날짜와 계절의 불일치를 해소하기 위해 만든 치윤법(置閏法)에서 나온 개념이다.

전래로부터 윤달에는 아무런 재액(災厄)이 없다고 믿는다. 어떤 일을 하더라도 탈이 없다고 본다. 따라서 통속적으로 결혼하거나 관(棺)을 준비한다. 몇 년 만에 한 번씩 들고 없던 달이기에 여벌 달, 공달 또는 덤달이라고도 한다. 그래서 보통 달과는 다르니 탈 없는 달이라고 한다. 속담에 '윤달에는 송장을 거꾸로 세워도 탈이 없다'고 하는 말이 있다.

전통적으로 각 달을 주관하는 신이 있다. 그런데 윤달은 없던 달이니 '하늘과 땅의 신(神)이 사람들에 대한 감시를 쉬는 기간으로 그때는 불경스러운 행동도 신의 벌을 피할 수 있다'고 널리 알려졌다. 따라서 삿된 일을 하는 달로 여겨졌다. 윤달에는 이장(移葬)을 하거나 수의(壽衣)를 짓는 풍습이 있다. 윤달의 관습에 대한 역사는 확실하지 않으나 《동국세시기》에 기록이 남아 있다. "풍속에 결혼하기에 좋고, 수의를 만드는 데 좋다. 모든 일을 꺼리지 않는다." 그러나 양반가에서는 가능한 한 택일법을 지켜 행하였다. 윤달에는 부정이나 액이 없다고 믿어 집수리, 이사와 같은 평소에 각별히 조심해야 하는 집안의 일들을 마음 놓고 하였다. 또 특이하게도 11월에는 윤달이 거의 안 들기 때문에 하기 싫은 일, 예컨대 빚 갚는 일을 '윤동짓달 초하룻날 하겠다'는 식으로 말한다. 특히 정월이나 2월에 윤달이 들면 장을 담그고 팥죽을 쑤어 먹기도 한다.

3) 일주 세우기

일주는 사주의 주인이 태어난 날을 말한다. 즉 태어난 날의 간지이다. 달리 일진(日辰)이라고도 한다. 사주를 분석할 때 가장 중요한 기둥이다. 일주의 천간을 일간(日干)이라 부르고 지지를 일지(日支)라고 부른다. 이 중 일간은 나를 나타내는 것으로 달리 아신(我身)이라고도 한다. 모든 사주의 중심이다.

일주는 출생년월일을 사주로 바꿀 때 가장 신경 써야 하는 기둥이다. 사주를 분석할 때 모든 상황에서 주인 역할을 하는 글자가 바로 일간이다. 나를 의미한다. 따라서 일간이 아닌 다른 글자는 나를 에워싼 구성요소이고 변화이다. 그러므로 내가 태어난 날을 정확히 알아야 사주의 근본이 깨지지 않는다.

일주(日柱)는 따로 세우는 방법이 있으나 편리하게 만세력을 참조하여 일진을 그대로 쓴다. 일주는 년도나 절기와는 무관한 고유 일진을 가지고 있기 때문이다. 즉 태세를 계산하고 일주를 계산하는 방법이 있으나 만세력을 사용하는 방법이 효율적이고 사용하기가 편하다는 것이다. 물론 일주를 세우는 방법을 참고로 알아두면 도움이 된다.

일주 세우기				
	시	일	월	년
天干		甲		
地支		子		

태어난 날을 천간지지로 바꾼 것이다. 어떠한 경우도 바뀌지 않는다. 일간은 사주 전체의 주인이다. 일간은 나와 배우자를 나타내는 자리이고 모든 판단의 근거가 되는 자리이다. 일간은 사주 주인의 기본 성격을 나타내기도 한다. 간혹 사주를 풀며 띠를 중심으로 이야기하는 사람이 있는데 이는 어불성설이다. 혹 당사주(唐四柱)를 풀 때는 태어난 해를 기준으로 삼지만 이미 학자들 사이에서는 쓰이지 않는 학문이다. 현대 명리는 송나라 때 이후 태어난 날을 기준으로 사주를 분석한다.

【아차!】 **윤달의 일주**

생일이 윤달인 사람이 있다. 이 사람은 일주를 어떻게 찾는가? 혹자는 윤달은 썩은 달이니 공달이니 해서 사주에 없는 달이라고 생각하기도 한다. 그건 있을 수 없는 일이다. 음력이나 양력이나 상관없이 모든 날은 천간지지로 이루어진 일주가 있다. 만세력을 살펴보면 윤달에도 하나같이 일주가 있다. 윤달은 썩은 달도 아니고 공달도 아니다. 윤달도 엄연히 실재하는 달이다. 인간이 윤달이란 이런 달이다 하는 개념을 만들어냈을 뿐이다. 윤달이든 평달이든 태어난 날을 정확하게 알고 있다면 일주를 찾는 데 전혀 부담이 없다.

4) 시주 세우기

시주는 사주의 주인이 태어난 시간을 찾아 천간과 지지로 배열한 것이다. 우리의 시간 기준은 서양의 24시 체계와 달리 12시 체계로 이루어져 12지지를 배정하여 분할한다. 즉 시주(時柱)는 하루를 12시각으로 쪼갠 자시(子時)에서 지지 순으로 해시(亥時)까지 해당시의 지지 법식에 따라 천간을 붙인다. 시주를 정할 때 천간을 시간이라 하고 지지를 시지라 한다.

시주 세우기				
	시	일	월	년
天干	甲			
地支	子			

태어난 시간을 천간지지로 바꾼 것이다. 한번 태어나면 어떠한 경우도 바뀌지 않는다. 시주는 자식, 말년의 운을 가리킨다. 시지는 열두 띠와 같은 십이지지를 배열한다. 즉 시간에 대한 지지는 항시 일정하다. 단지 시간이 바뀔 뿐이다. 따라서 사주에서 시주를 세울 때는 십이지지의 순서를 따르므로 시간만 알면 된다.

시간을 정할 때 지지는 무조건 정해져 있다. 일정한 시간에 따라 자축인묘진사오미신유술해의 순서를 적용받는다. 따라서 천간만 알면 기둥이 만들어질 수 있다. 시간을 정하는 원리는 일간의 상극작용에 따른다. 월간을 정할 때 년간(年干)의 상극작용을 바탕으로 설정한 것과 같은 이치이다. 월간을 정할 때 년간의 합을 바탕으로 만들어지는 오행에 생을 하는 오행의 양간을 인월(寅月)에 적용하여 시작으로 보았다. 시간을 정하는 방법도 이와 유사하다. 즉 시간(時干)은 일간(日干)에 따라 적용된다. 원리는 천간합(天干合)으로 생성되는 오행을 극하는 양(陽)의 오행을 첫 자시(子時)의 천간으로 사용하는 것이다. 일간이 갑(甲)이나 기(己)이면 갑자시(甲子時), 일간이 을(乙)이나 경(庚)이면 병자시(丙子時), 일간이 병(丙)이나 신(辛)이면 무자시(戊子時), 일간이 정(丁)이나 임(壬)이면 경자시(庚子時), 일간이 무(戊)이거나 계(癸)이면 임자시(壬子時)로 시작한다.

- 일천간이 갑(甲)이거나 기(己)라면 갑기합(甲己合)을 적용하여 토(土)가 된다. 토를 극하는 오행은 목(木)이다. 목의 오행 중에서 양(陽)의 오행인 갑목(甲木)을 첫 자시(子時)의 천간으로 삼으니 갑자시(甲子時)이다.
- 일천간이 을(乙)이거나 경(庚)이라면 을경합(乙庚合)을 적용하여 금(金)이 된다. 금을 극하는 오행은 화(火)이다. 화의 오행 중에서 양(陽)의 오행인 병화(丙火)를 첫 자시(子時)의 천간으로 삼으니 병자시(丙子時)이다.
- 일천간이 병(丙)이거나 신(辛)이면 병신합(丙辛合)을 적용하여 수(水)가 된다. 수를 극하는 오행은 토(土)이다. 토의 오행 중에서 양(陽)의 오행인 무토(戊土)를 첫 자시(子時)의 천간으로 삼으니 무자시(戊子時)이다.
- 일천간이 정(丁)이거나 임(壬)이라면 정임합(丁壬合)을 적용하여 목(木)이 된다. 목을 극하는 오행은 금(金)이다. 금의 오행 중에서 양(陽)의 오행인 경금(庚金)을 첫 자시(子時)의 천간으로 삼으니 경자시(庚子時)이다.
- 일천간이 무(戊)이거나 계(癸)라면 무계합(戊癸合)을 적용하여 화(火)가 된다. 화를 극하는 오행은 수(水)이다. 수의 오행 중에서 양(陽)의 오행인 임수(壬水)를 첫 자시(子時)의 천간으로 삼으니 임자시(壬子時)이다.

생시조견표					
시간 \ 일간	甲·己	乙·庚	丙·申	丁·壬	戊·癸
23:30~01:30	甲子	丙子	戊子	庚子	壬子
01:30~03:30	乙丑	丁丑	己丑	辛丑	癸丑
03:30~05:30	丙寅	戊寅	庚寅	壬寅	甲寅
05:30~07:30	丁卯	己卯	辛卯	癸卯	乙卯
07:30~09:30	戊辰	庚辰	壬辰	甲辰	丙辰
09:30~11:30	己巳	辛巳	癸巳	乙巳	丁巳
11:30~13:30	庚午	壬午	甲午	丙午	戊午
13:30~15:30	辛未	癸未	乙未	丁未	己未
15:30~17:30	壬申	甲申	丙申	戊申	庚申
17:30~19:30	癸酉	乙酉	丁酉	己酉	辛酉
19:30~21:30	甲戌	丙戌	戊戌	庚戌	壬戌
21:30~23:30	乙亥	丁亥	己亥	辛亥	癸亥

사주를 배운 사람 중에는 사주 추출 과정에서 시간을 정할 때 자시를 11~01시, 축시를 01~03시, 인시를 03~05시로 정하는 사람이 있다. 틀린 것은 아니나 맞는 것도 아니다. 이는 서울시와 일본의 동경시를 적용하는 과정에서 생긴 오류를 잘 알지 못하기 때문이다. 이처럼 정각 단위로 시를 나누는 것은 1961년 8월 10일 정오 이전까지의 사주이다. 1961년 8월 10일 정오 이후에 태어난 사람은 서울시를 사용하므로 30분을 더해 자시는 23시 30분~01시 30분까지, 축시는 01시 30분~03시 30분과 같이 30분씩 뒤로 밀려 적용해야 한다.

표준시

지구가 한 바퀴 자전하는 데 걸리는 시간은 24시간이다. 지구가 자전을 하는 동안 태양은 고정되어 지구를 비춘다. 즉 시간은 태양의 일주운동으로 만들어진다. 지구의 각 지역이나 도시, 나라는 회전 각도에 따라 태양이 비추어지는 각도 또한 다르다. 즉 각 지방의 태양시는 지방의 경도에 따라서 조금씩 다르다. 따라서 같은 나라에서도 경도에 따라 다른데, 이는 같은 나라라 해도 지역이나 지방, 도시 위치가 경도에서 차이를 보이기 때문이다.

면적이 큰 나라는 경도 차이가 더욱 크다. 그러나 한 나라 안에서는 편의를 위해 특정 지방의 평균시를 전국에 적용하여 공통으로 사용하게 된다.

면적이 작은 나라라면 문제가 없지만 국토가 넓은 나라는 편차가 매우 커지게 된다. 그래도 어느 한 지방을 정해 시간을 적용하여 전국이 사용하도록 하는데 이를 표준시라고 한다.

지구는 원이다. 원은 360도이고 하루는 24시간이다. 이를 적용하면 지구는 1시간에 15도씩 회전한다. 즉 4분이면 1도 회전한다. 따라서 일반적으로 경도 15도 차이마다 1시간씩 다른 표준시를 사용한다.

태양이 어느 한 지방의 자오선(子午線)을 지나는 시각을 남중한다고 한다. 즉 남중하는 시각을 일남중시각(日南中時刻)이라고 하는데, 일남중시각은 같은 나라에서도 경도에 따라서 달라진다. 우리나라는 면적이 좌우로 넓은 국가는 아니다. 그러나 지역에 따라 다른 일남중시각이 일어난다. 예를 들면 울릉도와 인천은 같은 일남중시각이 나올 수 없다. 울릉도의 지방 평균시와 인천의 지방 평균시는 서로 다르고 일정한 시간 차이가 있다. 그러나 한 나라에서는 어떤 특정 지방의 평균시를 취하여 표준시로 사용한다.

때에 따라 지나치게 면적이 넓거나 동서로 길이가 긴 나라에서는 어쩔 수 없이 여러 개 표준시를 사용하기도 한다. 예를 들어, 미국과 캐나다의 경우 동서로 길게 펼쳐져 있으므로 표준시를 여러 개 정하게 되었다. 두 나라는 1879년에 S. 플레밍의 제안에 따라 공통으로 5개 표준시를 정하였다. 이 5개 표준시는 각각 서경 60도, 75도, 90도, 105도, 120도의 지방 평균시를 취하였다.

한국에서는 현재 동경 135도의 지방 평균시를 표준시로 채택하고 있다.

이는 우리 영토의 중앙에 해당하는 선이 아니다. 그런데 동경 135도 선은 울릉도 동쪽 350km 지점을 남북으로 지나는, 즉 한국의 영토를 지나지 않는 선이다. 이는 일본 동경시를 지나는 선이다. 이 선에 따라 12시는 일본의 12시와 동일하다.

한국 표준시는 동경 127도 선이 지나는 서울의 지방 평균시에 맞추어져야 한다. 그러나 우리나라 표준시는 우리 수도인 서울 평균시보다 32분 정도 빠르게 되어 있다. 이는 일본 동경시를 따르는 것이다. 세계 각지의 표준시는 그리니치 표준시(경도 0도를 지남)와 시차(時差)를 정수로 두는 것이 보통이지만, 한때 한국이 그런 것처럼 경우에 따라서는 30분차를 더 둘 수 있다. 일반적으로는 어떤 지방 경도가 그 이웃 지방과 15도 차이가 날 때마다 1시간씩 다른 표준시를 쓰게 된다.

우리나라는 한때 대통령령으로 1954년 3월 21일부터 동경 127도 30분을 표준자오선으로 하여 표준시를 고쳐 사용했다. 이 시기에는 일본과 30분 차이가 났다. 1961년 8월 10일부터는 다시 동경 135도 선을 표준자오선으로 하고 과거와 같은 표준시를 사용하게 되었다. 이에 사주를 판단할 때도 1961년 8월 10일 정오 이전은 각 시간을 배정할 때 밤 23시부터 2시간 간격으로 정각으로 맞추어 사용하고, 1961년 8월 10일 정오부터는 밤 23시 30분부터 자시를 적용하여 각각 2시간씩 나눠 사주를 찾아야 한다.

동경 135도 표준시	
자시(子時)	23시 30분~01시 30분
축시(丑時)	01시 30분~03시 30분
인시(寅時)	03시 30분~05시 30분
묘시(卯時)	05시 30분~07시 30분
진시(辰時)	07시 30분~09시 30분
사시(巳時)	09시 30분~11시 30분
오시(午時)	11시 30분~13시 30분
미시(未時)	13시 30분~15시 30분
신시(申時)	15시 30분~17시 30분
유시(酉時)	17시 30분~19시 30분
술시(戌時)	19시 30분~21시 30분
해시(亥時)	21시 30분~23시 30분

즉 일본 고베 부근을 지나는 동경을 기준으로 하는 일본 표준시보다 30분 뒤로 시간을 적용해야 한다. 예를 들어 우리나라에서 시계가 낮 12시를 가리키면 실제 자연시는 30분 느린 11시 30분이다. 따라서 12시를 보려면 12시 30분이 되어야 하고 자시를 찾으려면 23시 30분부터가 되는 것이다.

시기에 따라 적용한 기간이 들쭉날쭉한데 그에 따라 어느 해는 기준을 30분 단위로 하고, 어느 해는 정각으로 한다. 현재는 1961년 8월 10일 이후부터 30분 단위로 적용하여 자시(子時)는 전일 밤 11시 30분에서 다음 날 새벽 1시 30분으로 적용한다. 자시를 기준으로 하여 표기할 때 시간 변경은 다음과 같다.

<table>
<tr><th colspan="5">우리나라의 표준시 변경(양력)</th></tr>
<tr><td>1908. 4. 29(수)</td><td>18시 30분을
18시로 조정</td><td rowspan="2">동경 127도 30분
표준시</td><td rowspan="2">자시
11시 00분~
01시 00분</td><td>황성신문 4. 1(음력) 참조</td></tr>
<tr><td>1912. 1. 1(월)</td><td>11시 30분까지 사용</td><td>매일신보 1. 1 참조</td></tr>
<tr><td>1912. 1. 1(월)</td><td>11시 30분을
12시로 조정</td><td rowspan="2">동경 135도
표준시</td><td rowspan="2">자시
11시 30분~
01시 30분</td><td>매일신보 1. 1 참조</td></tr>
<tr><td>1954. 3. 21(일)</td><td>00시 30분까지 사용</td><td>동아일보 3. 21 참조</td></tr>
<tr><td>1954. 3. 21(일)</td><td>00시 30분을
00시로 조정</td><td rowspan="2">동경 127도 30분
표준시</td><td rowspan="2">자시
11시 00분~
01시 00분</td><td>동아일보 3. 21 참조</td></tr>
<tr><td>1961. 8. 9(수)</td><td>24시까지 사용</td><td>경향신문 8. 9 참조</td></tr>
<tr><td>1961. 8. 10(목)</td><td>00시를
00시 30분으로 조정</td><td>동경 135도
표준시</td><td>자시
11시 30분~
01시 30분</td><td>경향신문 8. 9 참조</td></tr>
<tr><td colspan="5">1961. 8. 10(목) 이후 자시는 11시 30분~01시 30분 적용</td></tr>
</table>

우리나라와 일본은 지형상 위도와 경도 차이가 있다. 그러나 우리는 현재 공식적인 시간을 일본의 동경시에 맞추고 있다. 이는 국제 관행으로 인접한 국가들이 같은 시간을 사용하는 것과 같은 것이다. 그러나 우리나라와 일본

의 동경을 기준으로 하는 일본의 시간은 약간 차이가 있다. 이에 따라 우리나라 시간은 30여 분 정도 차이가 난다.

각 지역의 실제시와 동경 135도 표준시의 시간 차이					
지역	경도	시간 차이(+)	지역	경도	시간 차이(+)
백령도	124도 53분	40분 26초	청주	127도 29분	30분 03초
홍도	125도 12분	39분 10초	춘천	127도 44분	29분 04초
흑산도	125도 26분	38분 14초	여수	127도 45분	29분 00초
연평도	125도 42분	37분 12초	충주	127도 55분	28분 20초
덕적도	126도 06분	35분 34초	원주	127도 57분	28분 12초
신안군	126도 11분	35분 14초	사천	128도 05분	27분 20초
목포	126도 23분	34분 26초	김천	128도 07분	27분 12초
서산	126도 27분	34분 10초	상주	128도 10분	26분 56초
제주	126도 32분	33분 52초	통영	128도 26분	25분 52초
보령	126도 33분	33분 48초	마산	128도 34분	25분 44초
서귀포	126도 34분	33분 44초	속초	128도 36분	25분 36초
인천	126도 42분	33분 32초	대구	128도 37분	25분 32초
완도	126도 42분	33분 32초	안동	128도 44분	25분 04초
군산	126도 43분	33분 28초	강릉	128도 54분	24분 23초
정읍	126도 52분	32분 52초	태백	128도 59분	24분 07초
광주	126도 55분	32분 17초	부산	129도 02분	23분 48초
서울	126도 59분	32분 05초	동해	129도 07분	23분 28초
수원	127도 02분	31분 53초	경주	129도 13분	23분 07초
평택	127도 07분	31분 33초	울산	129도 19분	22분 43초
전주	127도 09분	31분 24초	포항	129도 22분	22분 33초
천안	127도 09분	31분 24초	울진	129도 24분	22분 25초
남원	127도 23분	30분 28초	울릉도	130도 54분	16분 25초
대전	127도 25분	30분 19초	독도	131도 55분	12분 21초

【앗, 잠깐!】 **한국의 서울 표준시**

세계의 표준시간은 1884년 미국 워싱턴에서 열린 '만국지도회의'에서 영국 그리니치천문대를 통과하는 경선을 '본초자오선'으로 정한 이후 변하지 않았다. 이때부터 본초자오선을 중심으로 경도 1도에 4분, 15도에 1시간 차이가 났다. 하지만 조선시대에는 표준시가 아닌 한양의 지방시를 기준으로 삼았다. 따라서 태양이 한양의 남중(南中)에 있는 시각이 정오였으며 표준시계는 자격루였다. 남중이란 천체가 자오선을 통과하는 시점으로, '태양이 남중하는 정오' 등의 표현을 한다. 장영실이 경복궁 보루각에 설치한 자격루는 세종 16년(1434년)부터 인정(밤 10시, 통행금지)과 파루(새벽 4시, 통행금지 해제), 정오 등 표준시각을 알렸다. 즉 당시에는 한양을 지나는 경선인 동경 127도가 우리나라 시간의 기준선이었던 셈이다.

대한제국은 1908년 우리나라가 동경 124~132도 사이에 있음을 감안, 127도 30분을 표준시로 제정했으나 1912년 일제가 일본의 표준시인 동경 135도로 바꿔 종전보다 30분 빨라졌다. 이어 1954년 3월 21일 0시 30분부터 다시 동경 127도 30분으로 환원되었다. 그러나 1961년 국가재건최고회의의 결정에 따라 8월 10일부터 일본의 표준시로 다시 변경되어 지금까지 사용하고 있다.

한국 표준시(韓國標準時, KST, Korea Standard Time): 대한민국과 조선민주주의인민공화국의 표준시로 협정세계시(UTC)보다 9시간 빠른 동경 135도를 기준으로 한다. 서머타임은 사용하지 않으며 일본 표준시와 같은 시간대이다. 참고로 서울과 평양의 경도는 각각 동경 127도와 동경 125도 45분이다. 한국 표준시는 UTC+9인 동경 135도와 UTC+8:30인 동경 127도 30분을 몇 차례 오갔다.

1434년 10월(세종 16년): 세종대왕이 해시계(앙부일구)를 만들면서 서울의 정남향을 기준으로 표준시를 설정

조선시대 말기: 동경 120도를 표준자오선으로 설정

1908년 4월 1일: 서양식 시간대 처음 도입. 동경 127도 30분을 기준으로 UTC+8:30 시간대 사용. 관보 제3994호(칙령 제5호)

1910년 4월: 동경 135도 UTC+9로 변경

1912년 1월 1일: 동경 135도 UTC+9로 변경. 조선총독부 관보 제367호(고시 제338호)

1954년 3월 21일: 해방 이후 대한민국 표준시는 다시 동경 127도 30분 UTC+8:30로 변경. 대통령령 제876호(1954년 3월 17일)

1961년 8월 10일: 국가재건최고회의의 결정에 따라 동경 135도 UTC+9:00로 변경. 법률 제676호(1961년 8월 7일), 법률 제3919호(1986년 12월 31일)

1961년 8월 10일 정오 이후 30분 단위

*** 현재까지 그대로 사용 중**

서머타임

만세력이 있다고 해도 참고해야 할 것이 또 있다. 바로 우리나라에 잠시 시행된 적이 있던 서머타임이라는 것이다. 서머타임은 달리 일광절약시간(daylight saving time)이라고도 한다.

서머타임은 18세기 후반 미국의 벤저민 프랭클린이 주장하였으나 당시에는 시행되지 못하였다. 영국의 윌리엄 윌릿은 1907년《일광의 낭비》에서 서머타임제를 적극 주장하였다. 서머타임을 실시하면 그만큼 일을 일찍 시작하게 되고, 일찍 잠을 자게 되어 등화를 절약할 수 있는 경제적 이유와 신선한 공기와 일광을 장시간 쪼이게 되어 건강도 증진된다는 이유를 내세워 일광절약 법안을 의회에 제출하였으나 부결되었다.

제1차 세계대전 중 독일에서 처음으로 서머타임이 채택되었으며, 그 후 유럽의 여러 나라가 이를 사용하기 시작하였다. 그러나 일상생활이나 학술적인 면에서 불편하고 혼란을 초래한다고 하여 채택을 중단한 국가들이 많다.

한국에서도 동경 127도 30분을 기준으로 한 표준시를 채택했던 1948년부터 1960년까지 실시되었다. 또 제24회 올림픽경기대회(서울올림픽)를 계기로 1987~1988년 동안 여름철(5개월간)에 실시되었다가 1989년 다시 폐지되었다.

서머타임제도의 실시에는 다른 여러 가지 이유가 있었던 것도 사실이다. ① 에너지를 절약하고 ② 환경보전에 유익하고 ③ 범죄를 감소시키는 효과가 있을 것이고 ④ 일광 노출 시간이 늘어 국민건강 증진에 기여하고 ⑤ 일과 종료 후 여가시간이 늘어남에 따라 자기계발 시간을 확보하기가 용이하고 ⑥ 출퇴근 시간을 분산할 수 있어 교통체증이 완화된다는 점이 서머타임제의 장점으로 논의되었다.

반면에 단점으로는 ① 인위적인 시간변동에 따른 일반 국민들의 실시 사실에 대한 숙지 및 생체리듬과 적응 곤란 등으로 일상생활에 혼란을 불러일으킬 테고 ② 외국과 교류할 때 시간계산에 불편이 있을 것이며 ③ 근로시간이 오히려 늘어날 가능성이 있어 근로여건이 악화됨에 따른 부작용이 예상된다는 점 등이다.

대한민국 서머타임 적용 시기		
연도	시작	종료
1948년	6월 1일 0시	9월 12일 24시
1949년	4월 3일 0시	9월 10일 24시
1950년	4월 1일 0시	9월 9일 24시
1951년	5월 6일 0시	9월 8일 24시
1955년	5월 5일 0시	9월 8일 24시
1956년	5월 20일 0시	9월 29일 24시
1957년	5월 5일 0시	9월 21일 24시
1958년	5월 4일 0시	9월 20일 24시
1959년	5월 3일 0시	9월 19일 24시
1960년	5월 1일 0시	9월 17일 24시
1987년	5월 10일 02시	10월 11일 03시
1988년	5월 8일 02시	10월 9일 03시

서머타임제 반대의 유력한 견해 가운데 하나는 특히 우리나라는 동경 135도를 표준자오선으로 하여 표준시를 정하고 있는데 한반도의 중심 위치는 동경 127도 30분이기 때문에 사실상 연중 내내 30분 정도 일광절약시간제를 실시하는 효과가 있다는 것(표준시에 관한 법률 전부개정법률안 검토보고서, 2005년 4월 국회)이다.

'표준시에 관한 법률'에서는 표준시의 기준과 서머타임(일광절약시간제) 실시 근거를 규정하고 대통령령에 위임하고 있다. '일광절약시간제 실시에 관한 규정'(대통령령)이 시행되었다가 1989년 폐지되었다.

이와 같은 이치에 따라 서머타임 실시 기간에 태어난 사람은 자신의 사주를 만세력에서 찾을 때 1시간 오차를 적용해야 한다. 따라서 서머타임이 실시된 시기를 정확하게 알아야 할 필요성이 생긴다. 이와 같은 서머타임 적용시기에 태어난 사람은 사주를 적용하여 추출할 때 1시간을 감하는 것이 옳은 방법이다. 이와 같이 적용하면 시주가 변하지 않는 사람도 있지만 경우에 따라서는 시주가 변하는 사람도 있다.

사실 우리나라의 서머타임은 적용시기나 시간이 들쭉날쭉하다. 어느 정도 자료는 찾아낼 수 있지만 또 다른 문제가 있다. 1960년대 이전에 아이들은 병원이 아니라 집에서 태어났다. 물론 정확하게 시간을 기억하거나 기록하는 경우도 있지만 당시에는 아이가 태어나도 정확한 시간을 알지 못하는 경우가 많았다. 지금이야 병원에서 태어나기 때문에 산모수첩에 정확하게 기록하지만 그 당시는 불가능한 경우가 많았다. 따라서 대충 어느 정도 시간은 알지만 서머타임을 적용하기가 쉽지 않다는 것이 문제다.

야자시(夜子時)와 조자시(朝子時)

자시는 현재 2018년 우리 개념에서 밤 11시 30분부터 다음 날 새벽 1시 30분까지이다. 사실 이 시간 구분이 시대에 따라 30분 당겨지거나 늦추어지기는 하지만 자시 개념이 변한 것은 아니었다. 그러나 서양 문물이 들어오고 시계가 발명되고부터 명리학에서 자시 개념은 끊임없이 논란이 되고 있다. 그 대표적인 것이 정자시법(正子時法)과 조자시(朝子時)와 야자시법(夜子時

法)이다.

먼저 정자시법은 전통적인 방법으로 지금의 시간 개념을 적용하면 밤 23시 30분부터 2시간을 무조건 자시로 보는 것이다. 이에 비교하여 새로이 도입된 개념인 야자시는 자정을 지나지 않은 23시 30분~0시 30분을 말한다. 조자시는 새벽자시라는 의미로 자정을 지난 0시 30분~01시 30분 사이를 말하는데 아침이 밝는다고 명자시(明子時)라고 하는 경우도 있다. 가장 중요한 것은 일간 문제이다. 자정 0시 30분을 기준으로 0시 30분 전에 태어났으면 야자시, 자정 12시를 넘겨 0시 30분~01시 30분 사이에 태어났으면 조자시로 보게 된다. 중요한 것은 조자시로 태어난 것으로 보면 그다음 날을 기준으로 하기에 야자시와 다르게 일간이 변하게 된다는 것이다. 일반적인 자시 개념은 23시 30분부터이다. 이 시간부터 하루가 바뀐다고 보는 것이다. 시간을 재는 서양 기계인 시계가 발명되기 전에는 어떤 경우에도 하루의 끝을 해시(亥時)로 보고 하루의 시작을 자시(子時)로 보았다. 이것이 동양의 시간 개념에서 기준이었다.

사주명리학에서는 오래도록 정자시법을 사용하였다. 언제부터인지 야자시와 조자시가 들어와 역학의 기본 이론을 흔들고 있다. 그렇다면 어느 일진을 써야 하는지가 문제가 된다. 야자시와 조자시는 하루를 12시간으로 나누고 밤 23시 30분을 첫 시작 시간인 자시로 보던 우리 시간 개념에 하루를 24시간으로 나누고 첫 시간을 0시 이후로 보는 서양의 시간 개념이 들어와 해석이 세분화된 것이다. 야자시와 조자시를 주장하는 사람은 진경산이 내세운 《삼재발비(三才發秘)》에서 주장한 '자시(子時)는 양시(兩時)가 있다'는 문장을 근거로 내세운다.

《삼재발비》가 저술된 시기가 청나라 초기이다. 중국에서 명말청초(明末

淸初)는 서양과학이 중국에 유입되어 지식인들에게 영향을 주던 시기이다. 《삼재발비》는 당시 유행하던 오행에 관한 이론을 총망라한 백과사전류 서적이다. 이러한 서적들은 박이부정(博而不精, 넓으나 정확하지는 않다)하기 쉽다. 따라서 이론적으로 부정한 《삼재발비》라는 서적 내용을 근거로 해서 야자시와 조자시를 구분하는 것은 설득력이 부족하다고 보인다.

【집중】 **삼재발비(三才發秘)**

《삼재발비》는 강희 34년(1695) 〈진진석 서〉가 있는 것으로 보아 1695년에 일단 원고가 완성됐음을 알 수 있고, 그것을 강희 36년(1697)에 목판 인쇄했으니, 적어도 그 이전에 수년간 각고의 노력을 기울인 결과물이다. 저자는 신안(新安)에 사는 진문경(또는 진경산)이며, 당시 유행하던 오행에 관해 총망라한 백과사전적 내용을 자세히 담았다. 택일, 지리, 천문, 역점 등 광범위하게 술어의 근원과 뜻을 밝혀놓았다. 과거 오행에 관한 것들을 그냥 답습한 것에서 벗어나 청초(淸初) 고증학의 영향을 받아 상당히 합리적으로 서술하려고 했던 점이 후학들에게 많은 영향을 미쳤다. 당시 청조(淸朝)부터 황실에서 필요한 택일(擇日)이나 지리 선택 등 지극히 현실적 안위에 관한 선택술에만 치닫는 시류가 팽배해 있었던 것에서도 영향을 받아 편찬된 대작이다.

이 책은 약 40년이 지나 황실에서 천문학자 매각성(梅瑴成, 1681~1763) 등을 동원해서 오행술서 완결판 《협기변방서(協紀辨方書)》(1739년 완성, 1741년 발행) 36권을 관선(官撰)할 때도 주요 저본이 됐으며, 이후 조선과 일본 등에도 상당한 영향을 미쳤다.

이보다 훨씬 이전에 홍주 왕기(1530~1615)가 아들 왕사의와 함께 편찬한 백과사전류 《삼재도회(三才圖會)》(1609) 106권이 있었는데, 유서적(類書的) 발상이 《삼재발비》의 편찬에 영향이 컸다고 본다. '삼재발비'의 현재 저본은 랴오닝성 도서관에 소장돼 있으며, 진씨(陳氏)가 랴오닝성을 근거지로 활약한 유명한 술사 학자일 수 있다. 9권이라 읽기에 부담이 가서 나중엔 정선(精選)해서 《삼재발비초요(抄要)》(1997) 상하 2권이 나왔다. 이것은 인터넷 보급과 더불어 명술 수학자들이 기하급수적으로 불어난 여파에 사회경제적 요구에 따른 술서 간행이라 하겠다.
《삼재발비》에는 한 해의 시작을 입춘이 아니라 동지로 삼아야 한다는 주장의 근거도 있다. 《삼재발비》를 그렇게 숭상한다면 야자시에 관한 설뿐만 아니라 동지를 년주의 기준으로 해야 할 것이다. 무엇보다 전통 시간법에서 12시진을 각각 둘로 나누는 것은 자시만이 아니다. 각 시진을 초와 정으로 구분하여 모두 24개로 나누고 다시 더 세분해서 시간을 구분했다. 자시가 둘로 구분된다고 해서 그것이 야자시와 조자시를 나누는 근거가 될 수는 없다.

결론은 간단하다. 전날 야자시와 오늘 조자시는 시간을 같게 적용하지만, 다른 날짜를 적용하고 오늘 조자시와 오늘 야자시는 날짜는 같지만 시의 간(干)만 달라진다.

이 야자시와 조사시는 일본의 사주이론이 들어오면서 구분하기 시작한 것으로 보인다. 물론 청나라 영향이 없었던 것은 아니다. 과거 일본이 서양 문물을 먼저 받아들이면서 기계식 시계 도입도 우리나라보다 빨랐다. 이런 경험을 토대로 일본 명리학자가 자시를 자정 12시를 기준으로 나누게 되고 그런 이론이 우리나라에 전해지게 된다. 일본 문화의 유입과 기존 명리의 파괴나 변화는 일본의 강점기가 큰 영향을 미친다. 일제강점기에는 많은 기술이 일본의 표준을 따르게 된다.

하루는 자시에 시작된다. 자시는 자시일 뿐 구분하지 않는다. 명리학에서 시간 기준은 이렇게 하루 시작을 자시로 보는 것이 기본이지만 자시를 구분하는 일본식 명리학자들도 적지 않다. 사람에 따라 다르고, 학습에 따라 다른 결론을 내리지만 자시 구분 없이 자시를 자시로 보는 것이 더욱 정확하고 시간적 기준에 부합한다고 생각한다. 시계가 발명되고 서양 문물이 들어왔다고 해도 동양적 시간 개념에 서양의 시간 개념을 끼워 맞추는 것은 더 많은 혼란과 개념 오류를 발생시킬 가능성이 높다는 것이 성보 생각이다.

생시조견표와 야자시와 조자시를 구분한 조견표					
생시조견표					
시간 \ 일간	甲·己	乙·庚	丙·申	丁·壬	戊·癸
23:30~01:30	甲子	丙子	戊子	庚子	壬子
01:30~03:30	乙丑	丁丑	乙丑	辛丑	癸丑
03:30~05:30	丙寅	戊寅	丙寅	壬寅	甲寅
05:30~07:30	丁卯	己卯	辛卯	癸卯	乙卯
07:30~09:30	戊辰	庚辰	壬辰	甲辰	丙辰
09:30~11:30	己巳	辛巳	癸巳	乙巳	丁巳
11:30~13:30	庚午	壬午	甲午	丙午	戊午
13:30~15:30	辛未	癸未	乙未	丁未	己未
15:30~17:30	壬申	甲申	丙申	戊申	庚申
17:30~19:30	癸酉	乙酉	丁酉	己酉	辛酉
19:30~21:30	甲戌	丙戌	戊戌	庚戌	壬戌
21:30~23:30	乙亥	丁亥	己亥	辛亥	癸亥

야자시와 조자시를 구분한 조견표					
시간 \ 일간	甲·己	乙·庚	丙·申	丁·壬	戊·癸
00:30~01:30	조자시 甲子	조자시 丙子	조자시 戊子	조자시 庚子	조자시 壬子
01:30~03:30	乙丑	丁丑	乙丑	辛丑	癸丑
03:30~05:30	丙寅	戊寅	丙寅	壬寅	甲寅
05:30~07:30	丁卯	己卯	辛卯	癸卯	乙卯
07:30~09:30	戊辰	庚辰	壬辰	甲辰	丙辰
09:30~11:30	己巳	辛巳	癸巳	乙巳	丁巳
11:30~13:30	庚午	壬午	甲午	丙午	戊午
13:30~15:30	辛未	癸未	乙未	丁未	己未
15:30~17:30	壬申	甲申	丙申	戊申	庚申
17:30~19:30	癸酉	乙酉	丁酉	己酉	辛酉
19:30~21:30	甲戌	丙戌	戊戌	庚戌	壬戌
21:30~23:30	乙亥	丁亥	己亥	辛亥	癸亥
23:30~00:30	야자시 丙子	야자시 戊子	야자시 庚子	야자시 壬子	야자시 甲子

자시를 구분하든 자시를 그냥 자시로 보든 이것이 사주분석에는 어떤 영향을 미칠까? 자시의 구분이 없을 경우는 23시 30분부터 01시 30분까지가 자시 구간이며 23시 30분부터 하루가 바뀐다고 보게 된다. 자시를 구분할 경우 23시 30분부터 자정 24시 30분까지는 이미 지나간 그날의 일간을 기준으로 하고 24시 30분 이후부터는 하루가 바뀐다고 보므로 일주가 변한다. 즉 자시 구분을 하든 안 하든 24시 30분을 넘어서 태어나면 다음 날로 보게 되는 공통점이 생긴다. 차이점은 23시 30분부터 24시 30분까지 시간대에서 태어난 사람이다. 논란은 계속되고 있다. 이 시간 사이에 태어난 사람들은 물리적으로 많을 것 같지만 실제 전체적 시간대로 보면 그다지 많지는 않을 것으로 보인다. 누가 결정할 수 없는 것이나 현명한 판단이 필요하다.

1982년 4월 15일(양) 새벽 0시 48분 출생 자시의 정자시와 조자시								
정자시					조자시			
壬	戊	甲	壬		壬	戊	甲	壬
子	辰	辰	戌		子	辰	辰	戌

위 사람은 무진일주(戊辰日柱)로 하루의 시작에 해당하는 자시(子時)에 태어났으므로 정자시(正子時)에는 임자시(壬子時)가 된다. 또한 태어난 시간이 0시 30분이 지났으므로 조자시(朝子時)를 적용해도 임자시(壬子時)가 되어 사주팔자가 동일하다.

위 사주에서 태어난 날이 조자시가 아니고 야자시에 태어났다고 적용해 보자. 정자시는 하루를 시작하는 자시를 의미하는 것이고 야자시는 하루가 다 지나간 다음에 오는 자시이다. 사실 같은 자시라 하지만 긴 시간 차이가 있다.

1982년 4월 15일(양) 밤 23시 49분 출생 자시의 정자시와 야자시							
정자시				야자시			
甲	己	甲	壬	甲	戊	甲	壬
子	巳	辰	戌	子	辰	辰	戌

위 사람은 무진일주(戊辰日柱)로 보이지만 하루가 다 지나간 자시(子時)에 태어났으므로 정자시(正子時)에는 기사일주(己巳日柱)에 갑자시(甲子時)가 된다. 그러나 야자시(夜子時)를 적용하면 하루가 지나지 않은 것으로 보아 당일인 무진일(戊辰日)을 적용한다. 무진일에 야자시를 적용하면 역시 갑자시다. 이 사주의 적용에서 문제는 일주(日柱)가 다르다는 것이다.

정자시법과 야자시 적용과 조자시 적용은 신중해야 할 것으로 보인다. 조자시의 경우 기존의 정자시법과 다를 것이 없다. 그러나 야자시의 경우는 일주가 다르다. 일주는 사주의 본체이고 판단의 근거인데 일주가 다르다는 것은 전혀 다른 사주풀이가 된다는 것이다.

1982년 4월 16일(양) 새벽 0시 49분 자시의 정자시와 조자시							
정자시				조자시			
甲	己	甲	壬	甲	己	甲	壬
子	巳	辰	戌	子	巳	辰	戌

위 사람은 앞에서 예를 든 1982년 4월 15일(양) 밤 23시 49분 출생 자시(子時)의 출생자보다 불과 1시간 차이다. 또한 자시다. 정자시(正子時)로 적용하면 앞 사람의 사주와 동일하다. 조자시(朝子時)를 적용하거나 정자시를 적용하거나 동일하게 갑자시(甲子時)를 쓴다. 태어난 시간이 0시 49분으로 조자시 기준인 0시 30분을 지났기 때문이며 정자시로 쓸 때는 밤 23시 30분부터 적용되기 때문이다.

위의 예에서 보이듯 정자시를 기준으로 할 때 조자시는 변함이 없다. 그러나 야자시는 일주가 다르다. 정자시와 조자시는 동일한 사주가 나오는데 이는 적용의 변화가 없으니 사주를 해석하는 데 문제가 없다. 그러나 야자시로 풀면 일주가 다르다. 사주를 판단할 때 사주의 일간이 가장 중요하다.

모는 판단의 기준이 일간이기 때문이다. 따라서 같은 시간을 가지고 사주를 뽑을 때도 야자시를 인정하느냐 마느냐는 커다란 해석 차이를 가져온다. 사주가 구성된 기본에서 하루를 12시간으로 나누어 적용하였으므로 성보는 야자시 도입을 반대한다.

6장

운로(運路)

사주팔자를 달리 말하면 원국이라고 한다. 이를 분석하는 것을 간명(看命)이라고 한다. 사주원국은 사주의 주인이 가지는 근본 개념이라고 할 수 있다. 예를 들면 감자다, 나무다, 바윗돌이다 하는 개념이다. 여기에 조금 더하면 바윗돌인데 주변에 돌이 더 있다. 나무인데 주변에 물이 있어 잘 크겠네. 이런 정도 판단이다. 달리 말하면 근본이다. 사람들은 사주원국을 차에 비교한다. 예를 들면 소형차인가, 중형차인가, 대형차인가를 적용하는 것으로 인식한다. 그럼 운이란 무엇인가? 사람들은 운을 말할 때 도로라고 적용한다. 즉 원국은 타고나는 것이고 운은 달리는 길이다.

POINT

운(運) 운의 흐름은 원국을 보충하는 것이다. 운의 종류에는 각각 대운(大運), 세운(歲運), 월운(月運), 시운(時運), 소운(小運), 한운(限運)이 있다.

명리학에서 살필 때 운(運)의 흐름을 보통 네 가지로 구분한다. 운은 각각 대운(大運), 세운(歲運), 월운(月運), 시운(時運)으로 나눈다. 그밖에 소운(小運)과 한운(限運)이 있다. 중요한 것은 어떤 운도 흐름에 따라간다는 것이다. 즉 악운(惡運)이 계속 이어진다거나 길운(吉運)이 계속 펼쳐지는 것으로는 보지 않는다. 운의 흐름도 사계절의 흐름처럼 좋고 나쁜 것이 반복된다.

먼저 대운은 10년 단위로 나누어 보는 방법이다. 이 대운의 시작은 몇 살부터 몇 살까지 이어지는지 나누게 되는데 그 시작을 대운수(大運數)라고 한다. 이 대운은 10년 동안 전체 운 흐름의 방향을 결정한다. 대운은 10년 단위로 반복적으로 이어진다. 이 10년은 각각 다른 흐름을 가지고 있다. 따라서 "대운이 왔어요"라든가 "대운이에요" 따위는 맞는 말이 아니다.

대운에는 그에 합당한 이름을 붙인다. 예를 들면 갑진대운(甲辰大運), 기사대운(己巳大運), 을미대운(乙未大運) 하는 식이다. 또 식신대운(食神大運), 편관대운(偏官大運), 정인대운(正印大運)과 같은 이름으로 불러야 한다. 막연하게 "대운이 왔어요"라는 식의 간명은 "난 사주를 몰라요. 그냥 아는 척 할 뿐이에요"라는 것과 같다.

대운이 반드시 좋을 수는 없다. 때로는 나쁘기도 하다. 이 10년을 나타내는 대운이 좋지 않아도 1년 단위로 들어오는 해운이 좋다면 또 다른 반전의 기회가 찾아온다. 또한 1년의 운이 그다지 좋지 않아도 월운이 월등하게 좋다면 또다시 기회가 찾아온다. 그러나 분명한 것은 세세한 운으로 갈수록 적중력은 떨어진다는 사실이다. 그렇다고 해서 대운이 나쁘다고 모두 나쁘다는 것은 아니다.

월운만 살펴보아도 그렇다. 월운은 다달이 살피는 것이니 주기는 1년에 12번이다. 이 중에 적어도 3개월 이상은 좋은 운이 온다. 무작정 다 나쁘다고 볼 수는 없다. 대략적으로 계절로 나누는데 사계절과 비슷하게 월운의 흐름도 네 번의 주기가 있기 때문이다. 때로는 삼합법(三合法)으로 주기를 잡기도 한다.

대운은 물론 해운과 월운도 나쁘다면 마지막으로 시운(時運)이 있다. 물론 모두 나쁜데 시운이 좋다는 것으로 모든 것이 좋아진다는 것은 아니다. 애써 찾아 일할 수 있다는 의미가 된다. 시운은 하루 24시간 중 또다시 6시간 정도는 좋은 기회가 있다. 역학에서는 하루를 서양 기준의 두 시간 단위로 나누어 십이지지로 표현한다. 따라서 월운이 계절이 순환되는 것처럼 변하듯 하루에 적어도 몇 번 기회가 온다.

1. 체(體)와 용(用)

체용은 사주 해석에 반드시 등장하는 용어이다. 수많은 고전에서 언급된 체용 개념에서는 체와 용이 서로 비대칭이다. 체는 변화가 없는 주(主)가 되는 것이니 사주원국이라 할 수 있다. 용은 변화를 갖는 객(客)이 되는 것이니 운이 된다. 체는 본신이니 움직이지 않고 용은 쓰임이니 흔들리는 것이나 같다. 체는 주인과 같고 용은 쓰임이니 부리는 하인과 같다. 체는 용에 대하여 필요조건이라 할 수 있고 용은 체에 대하여 충분조건이다. 따라서 용은 체에 의해 인식되며, 체가 없으면 용도 없다. 사주를 논할 때 체와 용 문제는 반복되므로 주의해야 한다.

사주는 운명을 이해하는 과정이다. 명리학에서는 사주원국을 명(命)이라 하고, 그것에서 나온 시간 흐름을 운(運)이라고 한다. 운은 거저 생산되거나 생성이 자유로운 것이 아니라 일정한 법칙에 따른다.

명(命)은 생년월일시를 기호화한 것으로 어떤 경우에도 죽을 때까지 변하지 않는다. 이와 비교하여 운은 시시각각으로 변하는 것으로 보이지만 사주원국의 결과로 나타나는 것이다. 이를 체와 용으로 살피면 사주원국은 변하지 않는 것이니 체이며, 운은 항상 변하는 것이니 용에 해당한다.

용은 체에 의해 바뀌고 체에 의지한다. 따라서 운의 뿌리는 명이다. 명을 사주(四柱)라고 부른다. 사주는 네 가지 구성성분으로 나눈다. 이를 기둥이라고 한다. 그래서 사주다. 사주에서 나를 의미하는 자리가 일간이다.

일주의 천간인 일간은 나를 뜻한다. 모든 판단의 주체가 된다. 일간은 사주 해석의 기준점이다. 일간은 시작이며 모든 글자의 기준점이다. 따라서 변하지 않는다. 일간은 무변의 의미가 있으므로 모든 글자에 대하여 체가 된다. 일주는 체주(體柱)가 된다. 따라서 년주와 월주, 시주는 일주와 비교하여 용의 관계가 된다.

사주의 체용관계			
시	일	월	년
시주	일주	월주	년주
용	체	용	용

원국과 운의 비교에서 사주는 어떤 경우에도 변하지 않으니 체이다. 이와 비교해 운은 항상 변하는 것이 용이라 했다. 운의 뿌리는 사주에 있다. 사주원국을 체라고 한다면 운의 흐름은 용이다.

원국에서도 체용을 분석한다. 일주를 제외한 타주는 모두 용에 해당한다. 일주를 제외한 년주와 월주, 시주가 용이다. 체에서는 운이 나오지 않는다.

운은 용에서 나온다. 따라서 운과 작용하는 체는 년주, 월주, 시주이다. 년주에서 세운(歲運)이 나온다. 월주에서 대운이 나온다. 시주에서는 소운이 나온다.

2. 개운(開運)

개운은 운(運)이 열린다는 의미로 원래는 나라를 세우는 것을 이르는 말이다. 중국 후진(後晋)의 944년부터 947년까지 연호이다. 또는 서하(西夏)의 1034년 연호를 말한다. 그러나 명리학에서는 다른 의미이다.

명리학에서 개운은 매우 중요한 의미이다. 즉 운이 열린다, 운이 좋아진다는 의미가 있다. 개운이란 개개인의 사주에 따른 시간 흐름에 따라 자동적·능동적으로 개운이 된다고 생각한다. 물론 개척론을 주장하는 많은 학자는 노력을 하고 학습을 하면 개운이 이루어진다는 의견을 내놓는다. 틀린 것은 아니지만 학자들 중에는 개운이 노력한다 해도 주어진 일정한 틀에서 이루어진다고 보는 견해를 견지하는 이들도 있다. 즉 개운이라는 것은 인위적·작위적인 것이 아니다.

풍수지리에서도 개운이라는 말을 많이 사용한다. 즉 풍수지리는 개운학이라는 주장이다. 동양학의 범위를 통틀어 말할 때 일부 학자들은 명리학은 추명학이고 풍수지리는 개운학이라고 한다. 즉 명리를 통해 개개인의 운명을 추명하고 풍수지리를 대입하여 개인의 운을 열어줄 수 있다는 주장이다. 개운에 특별한 비법과 방법은 없다. 그러나 개운을 해준다는 사람은 많다.

또 어떤 방식으로 개운했다고 믿는 사람도 많다. 나름 도사라고 자칭하는 이들이 아주 많다. 이들은 자신들의 방법을 개운의 비법이라고 주장한다. 땀을 흘리고 노력하여 인식을 바꾸는 경우는 위약효과같이 일시적이나마 안정을 가져오는 경우도 있다. 그러나 비법 아닌 비법으로 사람을 현혹하거나 사기를 치는 경우도 있다.

대표적인 주장이 사주를 바꾼다는 것이다. 태어난 사주가 좋지 않으니 굿이나 부적으로 좋은 사주로 바꾼다는 것이다. 어떤 노력으로 일시적 효과를 볼 수는 있으나 사주를 바꾸어준다는 것은 모두 거짓말이다. 당장 돈을 들이고 나름 정성이라는 것을 가미했으므로 딱 노력한 만큼 플라세보 효과는 있을 수 있겠지만 결과는 애처롭기만 하다.

명리학은 운을 따라가며 살피고 좋은 운이 왔을 때 올바른 행동을 하는 것이다. 즉 개개인에게 주어진 운을 먼저 파악하는 것이다. 명리학에서 논하는 운에는 대운, 년운, 일운, 소운, 한운 등이 있다. 대운은 가장 크게 보는 운으로 살아가며 10년 단위로 어떤 일이 벌어질지 살피는 것이다. 년운은 대운 다음으로 많이 적용하는 것이니 올해는 어떤 일이 생길지, 내년에는 어떤 일이 생길지 해년마다 따지는 것이다. 월은 당연히 월 단위로 운을 살피는 것이니 1년에 12번 운을 살피게 될 것이다. 일운은 달리 일진(日辰)이라 하는데 매일매일의 운을 살핀다. 시운은 하루를 따져 몇 시에 어떤 일이 생길지를 따진다. 이와 같은 운의 흐름 파악을 일러 운로라고 하고, 이로써 운에 따른 인생의 설정과 개척, 순응과 변화를 추구하는 것이 개운법이다.

3. 대운(大運)

운은 세상에 태어나 맞이하는 것이니 후천운이다. 사주에서 후천운은 크게 대운과 세운으로 구분할 수 있다. 이 두 가지 운이 인생의 흐름을 좌우한다. 나머지 다양한 운은 일시적 영향을 주기는 하지만 주운(主運)을 변화시키지는 못한다.

대운은 인생의 흐름에서 가장 큰 영향을 미친다. 인간이 이 세상에 태어나서 생을 누리고 사망하기까지 하늘에서의 큰 적기(適期)로 돌아오는 운명이다. 사람은 살아가며 5년 단위 혹은 10년 단위로 커다란 운의 변화를 맞이한다. 즉 자잘한 개념이 아니고 흐름을 이야기하는 운이다. 이 운을 대운이라고 한다. 대운은 10년마다 자연의 섭리로 돌아오는 천(天)의 기(氣)이다. 달리 말하면 대운은 사주의 연장으로 볼 수 있을 정도로 영향이 크다. 대운이야말로 개인의 후천운세에 미치는 영향이 가장 크다. 혹자는 신강사주는 대운의 작용력이 크고, 신약사주는 세운의 작용력이 크다고 하지만 어떤 사주이건 간에 대운은 인생 흐름에서 지대한 영향을 미친다. 대운은 변화라는 점을 파악하는 것이 원칙이나 통변보다는 원국 개념에서 살펴보는 것이 필요하다. 따라서 대운을 분석할 수 있다면 그 흐름을 알 수 있기에 대비할 수 있고 긍정적으로 적용하고 행복을 향해 달려갈 수 있다.

사람의 성격은 사주원국에서 결정된다. 문제는 그 사람의 성격이나 특징, 개성, 적성이 어느 시기에 발휘될지 알아야 한다는 것이다. 물론 대운을 살피는 것은 어찌 보면 나를 찾는 근본 개념과는 다를 수 있다. 그러나 원국이 지닌 나의 특성이 언제 어떻게 적용되는지를 파악하는 측면에서는 원국과 다름없는 기준으로 적용할 가치가 있다.

인생의 흐름에서 일정한 시기와 기간을 장악하는 오행을 파악하고 육친을 적용한다. 대운은 이러한 여러 가지 사항을 적용하여 앞을 내다볼 수 있다. 사주원국에서 살핀 성격, 개성, 적성과 같은 것을 명(命)이라 하고, 대운을 포함하는 흐름을 파악하는 모든 것을 운(運)이라고 한다.

재미있는 것은 사람들의 인식이다. 누구에게나 태어난 시점으로 살피는 사주가 중요하다고 할 것이다. 그러나 사람들은 명운(命運)이라 하지 않고 운명(運命)이라 한다. 지금도 많은 학자가 사주원국이 중요한지 혹은 운의 흐름이 중요한지를 놓고 주장을 내세운다.

중요한 것은 누구나 아는 것처럼 두 가지 모두 중요하다는 사실이다. 그런데 명운이라 부르지 않고 운명이라 부른 것은 운의 흐름이 그 정도로 중요하다는 의미가 될 것이다.

운을 통해 인생을 살아가며 순간순간 흐름의 변화를 살필 수 있다. 어느 때 불행이 찾아오는지, 어느 순간에 행복이 찾아오는지 예측할 수 있다. 행운이 찾아올 것을 알았다면 대비하여 행운을 손에 거머쥘 테고 불행을 미리 안다면 준비하여 피해가려고 노력한다거나 피해를 줄이려고 힘을 쓸 테고 그 결과가 나타날 것이다. 이것이 운을 미리 살피는 이유인데 큰 범위에서는 이 운의 흐름도 나라는 존재를 분석하는 기초자료가 될 수 있다.

사람들이 말한다. "대운이 왔습니다." 이 말은 틀렸다. 대운은 늘 온다. 이런 투의 말은 책임을 지지 않으려는 헛된 것이다. 어떤 운이 왔는지 명확하게 이야기해야 한다. "정재운이 왔습니다." "식상운이 왔습니다." 이렇게 정확하게 명기해야 한다. 현재부터 맞게 될 대운이 사주에 대하여 길할 경우에는 향록운(向祿運)이라고 한다. 현재부터 맞게 될 대운이 사주에 대하여 흉할 때에는 배록운(背祿運)이라고 한다.

사주의 기본은 사주를 뽑는 것이다. 사주가 나와야 대운을 뽑을 수 있다. 사주와 대운은 불가분의 관계다. 이미 잘 알듯 사주는 자동차에 비유하고 운은 도로에 비유한다. 그럼 조금 더 세밀하게 살펴보자. 사주는 잘 타고났는데 운이 나쁘다. 이런 경우는 중형자동차를 타고났는데 도로가 논두렁이라고 표현한다. 경차를 타고났는데 운은 고속도로라고 가정하자. 어느 차가 달리기에 편한지 불을 보듯 뻔하다.

많은 역학자는 사주가 좋아도 운이 나쁘면 실패가 연속적으로 일어난다고 본다. 사주가 나빠도 도로가 좋으면 달릴 수 있다고 말한다. 따라서 사주원국보다 운이 좋아야 한다고 말하는 경우가 많다. 즉 사주가 아무리 좋아도 운이 나쁘면 막힘이 많고 사주가 조금 나빠도 운이 좋으면 좋은 일이 생기고 잘 달려간다는 것이다. 어찌 보면 그럴 듯한 말인데 무언가 이상하다. 근본을 망각한 말이 아닌가 하는 생각이 든다. 아니, 생각이 서로 다를 수 있다고 하자. 세상에 사람들이 얼마나 많은데 생각이 같을 수는 없다. 그러므로 근본을 생각할 필요가 있다.

사주원국에는 중요한 것이 있다. 즉 유전자적 개념이 녹아 있다는 것이다. 운에 유전자적 개념이 있는 것이 아니라 원국의 유전자를 분석한 개념을 적용하는 것이다. 사주에서 가장 중요한 것은 바로 유전자라고 할 수 있는 성격, 개성, 적성, 병과 같은 필수불가결한 요소들이 나타난다는 사실이다.

사람에게는 생각이 있다. 자기 생각을 자신의 적성에 적용해야 삶을 행복하게 살 수 있다. 사람이 타고난 적성을 잘 발휘하여 나아가면 자기 사주에 나타나는 운을 다 펼칠 수 있게 된다. 그러나 자신이 지니지 못한 성격을 사용하거나 사주에 없는 어떤 성격을 사용하며 살아간다면 정말로 힘든 인생이 될 것이다. 즉, 대운이 좋아도 우여곡절을 피할 수 없으며 절대로 행복하지 않을 수 있다.

사주에 물이 가득하고 불이라고는 한 톨도 없는 사람에게 평생 불 때는 것을 직업으로 삼으라는 말과 같다. 대운을 중시하는 사람들은 어림없는 이야기라고 주장할 것이다. 그러나 사주원국을 무시한다면 올바른 대운 해석은 불가능하다. 원국의 이해 없이 대운만 풀어 적용한다면 인간의 운명을 예측하는 일이 때로는 지옥처럼 어려운 일이 될 수도 있다.

대운이 중요하지 않다는 말이 아니다. 문제는 어떤 대운도 사주원국의 영향에서 벗어나지 못한다는 것이다. 사람의 사주에 따라 대운의 영향을 강하게 받는 사람이 있고 그 반대인 경우도 있다. 즉 누군가 공공기업에 종사한다고 하자. 이 사람은 대운의 흐름에 그다지 영향을 받지 않을 것이다. 그러나 자영업을 하는 사람이라면 대운의 영향력이 무섭도록 클 것이다.

대운의 영향을 덜 받는 사람이라면 인생 흐름에서 변화가 적을 것이다. 대운의 영향을 받는 사람이라면 인생 흐름의 변화가 클 것이다. 즉 평생 공무원 생활을 한 사람은 인생의 흐름에서 변화가 그다지 크지 않지만 시장에서 장사하는 사람이라면 인생 흐름에서 변화가 클 것이다. 이 때문에 사주에서 대운의 적용이 중요해진다.

무엇보다 영향을 미치는 것은 대운에 영향을 주는 사주원국의 힘이다. 사주가 강하다고 하자. 고집이 세고 정신력이 강하다. 적극적인 사람이며 매사에 커뮤니케이션이 좋다. 이러한 사주원국을 가진 사람이라면 모든 일에 적극적으로 대처할 것이다.

반대로 성격이 소심하고 약하다고 하자. 두려움에 약하고 자신감도 없다. 사람을 사귀는 데 어려워하고 자기주장을 내세우지 못한다. 두 사람에게 동일한 대운이 왔다고 가정하자. 그렇다면 두 사람이 모두 좋거나 모두 나쁠

까? 아니다. 전연 다르다.

배짱이 두둑하고 자신감이 넘치는 사람은 자기 운명을 이끄는 힘이 강하니 늘 성공할 확률이 높다. 사업을 해도 배짱이 있으니 성공할 가능성이 커진다. 따라서 인생의 굴곡이 적을 것이다. 이런 사주를 가진 사람을 신강사주라고 한다. 반대의 경우도 있다. 심약하고 추진력이 없으며 몸이 아픈 사람이다. 이런 사주를 신약사주라고 한다. 소심하고 심약하여 안정을 추구하고 조심스러운 신약사주는 자신이 주도적인 주장을 하기가 쉽지 않다. 누가 압박하거나 부탁하면 질질 끌려다니고 보증을 선다. 돈을 빌려주어도 받지 못해 빚이 늘어난다. 대인관계 개선도 약하니 사업을 해도 결국 위기에 봉착한다. 이처럼 같은 대운이 와도 사주원국의 강약에 따라 결과는 전연 달라진다. 따라서 사주원국을 먼저 철저하게 분석하여 직업을 정하고 투자하며, 원치 않는 대운에 적응하는 것이 효과적인 삶의 방식이다.

사주를 분석해 반드시 필요한 기운 혹은 좋은 기운을 찾게 되는데 이것을 사주에서는 용신(用神)이라고 한다. 용신은 다양한 기능을 하지만 중요한 것은 이 기운이 있을 때 좋은 결과가 온다는 것이다. 이 용신을 돕는 기운으로 버금가는 기운을 보여주는 것이 희신(喜神)이다.

그와 비교해 나를 해하고 힘들게 하는 기운을 기신(忌神)이라고 한다. 이 기신을 돕는 것은 구신(仇神)이다. 즉, 용신과 희신이 들어오면 좋은 일이 생기고 기신과 구신이 들어오는 순간이나 그해, 그 대운에는 삶이 팍팍해진다. 그러나 이는 일반론일 뿐이다. 사주와 상관없이 용신과 희신운은 좋고 기신과 구신운은 나쁘다는 일방적인 논리는 수정되어야 한다. 그렇다면 왜 좋아야만 하는 용신운에 죽는 사람이 있는가?

흔히 사주를 용신놀음이라 한다. 야구가 투수놀음인 것과 비슷한 논리이다. 축구에서 골키퍼와 같은 역할이라고 할까? 어쨌든 일반적으로 용신운에는 좋다고 푼다. 그러다보니 원국의 특징을 분석하기보다는 용신을 찾는 목적으로 사주를 분석한다.

맹세하지만 사주원국은 용신을 찾아내기 위해서만 분석하는 틀이 아니다. 용신은 사주 전체를 분석하는 과정에서 자연스럽게 도출되어야 한다. 많은 명리연구가나 사주를 배우고자 하는 사람이 하나같이 용신놀음에 빠져들어 마치 용신이 사주의 전부인 것 같은 착각을 한다.

사주를 분석하는 데는 두 가지가 있다. 사주의 근본을 분석하는 것을 간명이라 한다. 운명을 분석한다는 말이다. 운의 흐름을 분석하거나 변화를 파악하고자 하는 것은 통변이다. 사주를 푸는 사람이나 자기 운명을 듣고자 하는 사람들이 하나같이 통변에 매달린다. 그러나 더욱 중요한 것은 간명이다.

예를 들어보면 이런 경우다. 부부가 살아가다가 피치 못할 상황에 도달했다. 남편이 돈을 벌지 못하는 상황에 이른 것이다. 여자는 판단해야 한다. 중요한 것은 이 여자의 운보다는 사고이다. 이 여자가 사람을 생각하는 사고를 지녔다면 남편을 설득하여 다시 시작하도록 할 것이다. 그러나 이 여자가 돈만 안다면 이혼을 선택할 것이다. 남자를 설득하는 것이 옳은지, 이혼하는 것이 옳은지는 이 여자의 원국에 나타난다.

판단의 형태는 이 여자의 일주가 말해준다. 따라서 이미 이 여자 사주에 이혼 가능성이 높은지, 그렇지 않은지 파악이 가능한 것이다. 어느 연예인은 네 번이나 이혼하고도 기회가 오면 또 결혼하고 싶다고 했다. 비판하고자 함이 아니다. 누구도 비판할 자격이 없다. 삶은 그의 것이다. 이 여자는 아마도 참을성이 없을 것이다. 웬만한 위기만 되어도 이혼을 선택할 것이다. 이 성격이 사주에 나타난다.

다시 강조하면, 대운은 흘러가는 강이다. 그 강을 타고 가는 배는 원국이다. 어떤 배인지가 중요하다. 가랑잎 같은 배인지 묵직한 증기기선인지에 따라 판단이 달라진다. 따라서 이미 원국을 보면 가랑잎 같은 배인지 증기기선인지 안다. 대운에 의존하는 것이 나쁘다는 것은 아니지만 사주원국을 분석하고 이해하는 것이 가장 중요하다. 사주원국에 그 사람의 그릇과 운명의 종착이 이미 보이기 때문이다.

운명을 헤쳐나가며 사주에 나타난 자신의 장점을 효율적으로 살린다면 대운의 흐름을 좋은 쪽으로 변화시키거나 충격을 완화할 수 있다. 그러나 사주원국의 특징을 이해하지 못하고 사주의 장단점을 모르고 무조건적으로 대운의 흐름에 매달리면 아무리 대운이 좋아도 삶은 어려워질 것이다.

1) 대운 찾기

대운은 10년마다 바뀐다. 따라서 누군가가 말하기를 "대운이 왔어요"라고 한다면 문제가 있다. 대운은 각각 십신을 대입하여 파악하기 때문이다. 십신은 각각 비견, 겁재, 식신, 상관, 편재, 정재, 편관, 정관, 편인, 정인이다.

십신은 이 대운의 성격을 이야기해주는 것이다. 따라서 "편재대운이 왔어요." "식신대운입니다." "겁재대운입니다"라고 이야기해주어야 한다. 이 대운의 색으로 앞을 알 수 있다.

물론 10년 단위로 적용하는 것이기에 대운은 10년 안에 영향을 미친다. 대운을 이루는 것은 간지와 지지이다. 따라서 같은 10년 동안이라도 간지가 지배하는 5년과 지지가 지배하는 5년은 약간 다른 결과를 가져올 수 있기에 역시 판단을 달리한다.

그렇다면 대운은 어떻게 찾는가? 대운간지의 기준은 월간이다. 물론 남녀가 다르다. 사주의 주인이 남자인지 여자인지 먼저 파악한다. 그리고 년을 파악해야 한다. 즉, 남자인데 년간이 양년이면 순행이라 한다. 남자의 사주에서 년간이 음년이면 역행한다. 순행이란 갑을병정무기경신임계의 순서로 흐르는 것이고 역행이란 반대로 계임신경기무정병을갑의 순으로 흐르는 것이다. 여자는 반대의 경우에 해당한다.

대운의 흐름은 남양과 여음이 근본이다. 남자는 년간이 양이면 무조건 순행, 년간이 음이면 역행이다. 여자는 반대이니 년간이 음간이면 순행, 양간이면 역행이다. 여기에서 갑병무경임은 양간이고 을정기신계는 음간이다. 갑병무경임에 태어나면 양년생이고 을정기신계에 태어나면 음년생이다.

대운의 순서를 정하는 과정에서 태어난 해의 띠는 중요하지 않다. 태어난 해의 천간이 중요하다. 이것으로 자평명리는 띠를 중심으로 풀지 않는 것이 다시 증명된다. 남성 사주는 양년생이면 순행이고 여성 사주는 음년생이어야 순행이다. 남성으로 음년생이면 역행이고 여성으로 양년생이면 역행이다.

대운수라는 것이 있다. 생년월일을 적용하여 만세력을 찾으면 생일에 해당하는 날에 대운수가 나온다. 즉 아라비아 숫자로 쓰여 있는 것을 볼 수 있는데 남녀가 각기 다른 숫자가 있다. 물론 대운수를 계산하는 방법은 있다. 만세력이 없다면 계산해서 대운수를 찾아내야 하지만 만세력이 있다면 만세력의 숫자를 사용하면 된다.

이에 따라 10년 단위로 나뉘는 대운의 대운수를 찾아낸다. 만약 어느 남자 일주의 아래 부분에 쓰여 있기를 남자 3이라면 대운수는 3이 된다. 그렇게 되면 이 남자는 10년마다 대운이 바뀌니 3, 13, 23, 33, 43, 53, 63, 73, 83, 93, 103과 같은 식으로 대운이 바뀐다. 즉 3세에 대운이 바뀌고, 10년이 지난 13세에 대운이 바뀐다. 다시 23세에 대운이 바뀌고 33세가 되면 대운이 바뀐다. 이 대운이 바뀔 때마다 육친을 적용하여 식상대운, 비견대운, 겁재대운과 같은 방식으로 부른다.

우리는 아홉수라는 말을 사용하는데 이 경우 대운수보다 하나 적은 숫자를 아홉수로 정하는 학자들도 있다. 즉 이 대운은 3대운이니 2라는 숫자가 아홉수라는 것이다. 모든 띠가 일률적으로 아홉수가 아니다. 띠를 무시하고 개개인의 일주에 따라 아홉수가 달라지는 것이니 이 방법이 더욱 가치가 있고 효용성이 있는 듯하다.

중요한 것은 어떤 것을 기준으로 천간지지를 적어나가는지 정립해야 한다는 것이다. 남녀를 구분하고 년간을 확인했으면 순행과 역행이 정해진다. 그리고 그 시작은 월간에서부터 한다. 만약 월간이 갑(甲)이라면 순행은 을병정무기경신의 순서로 갈 테고, 역행이라면 계임신경기무의 순서로 갈 것이다. 이 과정에서도 철저하게 육십갑자의 기둥이 적용된다. 지지도 마찬가지다. 천간의 판단에 따라 지지도 순행하거나 역행한다. 예를 들어 지지가 인(寅)이라고 하면 순행은 묘진사오미신유로 흐를 테고 역행이라면 축자해술유신으로 흐를 것이다. 이를 정리하면 다음과 같다.

1964년 9월 2일(음) 12시 30분 출생												
天干	庚			己			癸			甲		
地支	午			丑			酉			辰		
남자 대운	110	100	90	80	70	60	50	40	30	20	10	0.3
	乙酉	甲申	癸未	壬午	辛巳	庚辰	己卯	戊寅	丁丑	丙子	乙亥	甲戌
여자 대운	120	110	100	90	80	70	60	50	40	30	20	10.0
	辛酉	壬戌	癸亥	甲子	乙丑	丙寅	丁卯	戊辰	己巳	庚午	辛未	壬申

1964년 9월 2일(음) 12시 30분 출생 사주이다. 이 사주는 년간이 갑(甲)으로 양간이다. 따라서 남자 사주라면 순행하고 여자 사주라면 역행한다. 대운수는 각각 10이나 남자 사주에는 계산에 따라 0.3이 남는다. 여자의 대운이 1년을 늦게 간다. 운의 흐름을 유년이라 하는데, 유년은 월간과 월지를 기준으로 한다. 따라서 남자 사주라면 대운수 첫 자는 계(癸)의 다음 천간인 갑(甲)이고, 여자 사주라면 계(癸) 이전의 천간인 임(壬)이 된다. 지지는 월지인 유(酉)를 기준으로 남자 사주는 순행이므로 다음 지지인 술(戌)이 되고, 여자 사주는 역행이므로 이전 지지인 신(申)이 된다.

2) 대운수 계산

대운수는 대운의 숫자를 말한다. 이 숫자는 사주를 풀어 대운을 볼 때 운의 주기가 바뀌는 기준 연령을 말한다. 만세력을 살피다보면 대운에는 남녀 각각 숫자가 붙어 있는데 그것을 대운수라 한다. 대운수는 그 운이 몇 살 때 시작되는지를 알려준다. 즉 대운수가 8이라면 대운은 8, 18, 28, 38, 48, 58, 68, 78세에 바뀐다.

대운은 월간과 월지로 판단한다. 즉 누군가의 사주를 간명할 때 그 출생달에 따른 월주를 그 기본으로 보는 것이다. 그 월주를 기준으로 순방향과 역방향을 따지게 된다. 순행과 역행의 판단은 년주의 년간으로 하는데 남자의 경우는 양간이면 순행, 음간이면 역행한다. 여자의 경우는 년간이 양간이면 역행, 음간이면 순행한다.

대운수를 정하는 법을 알아보자. 대운수는 순행일 경우는 태어난 날부터 다음 절기 전날까지의 숫자를 3으로 나누어 몫을 취한다. 나머지가 2일 때는 몫에 1을 더한다. 역행일 때는 태어난 날부터 세기 시작하여 전 절기 전까지 센 날짜를 3으로 나누고 몫을 택한다. 나머지가 2일 때는 몫에 1을 더한다.

기본적으로 대운과 대운수는 태어난 날의 년간으로 순행 역행을 판단하고, 대운수는 태어난 날부터 다음 절기, 이전 절기까지 날짜를 세어서 계산한다. 그러므로 만세력에서 살피듯 월주가 같은 경우 남자는 모두 같은 대운을 가진다.

여자도 같은 달의 월주를 가지면 여자끼리는 모두 같은 대운을 가지게 된다. 그러나 대운이 같다고 같은 해석을 내리지는 않는다. 대운을 미리 파악했다 해도 사주의 용신에 따른 분석이 적용되기 때문이다. 또한 다양한 적용이 모두 월주로 이루어지는 것은 아니다.

대운을 계산하기는 쉽지 않다. 물론 만세력을 이용한다면 대운수로 힘들어할 필요는 없을 것이다. 그러나 대운수를 어찌 정하는지 이치는 알아둘 필요가 있다. 대운수를 정할 때 기본은 양남음녀와 음남양녀를 구분하여 계산하고 적용한다는 것이다. 그 방법은 다음과 같다.

① 양남음녀의 순행대운일 경우에는 생일부터 다음 절기까지 날짜수와 시간을 모두 센다. 그리고 3으로 나눈 몫을 대운수로 삼는다. 다만 나머지가 0이거나 1이면 버리고 2라면 1을 더해서 대운수를 정한다. 총날짜수를 셀 때 생일을 포함시켰으면 절기를 빼고 센다. 생일을 뺐을 때는 절기를 포함시킨다. 어쨌든 숫자는 같아지기 마련이다. 시간을 셀 때 모호한

대운수 계산조견표						
날짜	나누기	몫	나머지	계산법	계산	대운수
1	÷3	0	1	몫은 0이고 나머지 1은 버림	나머지 1 버림	1
2	÷3	0	2	나머지 2는 몫 더하기 1	0+1	1
3	÷3	1	0	몫을 취함	1+0	1
4	÷3	1	1	몫 1은 취하고 나머지 버림	1+0	1
5	÷3	1	2	몫 1과 나머지 2를 1로 취함	1+1	2
6	÷3	2	0	몫을 취함	2+0	2
7	÷3	2	1	몫 2는 취하고 나머지 버림	2+0	2
8	÷3	2	2	몫 2와 나머지 2를 1로 취함	2+1	3
9	÷3	3	0	몫을 취함	3+0	3
10	÷3	3	1	몫 3은 취하고 나머지 버림	3+0	3
11	÷3	3	2	몫 3과 나머지 2를 1로 취함	3+1	4
12	÷3	4	0	몫을 취함	4+0	4
13	÷3	4	1	몫 4는 취하고 나머지 버림	4+0	4
14	÷3	4	2	몫 4와 나머지 2를 1로 취함	4+1	5
15	÷3	5	0	몫을 취함	5+0	5
16	÷3	5	1	몫 5는 취하고 나머지 버림	5+0	5
17	÷3	5	2	몫 5와 나머지 2를 1로 취함	5+1	6
18	÷3	6	0	몫을 취함	6+0	6
19	÷3	6	1	몫 6은 취하고 나머지 버림	6+0	6
20	÷3	6	2	몫 6과 나머지 2를 1로 취함	6+1	7
21	÷3	7	0	몫을 취함	7+0	7
22	÷3	7	1	몫 7은 취하고 나머지 버림	7+0	7
23	÷3	7	2	몫 7과 나머지 2를 1로 취함	7+1	8
24	÷3	8	0	몫을 취함	8+0	8
25	÷3	8	1	몫 8을 취하고 나머지 버림	8+0	8
26	÷3	8	2	몫 8과 나머지 2를 1로 취함	8+1	9
27	÷3	9	0	몫을 취함	9+0	9
28	÷3	9	1	몫 9를 취하고 나머지 버림	9+0	9
29	÷3	9	2	몫 9와 나머지 2를 1로 취함	9+1	10
30	÷3	10	0	몫을 취함	10+0	10
31	÷3	10	1	몫 10은 취하고 나머지 버림	10+0	10

경우도 있는데 어쨌든 12시간 이상이면 하루로 본다.

간단한 계산법일 수 있다. 숫자를 세어보았더니 14일이라고 가정하자. 14를 3으로 나누었더니 몫이 4하고 2가 남는다. 기본적으로 대운수가 4인데, 2는 1을 더하여 하루를 만들라고 했으니 이 경우 대운수는 5가 된다. 물론 세밀히 계산하면 소수점까지 나올 수 있고 대운이 작용하는 시간을 계산하면 몇 달 차이가 날 수 있다. 그러나 포괄적으로 계산하면 이 같은 공식이 성립된다.

② 음남양녀의 역행대운에서는 생일에서 거꾸로 과거 절기까지 센다. 즉 거꾸로 세어 앞의 절기까지 날짜수와 시간을 모두 세어 그것을 3으로 나눈 몫을 대운수로 삼는다. 역시 나머지가 0이거나 1이면 버리고 2라면 1을 더해서 대운수로 정한다. 총날짜수를 셀 때 생일을 포함시켰으면 절기를 빼고, 생일을 뺐으면 절기를 포함시킨다. 시간이 12시간 이상이면 하루로 본다.

대운수 계산은 일반적으로 만세력에 상세하게 나와 있다. 그러나 만세력에도 맹점이 있다. 대부분 만세력에서 살펴보면 절기일에는 대운수가 적혀 있지 않다. 만약 생년월일을 따지니 이날에 해당한다면 갑자기 난감해지는 경우에 해당할 것이다. 급한 경우 풀어서라도 적용해야 하는데 기본적인 운용법을 알지 못하면 난감해진다. 이때는 숫자를 세어 대운수를 확인해야 한다.

과학이 발달하여 컴퓨터나 다른 다양한 전자기기의 어플을 이용하면 대운수를 찾기가 어렵지 않을 것이나 명리를 배우고자 한다면 대운수 계산은 상식선에서 알아둘 필요가 있다. 특히 어플이라고 만능은 아니어서 간혹 절기에 해당하는 날의 계산이 틀릴 때도 있다. 따라서 대운수 계산법은 알아두는 것이 올바른 사주 간명의 시작이라 본다.

2018년 6월 4일(음력) 묘시(卯時)				
천간	丁	己	己	戊
지지	卯	酉	未	戌

대운	대운수	77	67	57	47	37	27	17	7.3
	남	丁卯	丙寅	乙丑	甲子	癸亥	壬戌	辛酉	庚申
	대운수	73	63	53	43	33	23	13	3.0
	여	辛亥	壬子	癸丑	甲寅	乙卯	丙辰	丁巳	戊午

무술년 기미월에 태어난 아이가 남자라면 년천간 무토(戊土)가 양간이므로 기미월부터 순행하게 되어 다음 천간인 경(庚)부터 시작한다. 지지 또한 천간을 따라 순행하므로 미(未)의 다음인 신(申)부터 순행하여 나아간다. 무술년 기미월에 태어난 아이가 여자인 경우는 년천간인 무토가 양간이므로 기미월부터 역행하게 되어 이전 천간인 무(戊)부터 시작한다. 지지 또한 천간을 따라 역행하므로 미(未) 이전인 오(午)부터 역행하여 나아간다.

2018년 6월 4일(음력) 묘시생 남자의 대운수를 계산한다. 음력 4일에서 다음 절기까지 센다. 생일을 빼고 다음 절기인 입추일인 음력 6월 26일까지 세어보니 22일이다. 22일을 3으로 나누면 몫은 7이고 나머지는 1이다. 1은 버리라고 했으므로 대운수는 7이다. 즉 2018년 6월 4일(음력) 묘시에 태어난 남자의 대운수는 7이 된다.

여자의 경우는 어떤가? 2018년 6월 4일(음력) 묘시생 여자는 년천간이 양이라 역행한다. 그러므로 2018년 6월 4일(음력)을 빼고 전 절기인 소서일인 5월 24일(음력)까지 세면 9일이다. 9일을 3으로 나누면 몫이 3, 나머지가 0이 나오므로 대운수는 3이다.

2018년 6월 8일(음력)				
천간		癸	己	戊
지지		丑	未	戌

대운	대운수	76	66	56	46	36	26	16	6.0
	남	丁卯	丙寅	乙丑	甲子	癸亥	壬戌	辛酉	庚申
	대운수	74	64	54	44	34	24	14	4.3
	여	辛亥	壬子	癸丑	甲寅	乙卯	丙辰	丁巳	戊午

무술년 기미월에 태어난 아이가 남자라면 년천간 무토(戊土)가 양간이므로 기미월부터 순행하게 되어 다음 천간인 경(庚)부터 시작한다. 지지 또한 천간을 따라 순행하므로 미(未)의 다음인 신(申)부터 순행하여 나아간다. 무술년 기미월에 태어난 아이가 여자인 경우는 년천간인 무토가 양간이므로 기미월부터 역행하게 되어 이전 천간인 무(戊)부터 시작한다. 지지 또한 천간을 따라 역행하므로 미(未) 이전인 오(午)부터 역행하여 나아간다.

2018년 6월 8일(음력)에 태어난 사람의 대운수를 살펴보자. 2018년 6월 8일(음력) 묘시생 남자의 대운수를 계산한다. 음력 6월 8일에서 다음 절기까지 센다. 생일을 빼고 다음 절기인 입추일인 음력 6월 26일까지 세어보니 18일이다. 18일을 3으로 나누면 몫은 6이고 나머지는 0이다. 따라서 대운수는 6이다. 즉 2018년 6월 8일(음력)에 태어난 남자의 대운수는 6이 된다.

여자의 경우는 어떤가? 2018년 6월 8일(음력)생 여자는 년천간이 양이라 역행한다. 그러므로 2018년 6월 8일(음력)을 빼고 전 절기인 소서일인 5월 24일(음력)까지 세면 13일이다. 13일을 3으로 나누면 몫이 4, 나머지가 1이 나온다. 나머지 1은 버리라고 했으므로 대운수는 4이다.

그럼 2018년 6월 4일(음력) 묘시(卯時)의 사주와 2018년 6월 8일(음력)에 태어난 사주를 비교해보자. 운의 흐름은 같은데 대운수가 다르다. 남자 사주도 차이가 나지만 여자 사주도 대운수에서 차이가 난다. 그 차이를 비교해보

자. 일단 두 사주를 살피면 년월이 같은 무술년 기미월이다. 동일하게 남자는 년천간 무토가 양이므로 순행한다. 여자의 경우는 년천간이 양이라 역행한다. 여기까지는 같다. 문제는 대운수다. 대운수는 운의 시작을 알린다. 따라서 운의 흐름이 같아도 일간에 따라 대운수는 현격한 차이를 보인다. 이에 용신(用神)을 찾아 운의 흐름을 적용하여 길흉을 파악할 수 있다.

【집중】 대운수 계산법

기존 대운수 계산법에서는 절기 간의 간격을 30일 고정으로 보고 계산한다. 절기는 모두 12개가 있다. 만약 이와 같이 절기 간의 간격을 30일로 본다면 1년은 360일이 된다.

실제 1년의 길이는 365.xxxx일이다. 5.xxxx일의 차이가 난다. 이 날짜수는 다 어디로 사라진 것일까?

우리에게 360은 아주 익숙한 숫자다. 이것은 원의 각도이기 때문이다. 즉, 절기 간의 간격을 날짜수로 30일이 아니라 각도 30도로 보면 모든 것이 확실해진다.

30일이라는 숫자는 어디서 나온 것일까? 아마도 평기법에서 나온 숫자가 아닌가 한다. 평기법에서는 24기를 계산할 때 1년의 길이를 24등분한다. 1년을 365일로 본다면 절기와 중기 간의 간격은 일정하게 15.208333…일이 되고, 절기 간의 간격은 30.41666…일이 된다.

명리학이 만들어지고 대운과 대운수가 계산된 시기에는 수학이 그리 발달하지 않았다. 소수점 이하를 다루기가 쉽지 않았던 것이다. 지금도 계산기를 사용하지 않으면 소수점 이하는 다루기 까다롭다. 따라서 계산의 편리를 위해 소수점 이하는 버려졌을 수도 있다. 한편으로는 동양에서는 사대사상의 뿌리가 깊기 때문에 소수점 이하는 우수리로 보고 무시했을 가능성이 크다.

그렇다 하더라도 평기법은 실제 지구의 공전운동을 제대로 반영하지 못한다. 지구는 원운동이 아닌 타원운동을 하므로 평기법으로는 계절이 잘 들어맞지 않는다. 그래서 정기법이 개발되었다.

정기법에서는 1년 길이를 24각도로 나눈다. 지구는 태양 주위를 타원궤도로 공전하기 때문에 태양과 가까운 곳에서는 빠르게 움직이고, 태양과 먼 곳에서는 느리게 움직인다. 그래서 황도상에서 태양의 움직임이 빠르고 느리게 나타난다.
명리학에서는 현재 대운수를 계산할 때 정기법이 정론으로 쓰인다. 그렇다면 대운수 계산은 절기 간의 간격을 각도 30도로 보고 계산하는 것이 합리적이다. 이것이 실제 사주 해석과 부합한다는 것도 확인하였다.
원의 각도를 360도로 보는 것은 인위적이다. 720도로 나눌 수도 있고 100도로 나눌 수도 있다. 여기서 중요한 것은 각도 개념이다. 각도 개념을 사용하는 한 어떤 각도의 수를 사용해도 동일한 결론에 이르게 된다.
그런데 왜 명리학에서는 1년을 12각도로 나눈 절기를 사용하는가? 10절기나 14절기는 안 되는가? 13절기나 15절기 같은 홀수 절기는 안 되는가?
사주는 육십갑자 체계를 사용하는데 이것은 10개 천간과 12개 지지의 조합이다. 이 체계에서 12달의 기원을 찾을 수 있는 것이 아닐까 한다. 만약 다른 수의 갑자 체계를 사용한다면 1년은 다른 달수로 사용해야 할지도 모르겠다.
우리가 공전 주기와 자전 주기가 다른 행성에 얼마든지 들락거리면서 연구할 수 있다면 오직 육십갑자 체계만이 사주학적 의미가 있는지, 다른 체계도 가능한지 가늠할 수 있으리라 생각되지만 현재로서는 요원한 일이다.

순행대운

대운의 흐름이 정해지면 대운수가 정해진다. 물론 대운수를 정하기 전에 운의 흐름을 따져야 한다. 대운의 흐름에는 순행과 역행이 있다. 순행이란 육십갑자의 간지로 이루어진 기둥이 순서대로 흐르는 것이다. 즉 갑자(甲子), 을축(乙丑), 병인(丙寅), 정묘(丁卯)와 같이 순서대로 순행하는 것을 말한다. 그러나 반드시 육십갑자의 시작인 갑자로 시작하는 것은 아니다. 월간과 월지로 이루어진 월주부터 시작한다.

순행이라면 월주 다음 기둥이 될 것이다. 순행대운에서 천간과 지지의 순서를 파악하는 것이 중요하다. 따라서 육십갑자의 흐름을 알아두어야 순행에서 유용하게 사용할 수 있다. 이는 실례를 보며 확인할 수 있다.

순행대운의 실례 1								
월주	1대운	2대운	3대운	4대운	5대운	6대운	7대운	8대운
己	庚	辛	壬	癸	甲	乙	丙	丁
卯	辰	巳	午	未	申	酉	戌	亥

순행대운의 실례 2								
월주	1대운	2대운	3대운	4대운	5대운	6대운	7대운	8대운
甲	乙	丙	丁	戊	己	庚	辛	壬
午	未	申	酉	戌	亥	子	丑	寅

* 사주 풀이에서는 일반적으로 우에서 좌로 진행한다. 위의 표는 이해를 돕기 위해 좌에서 우로 진행하고 있다.

역행대운

대운의 흐름에는 순행과 역행이 있다. 역행이란 육십갑자의 간지로 이루어진 기둥이 반대쪽 순서대로 흐르는 것이다. 후퇴한다고 할까? 아니면 후진과 같은 형식이다. 즉 갑자(甲子), 계해(癸亥), 임술(壬戌), 신유(辛酉)와 같이 순서대로 역행하는 것을 말한다. 순행과 마찬가지로 반드시 육십갑자의 시작인 갑자로 시작하는 것은 아니다.

역행은 월간과 월지로 이루어진 월주를 기준으로 하여 시작한다. 역행이라면 월주의 이전 기둥이 될 것이다. 역행대운에서 천간과 지지의 역순을 파악하는 것이 중요하다. 따라서 육십갑자의 흐름을 정확하게 알아두어야 역행에서 유용하게 적용할 수 있다. 이는 실례를 보며 확인할 수 있다.

역행대운의 실례 1								
월주	1대운	2대운	3대운	4대운	5대운	6대운	7대운	8대운
己	戊	丁	丙	乙	甲	癸	壬	辛
卯	寅	丑	子	亥	戌	酉	申	未

역행대운의 실례 2								
월주	1대운	2대운	3대운	4대운	5대운	6대운	7대운	8대운
甲	癸	壬	辛	庚	己	戊	丁	丙
午	巳	辰	卯	寅	丑	子	亥	戌

*사주 풀이에서는 일반적으로 우에서 좌로 진행한다. 위의 표는 이해를 돕기 위해 좌에서 우로 진행하고 있다.

【아차!】 **대운이 들어왔네요!**

누구나 어려움에 처하면 철학관이나 무속인 혹은 명리학자에게 찾아가 상담을 하고 싶어 한다. 이는 인지상정이다. 이들을 상담하다보면 흔히 "대운이 들어왔습니다"는 식의 이야기를 들을 때가 있다. 운이 들어와 좋을 것이라는 이야기다. 그러나 누구에게나 대운은 들어오고 나가고 또 변한다. 대운은 10년 단위로 들어오는 운일 뿐이다. 따라서 대운이 들어왔다는 막연한 말은 의미가 없고 옳은 말도 아니다. 대운이 들어오고 나면 좋은지 나쁜지는 용신을 비롯한 여러 가지 기법을 적용하여 풀어야 하는 대상이다. 따라서 대운은 늘 들어와 있는 것이다. "정관대운이 들어왔습니다." "식상대운이 들어왔습니다"라는 형태의 운을 판단해주어야 한다. 그리고 한 발 나아가면 "식상대운이 좋습니다." "재운이 오면 좋은데 곧 정재대운이 오네요"라는 식의 판단이 따라야 한다. 조금 더 나아가면 "이번 대운이 식상대운인데 용신운이라 좋습니다." "대운수가 8대운이라 18세부터 식상대운인데 용신대운이라 좋겠습니다." "5가 대운수라 35세부터 재성대운이 들어와 있는데 용신운이니 돈을 벌 수 있을 겁니다"와 같은 판단이 내려져야 한다.

무작정 "대운이 왔습니다"라는 식의 판단은 사주를 보지 못하는 사람들이 거짓말을 하거나 자신이 뭔지도 모르는 말을 주절거린다고 생각하면 틀림없다.

4. 태세(太歲)

태세는 달리 해운, 년운(年運)이라고 한다. 세운(歲運)이나 태세(太歲)라고도 한다. 한글로는 해운이다. 해마다 맞이하는 운세를 말하고 유년(流年)이라고도 한다. 대운과 마찬가지로 일간에서 세운을 보고 운세의 길흉을 판단한다.

후천성 흐름인 대운은 각각 10년을 지배한다. 세운과 대운은 서로 얽혀있고 사주에 관하여 후천운을 형성해나간다. 당연히 세운은 1년을 지배한다. 세운은 사주에서 매년 운의 길흉이 누적되어 그 사람의 일생을 좌우한다고 해도 지나친 말이 아니다. 세운이 모여 대운을 형성하는 것이다.

POINT

태세(太歲) 일반적으로 년운, 세운, 해운이라 부른다. 1년의 운을 다룬다. 육친을 적용하여 식상운, 겁재운, 인수운, 정관운 등으로 부른다. 운의 흐름에서 그해 천간의 글자가 나타내는 오행이 용신에 해당하면 길하다고 푼다. 특히 태세의 운은 그해를 나타내는 년주의 천간이 중요하다. 예를 들면 무술년(戊戌年)이라 하자. 무술년은 천간을 나타내는 무라는 글자가 가장 중요하다. 흔히 1년의 운을 풀 때는 일간이 아니라 그해의 천간이 왕이라는 말을 한다. 그 정도로 1년 운의 간지는 매우 중요하고 힘을 지니고 있다.

달을 지배하는 월운이 있고 하루를 지배하는 일운이 있다. 세세한 운으로 갈수록 적중력이 떨어지므로 세운을 판단할 때는 대운의 기초를 바탕으로 본다. 물론 대운은 지지가 중요하고 해운은 천간이 중요하다는 차이는 있다.

10년을 지배하는 대운을 제쳐두고 무작정 해운을 적용할 수는 없다.

그해의 운세 변화는 그해의 운을 기준으로 판단한다. 2019년 운세는 남녀노소를 불문하고 2019년의 태세, 즉 기해년(己亥年)을 가지고 그해의 운세를 판단한다. 입춘이 지나야 그해의 천간지지를 적용받는 새로운 해이다. 만약 양력 1월에 해당하는 날이라 해도 입춘이 지나지 않으면 전해인 2018년 무술년이다.

태세를 살필 때는 대운의 바탕 위에서 파악하는 것이 당연하다. 그러나 많은 경우 대운은 무시하고 해운만 적용하는 실수를 범하기도 한다. 물론 사주에 따라 느끼는 강도가 다르기는 하다.

일부 연구가들에 따르면 신강사주는 대운의 영향을 강하게 받는다고 한다. 그와 비교하여 신약사주는 매해 해운의 영향을 강하게 받는다고 한다. 세운간법의 요법은 세운의 천간을 가장 중요시하고 그해의 오행이 대운이나 원사주의 길흉에 대해 어떠한 영향을 미치는지에 따라서 천차만별의 세운을 맞이하게 된다.

년운의 작용력은 대운에 비교하여 50%에 속하며 대운보다는 작용력이 약한 편이지만 대운 버금가게 중요도가 높고 영향력이 있다. 특히 신약사주에는 대운보다 더욱 크게 느껴지는 작용이 일어난다. 그러나 근본적으로 지지를 중요하게 살피는 대운과 달리 세운은 천간(天干)이 년운의 향방을 결정한다. 년운이 본인에게 유리한 경우 대운이 나쁘면 그다지 좋은 일이 많지는 않을 테지만 년운이 본인에게 불리한 경우 대운이 좋으면 좋지 않은 일들이 상쇄되어 사라질 가능성이 높다.

해가 바뀌면 올해의 천간지지가 무엇인지 따지게 된다. 2019년은 기해년(己亥年)이다. 누구에게나 공통적으로 기해년이다. 생일이 느리거나 여자이거나 남자이거나 어리거나 늙거나 모두 같은 해를 적용받는다. 해마다 누구에게나 같은 간지(干支)로 해운이 적용되는 것이 오히려 불합리한 것처럼 느껴질 수 있다. 어찌 보면 운이라는 것이, 또는 우주의 흐름이라는 것이 지나치게 획일적일 수 있다. 그러나 이 획일성이야말로 가장 정확한 틀이 되는 기초가 된다.

같은 해가 오고 같은 운이 온 듯 보이지만 사람마다 운의 흐름은 다르다. 개개인의 사주가 다르고 대운이 다르기 때문에 같은 해가 온다 해도 개개인의 길흉화복(吉凶禍福)은 전혀 다르게 나타난다. 또한 용신과 같은 이치가 달라 같은 해라고 해도 적용 방법이나 기운이 다르다. 그렇다면 달리 생각해 볼 필요가 있다.

사주가 비슷한 구조이며 일주가 같고 대운이 비슷한 사람들이라면 해마다 부딪치는 길흉이 비슷할까? 당연하다. 이해하기 어렵겠지만 사실이다. 이는 살아가며 경험해보는 수밖에 없는데 일반인은 느끼기 어렵다. 그러나 자료를 많이 가진 사람이나 연구가들은 그런 사실을 잘 알고 있다.

대운은 큰 흐름으로 10년을 관장하고 매년의 해운은 해당 1년을 관장한다. 대운은 큰 흐름의 환경을 나타내기 때문에 삶에서 느끼는 길흉이 밀접하게 와닿지는 않기에 무시하는 경우가 많다. 우리가 직접 느끼는 길흉은 오히려 해운이 더 크게 와닿는다. 사주의 적용과 흐름을 정확하게 판단하려면 사주를 기본으로 하고 대운과 해운을 적용하여 세 가지 흐름으로 오행이 생극제화(生剋制化)하는 모습을 상세히 살펴야 한다.

5. 월운(月運)

후천성 흐름인 대운은 각각 10년을 지배한다. 당연히 세운은 1년을 지배한다. 달을 지배하는 월운이 있고 하루를 지배하는 일운도 있다. 월운은 1년을 지배하는 세운에 부속된다. 길흉을 판단하고자 하면 대운을 먼저 살피고 나서 세운을 적용하고, 그 후 월운을 적용한다. 세세한 운으로 갈수록 적중률은 떨어진다. 따라서 복수적으로 적용하여 간명한다.

간명과 통변을 할 때 규칙이 있다. 천간은 천간과 대비하거나 대조하고 지지는 지지끼리 적용한다. 월운천간은 사주원국에서 천간에 적용하고 월운지지는 당연히 사주원국의 지지와 적용한다. 이처럼 대조하여 큰 그림을 그린다.

일례로 대운이 용신운(用神運)이나 희신운(喜神運)이라면 월운이 흉한 운이라 해도 평운으로 파악한다. 반대로 대운이 기신운(忌神運)이나 구신운(仇神運)이라면 월운이 좋아도 좋다고만 해석하기에는 부족하다.

규모가 큰 거시(巨視)는 움직이는 힘이나 방향성이 쉽게 바뀌지 않으므로 변동이 크지 않다. 그러나 세세함으로 이루어지는 미시적인 것은 주변 환경이나 외부 충격에 따라 수시로 변할 가능성이 높다. 대부분 대운이나 해운으로 그해 운수를 점치거나 예방하고 판단하는데 월운까지도 묻는다면 매우 세밀한 성격이거나 지나치게 위기의식을 느끼기 때문일 것이다. 혹은 확실한 것을 좋아하거나 지나치게 파고드는 성격일 수도 있다. 근본은 갑갑증이다. 답답한 마음은 이해하겠지만 불행하게도 세세한 내용을 적용하는 월운과 시운으로 갈수록 적중률이 현저히 떨어진다.

가장 큰 그릇은 사주원국이다. 대운이 어느 정도 좋아도 사주원국의 구성을 뛰어넘기는 어렵다. 모든 이치가 그렇다. 큰 흐름이 세상을 좌우한다. 년운이 좋아도 대운을 넘기 어렵고, 월운이 좋다고 해도 그 년운을 넘을 수는 없는 법이다. 그해의 운세를 따져보니 재물운이 좋지 않은데 월의 운에서 잠시 호기가 왔다고 그해에 많은 재물을 벌어들이기는 불가능할 것이다.

당연하게도 대운을 무시할 수 없고 월운에 너무 기대도 좋지 않다. 월운이나 시운에 너무 기대면 흔히 시류를 타는 것으로 기회주의자적 성향이 드러날 수밖에 없다. 당연하게도 원국을 바탕으로 하고 대운이 가장 중요하다. 완벽한 사주는 없다. 그럼에도 원국이 먼저다. 사주원국에 결함이 있다 하더라도 대운이 용신운으로 가거나 합을 통해 도와주는 형상이면 점점 발전할 수 있다. 그와 반대로 원국이 좋아도 대운이 기신운(忌神運)으로 내달리고 형충파해(刑冲破害)로 달리면 몰락하거나 퇴보할 수밖에 없다.

대운이 긍정적인 방향으로 흐르면 어떤 일이 일어나고 어떤 현상이 나타나든 도움이 되는 방향으로 발전해나간다. 대운은 천간보다는 지지의 영향력을 더 살핀다. 그와 비교해 세운과 월운은 천간을 더 중요하게 살핀다. 세운과 월운의 천간은 결과이거나 흐름이고 지지는 변화의 현실적인 부분이다.

근본적으로 월운(月運)은 월마다 바뀌는 운이다. 작용력은 그다지 크지 않다. 사실 내심으로 솔직하게 말하면 그냥 무시해도 상관없다고 본다. 그래도 많은 사람은 수긍하고 또 세밀하게 살피고자 한다. 결국 운을 살핀다고 하면 가장 중요한 것은 대운과 년운이다. 월운이나 하루 일진을 살피는 일운(日運)은 거의 맞지 않는다고 본다.

월운(月運)을 살피고자 마음을 정했다면 지지보다는 천간을 살피는 것이 옳다. 월운을 통해 그 한 달의 전반적인 향방을 가늠할 수 있다. 매월의 운을 살피는 방법으로는 12신살을 적용하거나 12운성을 적용하는 것도 사용된다.

물론 간지의 오행이나 십신을 참고한다. 그러나 애초에 12신살이나 12운성을 인정하지 않는 연구가도 많다. 간지의 대입이라는 측면도 대운이나 세운과 달리 쉬운 일이 아니다.

매월의 간지는 그해의 운세에 따라 정해져 있다. 매년의 년운을 살필 때 정해진 년의 간지를 가지고 보는 것처럼 월의 운세 역시 정해진 것이므로 월운을 볼 때는 월지(月支)보다 월간(月干)을 위주로 판단하는 것이 더 정확하다.

만약 월지가 월간보다 힘이 강하다고 가정하면 문제가 생긴다. 월지를 기준으로 월운을 보게 된다면 매년 같은 계절마다 지지에 같은 글자가 올 테니 해마다 비슷한 운기(運氣)가 일어날 것이다. 얼마나 모순된 일인가?

월간을 위주로 판단하라! 월간만 가지고 월운을 판단한다면 이 또한 모순이 아니냐고 주장할 사람도 있겠지만 답은 명백해서 월간으로 보라는 것이다.

예를 들어보자. 사주를 따져 용신(用神)이 정해진다. 사주원국에서 용신이 지지(地支)에만 있고 천간에 투간하지 못한 경우를 보자. 대운과 유년에서도 천간에 해당 용신이 투간하지 못할 때 월운에서 용신이 투간되어 온다면 그 월에 용신 때문에 길사(吉事)가 있게 된다. 이런 경우는 종종 확인하는 바다.

반대의 경우도 있다. 사주를 많이 살피면 공통점을 찾아낼 수 있다. 사주원국의 천간에 기신(忌神)이 있어 용신을 억제할 경우에 판단이다. 천간에서 그 기신을 제거해야 하는데 쉽지 않다. 기신을 제거하는 천간을 다시 만나지 못한 경우 지지의 대운이 좋다고 하면, 월운에서 기신을 제거하는 해당 천간을 만나는 그달에 일이 해결되는 경우가 많다. 즉 월간이 작용하는 사례이다. 결국 사주원국을 바탕으로 대운(大運), 세운(歲運)의 간지(干支)들끼리 상호작용함을 알 수 있다. 이 같은 사실을 파악하여 해마다 어느 달에 길흉이 나타나는지 파악하고 월간을 추가하여 판단한다면 조금은 더 상세하고 자세하게 파악이 가능할 것이다.

【성보명리】 **출산택일**

간혹 출산택일을 의뢰받는다. 내가 가장 싫어하는 일이지만 사람들은 막무가내다. 출산을 앞둔 산모들이 점술가들이나 명리학자들을 찾아가 사주(四柱)가 좋은 날을 받아서 출산일을 정한다. 또 택일한 날에 어떤 방법으로든 애를 낳는 출산택일이 유행하고 있다. 아이에게 좋은 사주팔자를 주기 위해서라는데 어느 정도는 이해가 가는 말이다. 부모로서 자식이 이 험난한 세상을 조금이라도 행복하고 편하게 살라는 의미이니 나무라고 싶지는 않다.

사실 출산택일은 어제오늘의 일이 아니다. 우리만의 문제도 아니어서 전 세계적인 일이라고 할 수 있다. 그 뿌리가 역사적으로 증명되었기 때문이다. 제왕절개는 역사가 오래되었다. 이미 잘 알려진 출산택일의 비근한 예이지만 고대 로마제국에서도 제왕절개가 유행한 것이 드러났다. 로마의 위대한 지도자 카이사르가 복부를 가르고 태어났다. 왕이 될 자가 복부를 절개하는 분만술로 태어났기 때문에 제왕을 낳는 제왕절개술이라는 이름이 붙었다.

우리나라에도 오래전부터 자식을 낳을 때 시간을 조절하려고 한 흔적이 보인다. 그러나 복부를 가르는 제왕절개는 아니었다. 대표적인 사례가 조선시대 사육신 중 한 명으로 유명한 성삼문(成三問)이다. 원래 유명한 사람들의 출생에는 후일담이나 전설 같은 이야기가 있기 마련이기는 하다. 성삼문의 일화에는 출생시간을 조절하려는 눈물겨운 이야기가 숨어 있다. 성삼문이 예정된 시각에 태어나면 요절할 팔자라고 누군가 말했던 모양이다. 아이를 늦게 나오게 해서 운명을 조절하려고 어머니가 일부러 자궁문 앞에 돌을 놓고 버텨 늦게 나오게 했다는 것이다.

제왕절개에 대해서는 찬반이 존재한다. 점술가들과 명리연구가들 중 일부는 산모와 아이를 위험에 빠뜨릴 수 있는 출산 방법이 불필요하다고 주장한다. 그들의 주장에 따르면 사주 중 일주(日柱)와 시주(時柱)만 바꿀 뿐이라는 것이다. 그러나 때에 따라서는 월주까지 바꾸는 경우도 가능하다. 또한 가장 중요한 것이 일주라는 것을 감안하면 제왕절개가 영향이 없다고는 말하기 어렵다. 다만 인간이 운명을 조절하여 신의 영역에 도전하는 것이 옳은지에 대해서는 해석이 다를 것이다.

사주가 같다고 해서 같은 인생을 사는 것은 아니다. 언젠가 방송에서 고 김영삼 대통령과 사주가 동일한 사람들을 찾아본 적이 있다. 김영삼은 대통령이 되었지만 다른 한 사람은 벌을 키우고 있었고, 다른 한 사람은 거지들의 두목이라고 했다. 모두 사람과 벌을 거느리는 우두머리로 살았지만 대통령은 한 사람뿐이었다.

사주에는 아직 인간이 풀지 못한 신비함이 있다. 사주를 조절하고자 택일을 하고 아이를 낳아도 아이 운명이 반드시 꽃길은 아닐 수 있다. 옛날 임금은 합궁부터 시작해 합방 시까지 조절했다. 그에 따라 입태일(入胎日)이라는 것도 있다. 합방하여 정자가 자궁으로 들어가는 것을 말한다. 이 입태일을 따지면 언제 태어날지 안다고 한다. 이처럼 출산예정일까지 맞춰서 왕자와 공주를 낳았다. 표면적으로 모두 좋은 사주를 가지고 태어났지만 병약한 사람도 있고 요절한 사람도 있다. 심지어 삼촌에게 죽은 왕도 있고 독살당했을 것으로 추정되는 왕도 있다.

중국 송나라 때 점쟁이로 유명한 조광윤이라는 사람이 있었다. 그는 천기를 살펴 자신이 황제가 될 사주를 타고났다고 자랑했다. 사실 그는 하나만 알았다. 자신과 동시대에 태어난 사람 중 사주가 같은 사람이 있을 거라고 생각하지 못했던 것이니 하나만 알고 둘은 몰랐다고나 할까? 정작 황제가 된 사람은 그와 사주와 이름이 똑같은 송나라 태조 조광윤 장군이었다. 그래도 사주가 어떤 사람이 왕이 된다는 것은 아는 정도였으니 명리학이 틀린 것은 아니다. 그러나 사주 흐름에는 변수가 많다. 많은 사람이 출산택일을 할 때 무엇을 중요하게 삼는지도 살펴야 한다. 명리학의 흐름상 가장 중요한 것은 일주라고 생각할 수도 있다. 일주가 모든 것을 지배하기 때문이다. 그런데 많은 명리학자는 출산택일을 할 때 대운을 살피는 것이 중요하다고 말한다. 운의 흐름이 그만큼 중요하다는 것을 반증하는 것이다. 성보는 일주를 먼저 살피라고 말하고 싶다.

사실 여러 가지 생각이 든다. 지나친 욕심이 출산택일을 부추기는 것은 아닐까? 좋은 사주를 주기 위해 아이와 산모의 위험을 감수하기보다는 자연의 섭리를 따르는 것도 생각해볼 일이다. 또 아이 스스로 좋은 운명을 개척해나갈 수 있도록 따뜻한 가정환경을 만들어주는 것이 더 중요하지 않을까 생각한다.

6. 일운(日運)

후천성 흐름인 대운은 각각 10년을 지배한다. 당연히 세운은 1년을 지배한다. 달을 지배하는 월운이 있고 하루를 지배하는 일운도 있다. 일운이란 하루하루 운세를 말한다. 일간에서 그날의 간지를 보고 오행을 붙인다. 운은 대운, 세운, 월운, 일운, 시운의 순서대로 살핀다. 사주를 공부하거나 운을 파악하려고 한다면 자기 원국인 사주팔자와 대운 정도는 알고 있어야 하고 어떤 운이 들어올 때 좋은지, 어떤 운이 들어오면 주의해야 하는지 정도는 알아야 한다.

일운은 달리 일진(日辰)이라고도 한다. 원사주의 원국을 살펴 희용기구한(喜用忌仇閑)을 판별해야 한다. 즉 희신(喜神), 용신(用神), 기신(忌神), 구신(仇神), 한신(閑神)을 말한다. 보통의 경우 용신에 해당하는 날을 길일로 정한다. 그와 비교해 기신(忌神)에 해당하는 날은 흉일로 정한다.

일반적으로 사주를 분석하여 운을 살필 때, 대운에서 아주 좋은 운이 들어오는 것을 첫 번째로 친다. 대운의 흐름이 좋은 상태라면 우선 긍정적이다. 그러나 나머지 운도 살펴야 한다. 아무리 대운이 좋아도 세운, 월운, 일운, 시운의 상태에 따라 결과가 달라질 수 있다. 즉 대운이 아무리 좋아도 대단히 비극적인 일이 발생할 수 있다.

의외의 경우이지만 대운이 용신운이거나 희신운일 때 죽는 사람도 많다. 이것을 단순하게 너무 좋으면 나쁜 것과 통하는 이치라고 볼 것은 아니다. 사주를 분석하는 경우 편의상 사주원국과 대운을 살피고 세운까지 살피는 것이 일반적이다. 세밀하게 보기 위해 때에 따라서는 실제로 운에 영향을 주는 나머지도 살펴야 한다. 즉 월운과 일운을 살피는 것이 필요하다.

많은 사람이 일운은 신살(神殺)로 적용하는 경향이 있다. 천을귀인(天乙貴人)이나 천월이덕(天月二德)이 임하는 날을 길일로 하는 식이다. 길일이라면 혼례나 그밖의 좋은 일에 적용한다. 길일을 정하는 데는 길일을 사용하고 살이 강한 날과 공망은 피하는 격이다. 일운을 살피고자 하면 대체로 천간, 지지, 오행보다는 신살(神煞)을 바탕으로 살펴보는 것이 어느 정도 정확도가 있는 것도 사실이다.

어떤 경우에는 대운이 좋다고 하는데 실제 운의 흐름은 좋지 않을 수 있다. 세운까지도 나쁘지 않은데 사실 운이 좋다고 여기기 어려운 경우도 있다. 사주가 틀렸거나 사주를 보는 사람의 실력이 없다고 느낄 수 있는 대목이다.

표면적으로 대운이 좋아 10년이 대체로 좋았다고 해도 우리 기억은 다른 결과를 내리기도 한다. 즉 아주 인상적인 기억과 충격적인 일을 먼저 기억하기 때문이다. 순탄하거나 좋은 기억보다 나쁘고 충격적인 기억을 먼저 생각하기에 구별하기가 쉽지 않다. 따라서 어떤 시기의 운을 파악하려면 사주팔자를 기둥으로 세우고 대운과 세운을 살피는 것은 물론이고 월운과 일운, 시운까지 모두 살펴야 한다.

현실적으로 일반 학자들이나 명리를 업으로 삼은 사람들은 대개 월운이나 시운까지 살펴주지는 않는다. 그러므로 본인이 명리학을 직접 배운다고 하면 월운과 시운까지 익히고 스스로 운을 판단하는 것이 옳다고 본다. 물론 시운까지 고려하여 사주를 상세하게 살피고 판단을 내리려면 다양한 이론이 접목되어야 한다. 그 대표적인 것으로는 오행론, 육친론과 격국, 세력판단, 용신론, 합충법에 대한 기본이 잘되어 있어야 하고, 사회의 흐름을 살피는 보편타당성에 대한 응용능력도 있어야 한다.

사주는 용신놀음이라고 한다. 시운까지 살피다보면 용신운이라 해도 나쁜 경우가 있다. 즉 오버페이스인지 살펴야 한다. 용신운이라 해도 용신이 지나치게 강하게 들어오면 과유불급(過猶不及)이다. 오히려 강해서 악영향을 줄 수도 있다. 표면적으로는 용신운이라 좋게 해석되지만 지나치면 극도로 나쁜 것이다. 시운까지 포함하여 전체 세력을 읽을 수 있어야 하는 이유가 이것이다. 좋은 용신이라도 지나치게 들어오면 위험하니 주의해야 한다. 바로 명리학의 핵심에 위배되는 격이다. 명리의 핵심은 중화인데 지나치면 중화의 원리에 위배된다.

때로 용신대운이라 좋을 것 같은데 그렇지 않은 경우가 있다. 시운까지 살펴보면 용신이 지나치게 강하다는 것을 알 수 있다. 어느 한순간 일주가 너무 강해지거나 용신이 지나치게 강해진 것이다. 이렇게 일주가 신강해지거나 용신에 해당하는 오행이 강해지면 이전과 달리 사주가 신강사주가 된다. 결국 전에 없던 신강한 사주에서 문제들이 발생하게 된다. 따라서 세밀하게 살피는 노력이 필요하고 대운, 세운, 월운, 시운 중 어느 것도 무시할 수 없다.

7. 소운(小運)

후천성 흐름인 대운은 각각 10년을 지배한다. 당연히 세운은 1년을 지배한다. 달을 지배하는 월운이 있고 하루를 지배하는 일운도 있다. 특이한 운 중 하나가 소운(小運)이다. 명리를 학습하는 사람들 중에는 소운을 아예 적용하지 않거나 신경 쓰지 않아서인지 모르는 사람도 있다. 사실 명리학에서는 별로 사용하지 않는다. 그러나 명리를 배우는 사람이라면 알아두어야 하는 운의 흐름이다.

현재 사용하는 기법의 사주명식에 따른 형식은 명리학 최초의 서적인《연해자평(淵海子平)》에 따른 것이다.《연해자평》은 중국 남송의 서승(徐升)이 저술한 것으로 전해지는 명리학(命理學) 서적이다. 사람이 출생한 년월일시(年月日時)의 간지(干支) 여덟 글자에 나타난 음양(陰陽)과 오행(五行)의 배합을 보고, 그 사람의 부귀와 빈천, 성공과 길흉 등 제반 사항을 판단하는 '팔자명리학(八字命理學)'에서 가장 근간이 되는 저작이다. 중국 남송의 서승, 서거이(徐居易, 徐子平)가 체계화한 자평법(子平法) 명리학이론을 계승하여 저술한《연해(淵海)》를 근간으로 명나라 숭정제(崇禎帝, 재위 1628~1644) 연간에 당금지(唐錦池)가 편찬한 것으로 알려져 있다.

우리가 사용하는 일반적인 명리의 법은 자평명리라고 한다. 바로 서자평의 법을 따른 까닭이다. 이 방법에 따르면 사주명식은 명(命)을 뜻하는 원국(原局)과 운을 뜻하는 대운(大運)으로 구성되어 있다. 물론 해운과 월운, 일운과 시운이 추가된다. 그러나 여기에 한 가지 더 추가될 운이 있으니 그것을 소운(小運)이라고 한다.

기존의 운명서에 나타난 소운은 대운이 시작되기 전의 유년운(幼年運)을 뜻한다. 대운은 정법으로《연해자평》이후로 문제를 제기한 사람은 많지 않고 대부분 이론을 수용한다. 그러나 소운은 운행 시기가 짧고 유년기에만 적용되므로 실제 많이 응용되지 않는다.

운로를 파악할 때는 대운을 살피는 것이 일반적이다. 즉 대운을 중점으로 보지만 소운을 보아야 할 때가 있다. 대운이 들기 전에는 소운을 볼 수밖에 없다. 흔히 12살 이전에는 사주를 보지 않는다고 하지만 사주를 봐야 할 때도 있다. 옛날에는 왜 12살 이전 나이를 명리학으로 살피지 말라고 했는지 알 수 없다. 일찍 죽는 사람이 많았기 때문이라는 생각도 든다.

1978년 4월 4일 묘시생(卯時生)(음력)				
	時	日	月	年
천간	癸	壬	丁	戊
지지	卯	申	巳	午

남자 대운	39	29	19	9								
	辛酉	庚申	己未	戊午								
남자 소운					8	7	6	5	4	3	2	1
					甲辰	乙巳	丙午	丁未	戊申	己酉	庚戌	辛亥

여자 대운	81	71	61	51	41	31	21	11	1			
	戊申	己酉	庚戌	辛亥	壬子	癸丑	甲寅	乙卯	丙辰			
여자 소운												

1978년 4월 4일 묘시생의 사주는 남녀가 동일하다. 그러나 대운은 다르다. 남자는 년간이 양이므로 월주정사를 기준으로 대운이 순행하고 여자는 년간이 양이므로 역행한다. 대운에서 인묘진은 동방운이라 하고, 사오미는 남방운, 신유술은 서방운, 해자축은 북방운이라 한다.
대운의 수치 계산법에 따라 남자는 생일부터 다음인 망종까지 27일이 남았으므로 3으로 나누니 9가 몫이 되어 대운수가 9가 되었다. 여자는 생일부터 이전의 절입일인 입하까지 4일이다. 3으로 나누니 대운수는 1이다. 소운은 양남음녀는 순행하고 음남양녀는 역행하지만 그 시작을 시주로 삼는다. 따라서 남자의 경우 소운은 9대운이니 8세부터 계산한다. 그러나 여자는 1대운이므로 소운이 없다.

사람마다 대운수가 다르다. 예를 들어 누군가 사주를 적으니 대운수가 7이었다고 하자. 그러면 그 사람을 살필 때는 7살부터 대운을 살필 수 있다.

즉 1살부터 6살까지는 알 수 없다. 이러할 때 1살부터 6살에 이르는 기간의 운을 살피는 방법이 소운이다. 따라서 대운수의 나이에 이르기 전에는 소운을 보는 것이다. 대운은 월주(月柱)에서 이어 뽑지만 소운은 시주에서 이어서 본다. 대운을 뽑을 때와 마찬가지로 양남음녀는 순행하고 음남양녀는 역행한다.

소운의 가장 중요한 점은 그 시작을 시주로 삼는다는 것이다. 적용은 대운과 마찬가지로 양남음녀는 순행하고 음남양녀는 역행한다.

1970년 2월 10일 오시생(午時生)(음력)				
	時	日	月	年
천간	甲	丙	己	庚
지지	午	申	卯	戌

남자대운	66	56	46	36	26	16	6					
	丙戌	乙酉	甲申	癸未	壬午	辛巳	庚辰					
남자소운								5	4	3	2	1
								乙未	丙申	丁酉	戊戌	己亥

여자대운	84	74	64	54	44	34	24	14	4			
	庚午	辛未	壬申	癸酉	甲戌	乙亥	丙子	丁丑	戊寅			
여자소운										3	2	1
										癸巳	壬辰	辛卯

1970년 2월 10일 오시생(음력)의 사주는 남녀가 동일하다. 그러나 대운은 다르다. 남자는 년간이 양이므로 월주기묘를 기준으로 대운이 순행하고 여자는 년간이 양이므로 역행한다. 대운의 수치 계산법에 따라 남자는 대운수가 6이 되었다. 여자의 대운수는 4이다. 소운은 양남음녀는 순행하고 음남양녀는 역행하지만 그 시작을 시주로 삼는다. 따라서 남자의 경우 소운은 6대운이니 5세부터 계산한다. 여자는 4대운이므로 3세부터 소운을 적용한다.

이상에서 본 바와 같이 소운을 살필 때는 대운을 따라가듯 년천간을 살펴 양남음녀는 순행하고 음남양녀는 역행한다는 논리를 사용한다. 단, 대운은 월주를 기준으로 하지만 소운은 시주를 기준으로 한다는 것이 다르다.

【앗, 잠깐!】 **《명리약언(命理約言)》에서 소운(小運)**

구서(舊書)라고는 하지만 《명리약언》은 많은 학인에게 읽히는 책이다. 《명리약언》은 청(淸)시대 초기에 재상을 지낸 진소암(陳素庵) 선생의 저작으로, 그 내용을 보면 명(明)시대의 유백온(劉伯溫) 선생이 저술한 《적천수(滴天髓)》의 찬가(讚歌)이자 해설서라고 할 정도로 《적천수》의 논지(論旨)를 따랐다. 《명학신의(命學新義)》에는 역시 《적천수》와 이론(理論)의 궤(軌)를 함께하는 '적천수신주(滴天髓新註)'를 비롯한 주옥같은 글귀가 들어 있다. 《명리약언》에는 대운(大運)과 소운(小運)에 대한 글이 있다.

《명리약언》에 적혀 있기를, 이른바 대운이라는 것은 '생월(生月)에서 순행(順行)하거나 역행(逆行)하되, 일운(一運)이 10년을 관할한다'는 것이다. 《명리약언》에 따르면 이른바 소운이라는 것은 "남자는 한 살에 병인(丙寅)에서 시작하여 순행(順行)하니 두 살에는 정묘(丁卯)이고 세 살에는 무진(戊辰)이며, 여자는 한 살에 임신(壬申)에서 시작하여 역행(逆行)하니 두 살에는 신미(辛未)이고 세 살에는 경오(庚午)이다"라는 것이다.

대운은 음년(陰年)과 양년(陽年)으로 나뉘고 남녀가 월건(月建)을 좇아 시작하는데, 그 이치에 근거가 있고 또 사람마다 각자 다르니 길흉이 쉽게 분별된다. 가령 소운은 어떠한 해와 어떠한 달에 태어났는지를 논하지 않고, 남녀가 모두 병인(丙寅)과 임신(壬申)에서 시작하니 그 이치가 확실하지 않다. 또한 사람들이 모두 그러하다면 길흉이 어떻게 증빙될 것인가? 하물며 대운이 있고 유년(流年)이 있어서 두서(頭緖)가 이미 많은데, 다시 소운을 더하게 되면 분운(紛紜, 말이 많음)이 더욱 심하게 되고, 현혹(眩惑)이 더욱 심하게 되니 고로 삭제한다. 또한 구서(舊書)에는 '생시(生時)를 좇아 소운이 일어난다'는 것이 있는데, 가령 남자가 양년(陽年)에 생하고 갑자시(甲子時)이면 한 살에 을축(乙丑)이고 두 살에 병인(丙寅)이며, 남자가 음년(陰年)에 생하고 갑자시(甲子時)이면 한 살에 계해(癸亥)이고 두 살에 임술(壬戌)이며, 여명(女命)은 이와 반대이다. 요컨대 모두 다시 만든 학설이니 근거로 삼기에는 부족하다. 이상이 《명리약언》에 대한 내용인데 심상하기만 하다.

이처럼 다양한 이론이 적용되는 명리에서 무엇을 따를지 고민스럽기는 하다. 그러나 지금까지 사용하는 보편타당성 있는 이론을 사용하는 것은 무리가 없다. 이미 기술한 바와 같이 소운을 살필 때는 대운을 따라가듯 년천간을 살펴 양남음녀는 순행하고 음남양녀는 역행한다는 논리를 사용한다. 단, 대운은 월주를 기준으로 하지만 소운은 시주를 기준으로 하면 무리가 없을 것이다.

8. 한운(限運)

한운에 대한 일반 이론은 그다지 퍼져 있거나 자세히 알려져 있지 않은 듯하다. 한운이라는 개념은 대운, 태세, 월운, 일운, 시운, 소운으로 이루어지는 운의 형태와는 조금 다른 개념이지만 운이라는 개념에서는 연구 대상이 된다. 한운이라는 개념은 어쩌면 근묘화실론에 더 근접한 내용이 될 가능성이 높다.

한운이란 사주팔자에서 풀이 과정이 아니라 적용 과정이다. 즉 통변보다는 간명에 가까운 개념으로 받아들여야 할 사항이다. 사주팔자의 년, 월, 일, 시에 각각의 의미와 나이를 적용해 파악하는 방법이다. 즉 년주는 초년운, 월주는 청년운, 일주는 중년운, 시주는 말년운으로 보는 방식이다. 문제는 사주를 익히고 배우는 명리학자나 학인에 따라 적용 나이를 달리 보는 것인데 적용에서 통합 방법이 요구된다.

한운에서 적용하는 연령대는 과거와 현재의 운영자들이 다르게 생각하는 것 같다. 그럼에도 많은 학자가 한운이 실제 임상과 적용에 타당성이 떨어진다는 의견을 내놓거나 그런 생각을 표출한다. 그러나 적용하는 학자들이나 학인들은 12운성이나 12신살을 복합적으로 적용하고 각 기둥에 정편(正偏)에 해당하는 육친 적용으로 파악하려는 단식법도 사용한다. 즉 월주에 편관, 편재와 같이 치우치게 배정되면 청년기가 나쁘다는 식이다. 따라서 정인, 정재, 정관과 같은 육친이 배치되면 좋고 편인, 편관, 편재와 같은 육친이 배치되면 나쁘다고 판단한다.

일반적인 간명에서 가장 중요한 것은 용신이라고 한다. 용신을 잘 찾아내 적용해야 올바른 간명과 통변이 이루어진다는 것은 명리를 배우는 사람에게는 격언 수준이 아니고 바이블이다. 일부 학자들은 이 용신을 찾아 사주원국의 년월일시에 적용해 초년, 청년, 장년, 말년을 살피기도 한다. 그럼에도 이 역시 오랜 기간 임상에서 타당성을 얻지는 못한 것 같다.

한운에 따른 사주의 연령 대비조견표			
		과거	현재(반드시는 아님)
년	간(干)	태어남~7살 6개월	1살~10살
	지(支)	7살 7개월~15살	11살~20살
월	간(干)	15살 1개월~22살 6개월	21살~30살
	지(支)	22살 7개월~30살	31살~40살
일	간(干)	30살 1개월~37살 6개월	41살~50살
	지(支)	37살 7개월~45살	51살~60살
시	간(干)	45살 1개월~52살 6개월	61살~70살
	지(支)	52살 7개월~60살	71살~80살

과거에는 60이라는 나이를 기준으로 하였고 최근에는 80이라는 나이를 기준으로 하여 적용하는 이론도 있다. 이런 이유로 나이를 적용하는 방식이 달라지는 것 같은데, 이제 수명이 더 길어져 100세 시대가 되면 다시 각 기둥에 25년을 적용해야 한다는 이론이 등장할 것으로 보인다. 성보는 의견이 다르다. 예전처럼 15세 단위 적용이 옳다고 본다. 만약 4개 기둥을 80으로 본다면 팔십갑자가 만들어져야 할 것이다. 한 개 기둥을 20년으로 보는 방법에 성보는 동의하지 않는다.

근본적으로 한운을 이해하고 적용하고자 한다면 용신을 찾아 대운의 흐름을 적용하여 비교하는 것이 나을 것이다. 아울러 나이 문제도 어느 정도는 파악할 필요가 있다. 많은 학자의 의견이 분분한데 아직 정의된 것이 없고, 어느 정도 시간이 흘러야 새롭게 정의될 것이라는 생각이 든다. 분명한 것은 한운이 없는 것은 아니니 적용되어야 하는데 규칙성을 찾고 있다는 것이다.

【성보명리】 **한운(限運)**

한문은 뜻글자이다. 어느 경우에 어떤 글자를 사용하였는지를 매우 중요하게 생각한다. 어느 시기, 어느 경우, 어느 시대에 그러한 글자를 적용한 것은 단순히 주어진 의미가 아니라 상황을 정하고 한계를 정한 것으로 살핀다.

명리학에서 사용하는 한자의 의미도 중요하다고 생각한다. 한운을 적용하고자 한다면 크게 몇 가지 규칙이 정해져야 한다. 우선 어떤 기준으로 적용할 것인가다. 두 번째는 어떤 나이대를 적용할 것인가다.

먼저 어떤 기준으로 적용할 것인가 하는 이치를 살펴야 한다. 일반적으로 어느 나이 대에 사주의 주인이 성장하고 힘들고 망하고 죽겠는지 따지는 기준은 대운이다. 대운의 흐름을 찾아 용신과 희신을 적용하고, 기신과 구신을 파악한다. 합과 형충파해를 적용한다거나 오행의 흐름을 파악한다. 허자론을 적용하기도 하고 개두와 절각을 적용하기도 한다. 이것으로 대운의 흐름을 살펴 10대는 어떻고, 20대는 어떻고, 30대는 어떻다는 등의 판단이 나온다. 따라서 특별히 한운을 살피지 않는 경우가 많았다.

한운을 살피자면 여러 가지 기법이 있다. 어차피 4개 기둥으로 나누어 살피니 기법은 한계가 있다. 우선 육친으로 살피는 방법이다. 일간을 생하거나 도와주는 육친이 배정된 기둥을 좋게 해석한다. 즉 비견이나 겁재, 편인이나 정인이 들어 있는 기둥은 좋게 해석한다. 반대로 식신이나 상관, 정재나 편재, 정관이나 편관이 들어 있으면 힘들다, 어렵다, 빛나지 않는다고 해석하는 방식이다.

사주를 접하다보면 자신만의 방법이나 나름의 규칙이 만들어진다. 성보는 한운을 파악할 때는 십신 자체로 대입한다. 성보 방식인데 각 기둥을 살펴 정편을 살피는 것이다. 즉 사길신이 배치되면 좋은 운이고, 사흉신이 배치되면 나쁘다고 푸는 방식이다. 년월일시의 어느 기둥에 식신, 정재, 정관, 정인이 배치되면 좋은 흐름으로 대입하고 상관, 편인, 편재, 편관이 배치되면 나쁜 흐름으로 파악하고 분석한다.

두 번째는 어느 나이 대를 적용할 것인가 하는 문제이다. 이 문제에 대해서는 아직 결론이 나지 않았지만 성보는 나름의 적용방식을 고수하고 있다. 사주를 해석하는 데 필요한 천간지지는 모두 육십갑자로 이루어진다. 따라서 모든 수를 60에 한정짓는 것이다. 한운이란 한정지라는 의미를 가진다고 푼 것이다. 즉 년주는 15세까지, 월주는 30세까지, 일주는 45세까지, 시주는 60세까지다. 그럼 문제가 생긴다. 이 이후 나이는 어쩌란 말인가? 성보는 다시 년주부터 대입하는 방식을 사용한다. 즉 61세부터 75세까지는 년주를 다시 적용하는 것이다. 76세부터 90세라면 월주를 적용하게 될 것이다. 그 이후라면 당연히 일주와 시주를 차례로 대입하게 될 것이다. 이 주장이나 적용에 반대하거나 다른 주장을 하는 학자들이나 학인들도 있을 것이다.

많은 학자가 적용하고자 하는 년주 20세까지, 월주 40세까지, 일주 60세까지, 시주 80세까지라는 이론이나 적용이 틀렸다는 것은 아니다. 연구자들의 주장은 나름 이유가 있을 것이다. 그런데 그 주장을 따르자면 팔십갑자가 만들어져야 한다. 아울러 팔십갑자에 따른 천간지지의 기둥이 80개 만들어져야 한다. 그렇게 된다면 회갑은 81세가 되어야 한다.

더욱 중요한 것은 인간의 수명이 길어지고 있다는 사실이다. 만약 인간의 평균수명이 100살을 넘어서게 된다면 갑자는 100갑자 개념이 되어야 한다. 그러면 지금의 명리도 많은 변화가 따라야 한다. 그러나 명리가 이 세상에 나타난 이후 지금까지 크게 변하지 않고 적용된 것은 기준이 있기 때문이다.

조선 후기 백성들의 평균수명은 40세에도 이르지 못했다는 주장이 있다. 그렇다면 그들이 살던 시대에 왜 40갑자를 만들어 적용하지 않고 육십갑자를 적용했을까? 그 이전에는 더욱 수명이 짧았을 것이나 육십갑자는 오래도록 적용되었다. 평균수명보다 20% 더 길게 갑자를 만들어야 했다면 이해가 간다. 그렇다면 한국인의 평균수명이 80을 바라보는 지금이라면 20%를 추가해 100갑자가 만들어져 적용되어야 하는 것이 아닌가?

선인들이 육십갑자를 만들어 적용한 것은 인간의 나이 기준이 아닐 것이다. 이는 우주의 이치와 자연의 변화에 맞추어 만들어진 것이니 인간의 수명이 바뀌었다고 해서 늘려서 기둥을 적용할 사항은 아닌 듯하다.

7장

지장간

1. 지장간이란

지장간(地藏干)이란 달리 암장(暗藏)이라고도 하는데 사주에서 각각의 지지 속에 감춰진 천간을 말한다. 즉 사주를 펼쳐보면 각각의 기둥이 4개이므로 지지가 4개 있다. 이 지지 속에는 천간이 2개나 3개 숨어 있다. 이 숨어 있는 천간을 지장간 혹은 암장이라고 한다. 지지 속에 숨어 있는 천간은 오행이 같거나 다르고 또 음양이 달라서 역할이 달라지고 대입이 달라지기 때문에 매우 중요하다.

사주는 눈에 보이는 것과 보이지 않는 것으로 이루어져 있다. 이는 각각 천간, 지지, 지장간인데 지장간은 숨겨져 있어 겉으로 드러나는 것이 아니다. 남자와 여자가 만나면 음양의 조화로 자식이 태어나듯 사주팔자를 구성하는 8개 글자에서도 조화가 일어난다. 천간과 지지도 합하면 지지가 임신한 결과로 지장간을 잉태하게 된다. 따라서 지장간이란 천간의 씨앗이다.

천간은 하늘이다. 지지는 땅이다. 천간지지는 드러나는 것으로 파악이 가능하다. 그러나 땅속은 파보기 전에 무엇이 들었는지 알 수 없다. 지장간은 그와 같은 것이다. 지장간은 지지 속에 감춰져 있는 힘으로 다양한 변화를 일으키는 원동력이다. 지지 속에 감춰진 지장간은 년, 월, 일, 시에 각각 숨어 시시각각으로 변하는 오행의 기운에 영향을 받아 운명으로 나타나게 된다.

POINT

지장간(地藏干) 지지에 숨어 있는 천간을 말한다. 지지 속에는 각각 2개에서 3개까지 천간이 숨어 있다. 사주는 표면적으로 8개 글자로 해석하지만 실제로는 지지의 지장간을 포함하여 20개 글자로 푸는 이치이다.

2. 지장간의 구분

사람은 태어나는 년월일시에 따라 천간오행의 기와 지장간 오행의 기가 달라진다. 천간의 오행은 보이기 때문에 알 수 있으나 지장간의 오행은 눈에 보이지 않는다. 따라서 지장간을 찾아 초기(初期, 餘氣)에 태어난 사람인가? 혹은 중기(中期)에 태어난 사람인가? 마지막으로 정기(正期)에 태어난 사람인가를 찾아야 한다.

지장간의 적용은 여러 가지가 있으나 실제로 적용해보면 정기를 적용하는 경우가 많고, 많은 학자나 역술인도 정기를 대입하는 경우가 대부분이다. 그러나 필요에 따라서는 정기가 아니라 다른 초기와 중기를 적용해야 하는 경우도 적지 않다. 따라서 사주 적용에서 지장간을 활용하여 적용해야 올바른 해석이 가능해진다.

지장간이란 땅속에 숨어서 쓰임이 드러나지 않는다는 의미이다. 이를 나중에 설명하는 육친(六親)의 의미로 쓰고자 한다면 잠재적 능력이나 앞으로 계획 정도로 볼 수 있다. 천간과 같이 쓸 수 있다면 지장간과 천간을 구분해야 할 이유가 없을 것이다. 지장간이란 숨어 있다는 의미이다. 살아가면서 드러나는 것보다 드러나지 않는 것이 더 많듯 지장간 역시 드러나지 않는 부분을 보여주는 것이라고 하겠다. 보이는 것과 보이지 않는 것이 구분되는 것이니 음양이 존재하는 것이라 하겠다.

지장간(地藏干)조견표												
구분	子	丑	寅	卯	辰	巳	午	未	申	酉	戌	亥
여기	壬 (10)	癸 (9)	戊 (7)	甲 (10)	乙 (9)	戊 (7)	丙 (10)	丁 (9)	戊 (7)	庚 (10)	辛 (9)	戊 (7)
중기		辛 (3)	丙 (7)		癸 (3)	庚 (7)	己 (9)	乙 (3)	壬 (7)		丁 (3)	甲 (7)
정기	癸 (20)	己 (18)	甲 (16)	乙 (20)	戊 (18)	丙 (16)	丁 (11)	己 (18)	庚 (16)	辛 (20)	戊 (18)	壬 (16)

1) 초기(初期)

명리학에서는 절기력을 적용한다. 절기의 시작으로 새로운 달이 시작되는 것을 입절(立節)이라 한다. 절기는 24개이지만 이 중 12개 절기만이 이 절기력에 해당한다. 새로운 절기, 즉 입절 후 중기 시작 직전까지 주인이 되는 기운으로 이 기간에 태어난 사람을 초기생(初期生)이라고 한다. 그 초기를 달리 여기(餘氣)라고 한다. 일반적으로 지장간에는 2자, 3자가 암장되어 있는데 가장 먼저 오는 글자이다.

2) 중기(中氣)

초기와 다음에 오는 정기의 중간에 자리하는 중간 기운으로 이 시기에 태어나는 사람을 중기생(中氣生)이라 한다. 중기는 지지가 삼합하는 제왕성인 자오묘유(子午卯酉)의 천간과 오행을 사용한다. 일반적으로 중기가 가장 짧다.

3) 정기(正氣)

중기 이후 새로운 입절이 오기 전까지 기간에 해당한다. 일반적으로 초기, 중기, 정기 중 정기가 가장 길다. 정기생은 그달의 표면적으로 나타나는 기운이다. 그달 말까지 주인이 되는 기운으로 이 기간에 태어나면 정기생(正氣生)이라 한다. 일반적으로 지장간이 들어 있는 지지를 고지(庫支)라고 하는데 고지의 의미를 가지고 있는 것이 정기이다.

4) 생지(生地)의 지장간

모든 사물이나 존재물은 태어나고 자라고 죽는 과정을 겪는다. 지지의 12자는 봄, 여름, 가을, 겨울 네 가지 절기를 의미한다. 절기에 들어감에 반드시 시작과 왕성함과 저물어감이 있으니 이를 각각 생지(生支), 왕지(旺支), 고지(庫支)라고 한다.

이 중 생지는 절기에 들어가는 시작이며 왕지는 가장 왕성한 시기이다.

아울러 고지(庫支)는 달리 멸지(滅支)라고도 불리며 계절이 저물어가는 시기이다. 각 지지는 30일로 나뉘며 생지는 7, 7, 16일로 나뉘고 왕지는 10, 20일로 나뉘며 멸지(고지)는 9, 3, 18일로 나뉜다.

인신사해(寅申巳亥)는 각 계절의 시작점이다. 새로운 시작점이기 때문에 탄생의 의미인 생지라 한다. 그런데 시작점인 인신사해 전 절기의 마지막 점인 고지의 지지가 토이기 때문에 토가 지닌 오행을 이어 생지의 모든 시작인 지지의 지장간 시작은 토의 오행을 지닌다.

생지의 지장간				
계절	봄	여름	가을	겨울
생지	寅	巳	申	亥
여기(초기)	戊(己)	戊	戊(己)	戊
중기(중기)	丙	庚	壬	甲
정기(본기)	甲	丙	庚	壬

5) 왕지(旺地)의 지장간

왕지의 지장간				
계절	봄	여름	가을	겨울
생지	卯	午	酉	子
여기(초기)	甲	丙	庚	壬
중기(중기)		己		
정기(본기)	乙	丁	辛	癸

왕지는 가장 왕성한 기운을 지닌다. 가장 왕성해서 왕성할 왕자를 사용하고

계절의 중간인 자오묘유(子午卯酉)가 있다. 자오묘유는 가장 왕성한 계절의 기능과 개성을 나타낸다. 또한 오행의 기능을 가장 왕성하게 나타낸다.

6) 고지(庫支)의 지장간

흔히 고지라는 말은 창고를 의미한다. 고지는 창고에 쌓는다는 의미이니 멸지(滅支)이고 마무리를 의미한다.

고지의 지장간				
계절	봄	여름	가을	겨울
생지	辰	未	戌	丑
여기(초기)	乙	丁	辛	癸
중기(중기)	癸	乙	丁	辛
정기(본기)	戊	己	戊	己

7) 지장간 외우기

지장간은 헷갈리기 쉬워서 외우기가 여간 힘든 게 아니다. 그래서 여러 가지 문장으로 이루어진 방법이 나타났는데 이 중 한 가지를 소개한다.

子-제子야! 壬 癸시냐?

丑-丑시에 癸辛己요.

寅-寅간은 戊丙 장수하여 환甲을 바란단다.

卯-卯한 것은 환甲乙 안 쇠더라고요.

辰-辰실한 사랑乙 癸획한다면 戊조건 사랑하지 마라.

巳-巳실 戊시하면 庚을 치고 丙날 텐데요.

午-午마담이 丙이 난 것은 己丁이 때문이라더라.

未-未련스럽게 丁乙주었는 己요?

申-申발 벗고 戊壬 승차하면 庚찰 부른다더라.

酉-酉식한 척하더니… 庚찰한테 辛고했대요?

戌-戌은 辛丁 때 마셔야 戊척 좋다더라.

亥-亥시에는 戊리하게 甲판 위에 올라가서 壬떠올리지 마세요.

3. 지장간의 적용

사주팔자는 년월일시의 4개 기둥을 이루는 천간지지의 글자를 말한다. 2개 글자 중에서 위에 있는 글자를 천간, 아래에 있는 글자를 지지라고 한다. 지장간을 분석하거나 실제 사주풀이에 활용할 때에는 두 가지 의미로 분류하여 사용한다. 하나는 1년의 흐름을 하나의 순환 고리로 생각해서 각 계절에 따른 오행을 배치하고, 월마다 1개월간 기후 변화에 따른 천간의 배치를 나타낸 방식의 월률분야(月律分野) 또는 월령용사(月令用事)라고 불리는 방식의 지장간 활용법이다.

둘째 방법은 지장간이 월률분야처럼 월지에 따라 일정한 흐름이 있는 것이 아니고 월지(月支)와 상관없이 각 지지 속에 순수하게 소속되어 있는 천간을 의미하는 인원용사(人元用事)라는 것이다.

이 두 가지 활용법은 각기 특성이 있으나 아주 동떨어진 것은 아니다. 어찌 보면 지장간의 인원용사도 월률분야에서 파생된 것으로 보이기도 하는데, 기본적으로 중요하게 많이 활용하는 것이 지장간의 월률분야라는 것은 분명하다.

1) 지장간의 월률분야

지장간의 월률분야(月律分野)란 지지가 나타내는 1개월간 계절의 흐름에 따른 기후 변화에 상응하는 천간의 배치를 나타낸 것이다. 즉 지지의 글자 안에 담긴 내용을 말한다. 각각의 지지에는 적게는 2개, 많게는 3개의 천간이 숨어 있다.

이 숨어 있는 천간을 분석해보면 흔히 절기(節氣)라고 불리는 절입일(節入日)부터 차례대로 여기(餘氣), 중기(中氣), 정기(正氣)로 구성되어 있다. 이 중 자월(子月), 묘월(卯月), 유월(酉月)은 중기가 없다.

월률분야라는 개념에는 태어난 달이라는 의미가 들어 있다. 축월(丑月)을 예로 들어보자. 축월의 지장간에는 계수(癸水), 신금(辛金), 기토(己土)라는 천간이 숨어 있다. 이 3개 천간은 절입일(節入日)이 되는 소한(小寒)부터 시작하여 대략 9일간은 계수의 기운이 작용하는데 전달에서 밀려온 기운이라 하여 여기(餘氣)라 하고, 10일째부터 다시 3일간은 신금(辛金)의 기운이 활동하는데 중간에 끼인 기운이라 중기(中氣)라고 한다. 그다음부터 다음 달인 인월(寅月)의 절입일이 되는 입춘(立春)에 이르기까지는 기토(己土)의 기운이 왕성하게 주도권을 가지고 활동하는데, 이처럼 지지가 나타내는 한 달 동안 천간의 기운이 어떻게 작용하는지를 나타내는 것이 지장간의 월률분야이다. 특히 절입일을 입절일(入節日)이라 부르기도 하므로 같은 의미로 받아들이면 된다.

지장간을 살필 때 보통 여기는 중간 정도 기간을 나타내고 중기는 매우 짧다. 그러나 정기는 매우 긴 기간을 나타낸다. 이 정기야말로 가장 강한 기운을 나타낸다. 달리 본기(本氣)라고 쓰기도 하는데 그 한 달의 중심적이고 가장 강한 기운에 해당하는 오행을 의미한다.

월률분야를 자세하게 설명하면, 여기(餘氣)란 지난달의 기운이 새로운 달까지 밀려와 이월(移越)되어 남아 있다는 뜻이니, 앞 달을 의미하는 절기의 기운이 남아 영향을 받는 것을 의미한다. 예를 들어 축월(丑月)이라면 여기는 지난달에 해당하는 자월(子月)의 정기(正氣)와 동일한 오행으로서 정기인 계수(癸水)가 축월(丑月)에 이르러서도 힘을 쓴다는 것을 나타낸다.

여기는 다른 용어로 초기(初氣)라고도 하는데, 이는 지난달의 기운이라 힘이 강하지 못하다. 해석하기를 인생의 한 고비를 넘긴 노년기(老年期)의 기운이나 실세에서 물러나 막후(幕後)에서 영향력을 행사하는 것과 같다고 하는데 이는 지난달에서 밀려온 기운이기에 그러한 해석이 가능하다. 여기는 지난달의 남은 기운이니 노인의 잔소리로 해석하거나 월권(越權)행위의 작용으로 해석한다.

중기(中氣)란 어느 지지든 가장 짧다는 것을 볼 수 있으며 때로는 중기가 없는 지지도 있다. 중기란 여기를 거쳐 그달의 정신을 나타내는 정기에 이르는 중간기에 해당한다. 중기는 지나치는 기운의 속성을 지니고 있거나 이어지는 속성을 나타내기도 하는데 월률분야에서 가장 세력이 약하고 다른 지지와 삼합(三合)하여 변하는 특성이 있다. 그러므로 항상 변화를 추구하는 경향이 있으며, 생기발랄한 어린이와 같은 작용을 한다.

정기(正氣)란 지지에 숨어 있는 세 글자 중 가장 긴 시간을 차지하는 글자로서 그달의 본래 기운이다. 따라서 달리 본기(本氣)라고도 하는데, 그달의 지지가 지닌 오행과 동일한 기능과 힘을 지닌 천간을 나타내고, 그달에 해당하는 지지의 주인 격으로 왕성한 기운이다.

정기는 월률분야 중에서 가장 강력한 힘을 가지고 있으며 지지와 같은 오행을 지닌 천간으로 대비된다. 정기는 지지의 대들보와 같은 중추적 작용을 한다.

사주를 푼다는 것은 사주팔자의 8개 글자로 푸는 것이 아니라 지지에 숨어 있는 최대 12자를 합하여 20개 글자로 푸는 것이다. 지장간을 이해하지 못하고 사주를 푸는 것은 겉만 보고 속은 보지 못하고 숨은 생각을 보지 못하는 것이다. 즉 누군가의 사주를 풀 때는 지지의 특성뿐 아니라 지장간의 배치와 특성도 알아야 올바로 풀 수 있다.

월률분야는 여기와 정기 2개 글자로 나뉘는 것이 있고 여기, 중기, 정기가 모두 있어 3개 글자로 나뉘는 것이 있는데, 월마다 월지에서 사령(司令)하는 기간이 다르다. 즉 월지사령(月支司令)이라고 하는데 달리 줄여서 월령(月令)이라고 말한다.

월령(月令)이라는 말을 이해해야 한다. 월(月)은 태어난 달을 말하니 월지를 말하는 것이고 령(令)은 우두머리라는 말이니 사령관으로 명령자를 말한다. 즉 월령이란 결국 사주를 푸는 데 기운의 핵심부와 같은 것이다. 따라서 월률분야는 엄밀하게 말하면 지장간이 월지를 사령(司令)하는 기간을 말한다. 즉 태어난 달의 지지 중에서도 태어난 날에 따라 지지 속의 글자에 해당하는 기간이 있다.

태어난 날이 어느 지장간의 글자에 해당하는지를 따지는 월지사령을 논할 때는 또 다른 이름으로 당령(當令)이라고도 하는데, 지지 속에 숨어 있는 2개 글자 또는 3개 글자 속에서 어느 글자에 해당하는 날에 태어났는지 따지는 것이다. 이 태어난 날에 해당하는 글자는 운명을 지배하는 중요한 역할을 담당한다. 지장간의 심천(深淺)을 파악하는 것은 명리학에서는 빼놓을 수 없는 중요한 항목에 해당한다.

사령이란 한 달을 30일로 규정하고 각각 해당하는 글자의 기간을 나타낸다. 사령은 일정한 규칙을 보이는데 자오묘유(子午卯酉)월은 토(土)를 빼고 목화금수(木火金水)의 오행 중 가장 강한 기운을 나타내는 글자인데 오월(午月)을 제외하고는 짧은 중기가 없이 여기와 정기 두 기간으로 구성되어 있다. 이 글자들의 지장간은 약속이나 한 듯 여기가 10일간 사령하고 정기가 20일간 사령한다. 다만 오월(午月)은 여기, 중기, 정기가 모두 있을 뿐 아니라 약속이나 한 것처럼 각각 10일간 사령한다.

인신사해(寅申巳亥)월은 각 오행을 나타내는 기운의 시작을 의미하는 달인데 각각 목의 기운이 시작되는 달, 화의 기운이 시작되는 달, 금의 기운이 시작되는 달, 수의 기운이 시작되는 달을 나타낸다. 이달을 나타내는 글자의 앞은 하나같이 토를 의미하는 지지가 배치되므로 공통적으로 여기로서 무토(戊土)가 7일간 사령한다. 중기는 삼합(三合)하여 화기(化氣)하는 양간(陽干)의 오행이 7일간 사령하며, 정기는 그달의 중심적인 오행을 나타내며 16일을 사령한다.

진술축미(辰戌丑未)월은 하나같이 토의 오행을 나타내는 달인데 각 절기의 마지막이므로 창고라고 본다. 하나같이 여기가 9일간 사령하고, 중기는 삼합하여 변하는 음간(陰干)이 3일간 사령하며, 정기의 사령은 진술(辰戌)월은 양토이기 때문에 양토의 천간인 무토(戊土)가 18일간 사령하고 축미(丑未)월은 음토이기 때문에 음토의 천간인 기토(己土)가 달마다 18일 사령한다.

2) 지장간의 인원용사

지장간의 인원용사(人元用事)는 월률분야와는 다른 것으로 모든 지지의 지장간을 따지는 경향이다. 월률분야는 월지의 지장간을 중점적으로 파악하고 따지지만 인원용사는 각각의 지지 속에 순수하게 숨겨져 있는 지장간의 천간만 살피는 것이다.

월률분야는 지장간이 월지 속에서 어떤 날에 사령하고 어떠한 흐름이 있는지 따지는 것이나 인원용사는 월지(月支)와 전혀 상관없이 지장간에 어떤 천간이 숨겨져 있는지를 따진다. 즉 인원용사는 월지 외에 다른 기둥을 이루는 지지의 지장간을 나타내는 것이다. 인원용사와 월령용사는 비슷한 듯하지만 전연 다르다.

지장간에 숨겨진 각각의 글자는 다양한 의미를 가지는데 해마다 오는 운과 10년 단위로 흐르는 운에 따라 변동과 변화를 맞이한다. 10년마다 오는 운을 대운(大運)이라 하고, 해마다 오는 운을 년운(年運, 해운)이라 하는데, 이 운의 역할과 여러 가지 작용으로 지지가 변동을 일으키면 이때 지지 속의 지장간이 역할을 하게 된다. 이를 이용해 그해의 변화를 파악하고 지장간의 역할을 파악한다.

그것만이 아니다. 일지의 지장간은 그 일간의 속마음이라고 해석하며 각각의 지장간 중에서 어떤 천간이 타간의 어떤 지장간과 합하느냐에 따라 해석을 달리할 수 있다. 또한 지장간은 천간의 뿌리가 된다. 만약 일간이 지지나 지장간에 뿌리를 두지 못하면 힘이 없다고 해석하거나 날아가버린다고 해석하기도 하고, 때로는 탁하다고 해석한다.

3) 지장간의 계통과 체용법(體用法)

지장간은 모든 지지에 속해 있지만 그 지장간의 정기를 나타내는 것이 지지라고 할 수 있다. 즉 지지는 지장간 중 가장 강한 정기의 오행을 나타낸다고 할 것이다. 각기 다른 지장간을 숨기고 있는 지지들의 특성은 정기에 따라 나타나지만 사실 모든 지지의 특성은 하나같이 같을 수 없다. 그러나 지지들을 살펴 공통점을 찾아 계통별로 분류해 살펴보면 일정한 흐름이 있음을 알 수 있다.

자오묘유(子午卯酉)는 각각의 오행을 가장 잘 나타내준다고 할 수 있다. 이는 전문(專門)을 나타내는 지지로 볼 수 있어서 달리 사전(四專) 또는 사정(四正)이라고 부른다. 토(土)를 제외한 오행의 가장 순수한 기운을 의미하며, 계절을 나타내므로 춘하추동(春夏秋冬)의 한가운데에 해당하는 달이 된다. 따라서 계절의 강한 기운을 지니고 있다.

각각의 계절은 각각 오행을 나타내는데 봄은 목(木), 여름은 화(火), 가을은 금(金), 겨울은 수(水)이다. 자오묘유는 각각의 계절이 나타내는 오행의 가장 순수한 기운의 결정체이므로 개성과 주관이 뚜렷하여 어떤 변화가 오거나 합(合)하고자 해도 다른 오행의 기운으로 잘 변하지 않는 특성이 있다. 이러한 특징 때문에 각각 황제파, 정통파, 순종파, 왕자파, 양인살파, 도화살파와 같은 수식어로 불리기도 한다.

인신사해(寅申巳亥)는 각각의 오행을 의미하는 계절의 길목에 자리한다. 즉 각각의 기운이 발생(發生)의 지지에 해당하므로 사생(四生) 또는 사맹(四孟)이라고 불린다. 이 지지의 지장간을 살펴보면 모두 양간(陽干)만 3개를 가지고 있다. 시작하고 생(生)하는 기운이므로 매사에 의욕이 강하고 발명이나 개발 등 창의력이 좋으며 설계 등에 소질이 있는 특성이 있다. 시작하는 기운이고 일어서는 기운을 의미하는 달이니 매사에 진취적이고 활동적인 기운을 나타낸다. 별칭으로는 창조파, 개척파, 시작파, 역마살파, 준비운동파 등으로 부를 수 있다.

진술축미(辰戌丑未)는 모든 기운이 수렴되고 멈추는 기운이다. 따라서 잡기(雜氣)의 지지로 살피니 사묘(四墓) 또는 사고(四庫)라고 한다. 이 글자 중 진술(辰戌)은 양의 기운으로 이루어진 토(土)인데 음간(陰干) 2개와 양간(陽干) 1개로 이루어져 있다. 음의 기운으로 이루어진 축미(丑未)는 음간(陰干)만 3개 가지고 있다. 창고이고 시신이 묻혀 있는 묘(墓)와 같아 만물을 저장하고 보관을 의미한다.

마지막이고 모으는 기운이라 종합이나 포용 등의 뜻을 내포한다. 모든 것을 감추고 있다는 뜻도 있어 자신을 감추는 능력이 뛰어나고 겉으로 드러나는 것과 달리 진술축미의 기운을 파악하기는 생각보다 쉽지 않다. 달리 상황파, 눈치파, 창고파, 무덤파, 잡기파, 화개살파, 고독파, 백호살파 등으로 인식된다.

4. 지장간의 다양한 적용

지장간의 인원용사란 이미 앞서 말한 월률분야처럼 지장간이 월지에 따라 일정한 흐름을 가지고 있는 것이 아니고 월지(月支)와 상관없이 각 지지 속에 순수하게 소속되어 있는 천간만을 의미한다. 즉 인원용사는 월지 외에 있는 다른 지지의 지장간을 나타내는 것이라고 해도 지나친 말이 아니다. 고로 지장간의 인원용사와 지장간의 월령용사는 비슷한 것 같지만 엄연히 다르다는 사실을 잊지 말아야 한다.

지장간은 다양하게 사용이 가능하다. 물론 이미 적시된 것처럼 월률분야와 인원용사가 있지만 특히 인원용사 부분을 잘 다룰 필요가 있다.

1) 월지의 지장간과 격국

사주는 어느 글자 하나로 보는 것이 아니다. 8개 글자 전체를 살펴 그 미묘한 힘의 관계를 파악하는 것이다. 문제는 이 글자 외에 보이지 않는 것이 있다는 것인데, 바로 지장간이다. 사주를 살필 때 글자의 위치에 따라 영향력이 다르다는 것은 특정한 위치에 무엇이 있느냐에 따라 대체적 경향을 알 수 있다는 점에서 응용한다. 그 대표적인 것이 바로 격국론이다. 따라서 격국이 성립하는지는 엄격하게 적용해야 한다.

일반적으로 격국은 내격 8개, 외격 200여 개를 뜻한다. 오래전에는 더 많았고 현대적으로 사용이 불가능한 격국도 있다. 200여 개 외격 중에는 쓸모없이 복잡하고 절대왕권 시절 소수에게만 맞춰진 면이 많았다. 따라서 현대

사회에는 어울리지 않는 격국도 다양하고 많다. 아울러 새롭게 만들어져야 할 격국도 많다. 연구를 통해 새로운 격국이 만들어지고 쓸모가 없어진 격국을 대치해야 한다.

일반적인 이론을 바탕으로 하면, 월지의 지장간에 있는 육친을 중요하게 본다. 알다시피 모든 지지에는 지장간이 자리한다. 지지를 나타낸 하나의 글자에는 적게는 2개, 많게는 3개의 지장간이 숨어 있다. 이 글자들은 모두 천간을 나타낸다. 따라서 지장간은 지지에 숨어 있는 천간이라 정의한다. 월지에 숨어 있는 천간이 천간에 투출되어 있다면 그 격이 성립한 것으로 본다. 물론 여기에 약간 예외적 규정이 있기는 하다. 그러나 그 예외 인정 없이 엄격하게 적용하는 것이 틀린 것은 아니며 해석을 단순하고 명료하게 한다. 격국의 성립이 월지를 기준으로 한다는 것은 그만큼 월지가 중요하다는 것을 말한다. 그 이유는 월지는 다양한 기능을 나타내기 때문이다. 월지는 일반적인 개념에서 부모궁으로 나타난다. 이는 어떤 부모에게서 태어났는지를 나타낸다. 결국 집안, 배경, 내 몸, 건강, 직업의 조건 등이 결정된다는 것을 보여준다.

명리학을 배우고 익히는 사람들에게 중요한 책 중 한 가지가《적천수》다. 명리학을 배우는 사람이라면 반드시 볼 책이다. 이 책을 읽고 나면 마지막에 골이 띵해지는 한 가지 사실을 알게 된다.

그 두려움이란!

《적천수》를 읽고 나면 생각지 못했던 결과를 얻게 되는데 그 결과는 다음과 같다. 즉, 사람의 사주를 가지고 인생을 추명할 때 전혀 예상치 못한 결과가 나타나거나 예상보다 잘 이루어질 수 있다. 혹은 생각했던 것과 달리 대운의 흐름이 이어진다는 것이다. 이 경우에 두 가지 조건 때문이라는 것이다.

그 하나는 가문이다. 가문의 영향이 사주를 좌우한다는 이론이다. 두 번째는 풍수지리다. 좋은 풍수지리 덕으로 사주와 다른 인생을 산다는 이론이다. 즉《적천수》의 결과에 따르면 사주보다 앞서는 것이 가문이고 풍수지리라는 주장이다. 매우 의미심장한 일이다. 그런데 가문을 나타내는 어떤 실마리가 바로 월지에 있다는 것이다. 세상이 바뀌어도 변하지 않는 것이 바로 가문이다. 과거 공부를 하지 못해도 관직에 나아가 높은 지위에 오르고 때로는 정승 벼슬에 올라 일인지하 만인지상의 권위를 누린 사람들이 있다. 이들 중에는 과거에 급제하지 않은 사람도 있다. 흔히 말하면 실력이 없거나 공부하지 못해 공무원시험에는 합격하지 못했는데 높은 직위에 올랐다는 말이다. 이를 음직(蔭職)이라고 한다. 즉 조상이 잘나서 시험을 치지 않고 벼슬길에 올랐다. 비단 과거만의 문제인가?

요즈음도 크게 달라진 것은 없다. 아니 더 심화되고 있다. 본인의 능력이나 노력에 따라 성공하기도 하는 세상이라는 건 분명하다. 개인의 노력으로 성공하고자 하면 그만큼 어렵고 많은 노력이 필요하다. 그러나 요즈음도 자기 노력이 아니라 부모나 가문의 도움으로 부와 권력을 거머쥐는 사람이 있다. 부모가 잘나서 부를 물려받고, 부모가 잘나서 회사를 물려받는다. 부모를 잘 만나면 세상 살기가 편해진다. 부조리한 세상처럼 보이지만 이런 흐름은 과거와 달라진 것이 없다.

대표적인 것이 공기업이나 큰 회사의 청탁이다. 부모가 높은 지위에 있으면 청탁으로 좋은 회사나 공기업으로 갈 수 있는 이치가 그렇다. 얼마 전 여러 국가기업이나 공기업 취업에서 취업자 대부분이 청탁으로 합격한 사실이 드러났다. 다시 말해 힘 있는 자의 압력이나 부탁으로 입사했다는 사실이다. 이것은 현실이다. 누군가는 오랜 시간 기를 쓰고 준비해도 떨어지는

데, 누군가는 노력도 하지 않고 부모 도움이나 친인척, 친한 사람 도움으로 합격했다. 이것이 현대판 음서제도에 해당하는 것인데, 이는 가문이 사주에 우선한다는 것을 보여주는 사례다.

월지가 이러한 가능성을 보여준다. 즉 누군가는 합격하고 누군가는 낙방했는데 그 이면에 부모가 있었다. 합격과 탈락의 차이는 바로 부모가 누구인가로 결정되었다. 아니, 부모가 결정 원인이었다. 사주원국에서 월지가 바로 부모를 나타낸다. 따라서 월지를 통해 내가 어떤 기능을 하고 어떤 도움을 받을 수 있는지 알 수 있다. 월지는 태어난 달을 나타낸다. 절기를 나타내기도 한다. 어느 계절에 태어났는지 월지를 보면 알 수 있다. 만약 여름에 태어났으면 사화, 오화, 미토가 자리할 것이다. 명리학의 논리적 구조에서는 태어난 계절인 봄, 여름, 가을, 겨울에 따라 기운이 달라진다고 파악한다. 아울러 월지는 부모 자리이기에 나를 의미하는 일간을 지원하는 역할을 한다. 때에 따라서는 전혀 지원하지 못하는 구조가 만들어지기도 한다. 그런데 월지는 부모의 특성을 숨기니 이것이 지장간이다.

POINT

격국 월지에 있는 육친과 그 정기가 천간에 투출되어 있을 때 그 격이 성립한 것으로 본다. 격은 체이다. 한국 명리에 빛나는 스승이신 도계 박재완 선생은 격국과 조후를 논하며, 격국이 우선하며 격국은 생사를 논한다고 말했다. 격국은 내격 8개, 외격 200여 개를 뜻한다. 격국은 사주팔자의 짜임새를 보고 체(體)를 판단하는 것이다.

월지의 지장간을 통해 격국을 파악한다. 즉 월지에 암장된 지장간의 글자가 천간에 투간된 것을 살펴 격국을 정한다. 이를 내격이라 하여 성격, 부모 도움, 직업과 연관성을 살핀다. 물론 지장간에 숨어 있는 각각의 천간에 육친을 대입해 파악한다. 일정한 규칙이 있지만 열 가지로 구별한다.

이 열 가지는 각기 ① 월지식신격(月支食神格), ② 월지상관격(月支傷官格), ③ 월지편재격(月支偏財格), ④ 월지정재격(月支正財格), ⑤ 월지편관격(月支偏官格), ⑥ 월지정관격(月支正官格), ⑦ 월지편인격(月支偏印格), ⑧ 월지인수격(月支印綬格)을 말하는데 여기에 ⑨ 건록격(乾祿格), ⑩ 양인격(陽刃格)을 더해 사용한다. 학습자의 방법이나 학파에 따라 달리 적용하기도 하지만 보편적으로 적용하는 방법이다.

이 내격을 나타내는 격국을 통해 여러 가지를 알 수 있다. 예를 들어보면 월지 지장간에 육친 중에서 재성이 있다고 가정하자. 조건에 따라 약간 차이가 있겠지만 이 재성이 천간에 투간하면 정재격이나 편재격이 될 가능성이 높다. 정재격이거나 편재격은 돈과 관련이 있다.

즉 월지가 재성이거나 월지 지장간의 재성이 천간에 투출했다면 부모가 부자이거나 태어난 배경이 기본적으로 부유하다고 해석이 가능하다. 때에 따라서는 해석에 여유를 둔다. 실제로 부모가 부자가 아니었다고 하지만 부를 축적할 수 있는 가문에서 태어났거나 그러한 영향력이 있다는 의미이다.

월지가 관성이거나 지장간에 관살이 암장되어 있고 천간에 투간되면 관살격이다. 즉 정관격이나 편관격이라는 의미다. 이처럼 관살격을 타고난 사람이라면 부모가 관직에 있을 가능성이 높다. 혹은 부모가 선생님이거나 공무원일 가능성이 있다. 그도 아니라면 최소한 좋은 직장의 고위직에 근무하는 부모일 것이다. 만약 그것이 아니라면 우리가 대부분 인식하는 통속적으로 부모가 출세할 가능성이 높다고 본다.

육친이 모두 열 개이니 월지에 따라 나타나는 격국은 모두 열 개다. 즉 내격은 모두 열 개로 이루어진 이론이다. 즉 비견, 겁재, 식신, 상관, 정재, 편재, 정관, 칠살, 인수, 편인을 나타내는 격국이 이루어진다. 물론 조건은 투간이냐 아니냐? 힘을 가지고 있는가, 아닌가로 따져 구별하기는 한다. 월지나 지장간 속에 이러한 육친이 있고 천간에 투출하면 그 육친 성격의 부모나 배경하에서 태어난다고 본다. 지장간의 중요한 적용 중 한 가지는 바로 내격을 판단하는 데 사용한다는 것이다.

1970년 1월 8일(양력) 13시 27분 출생				
	시	일	월	년
六親	비견	아신(일원)	정인	겁재
天干	戊	戊	丁	己
地支	午	子	丑	酉
六親	정인	정재	겁재	상관
地藏干	丙 己 丁	壬 癸	癸 辛 己	庚 辛

월지에 주의한다. 월지의 지장간에는 계(癸), 신(辛), 기(己) 세 가지 천간이 암장되어 있다. 천간을 살피니 계, 신, 기 세 가지 중 기(己)만이 투간되어 있다. 일간이 무토이므로 기토는 오행이 같고 음양이 다르니 육친으로 적용하면 겁재이다. 따라서 기토가 나타내는 겁재가 격국(格局)이다. 내격으로는 겁재격이 없다. 그 대신 겁재격을 달리 부르는 말이 있으니 양인격(陽刃格)이다.
일반적으로 양일생(陽日生)으로 월지에 양인이 붙는 것을 양인격이라 말한다. 그러나 음일생이라 해도 월지나 월지 지장간에 겁재가 있고 천간에 겁재가 투간되면 양인격으로 보는 경우가 많다. 달리 음일생은 이 같은 경우에 월인격(月刃格)이라고 부르기도 한다. 대체로 만물은 양에 힘이 강렬하나 양인격이 되는 것은 이것을 억제하는 관살의 강약 여하가 운명을 좌우하게 되며 살인동궁(殺刃同宮)하여 사주가 중화되는 것은 길명(吉命)이다.
양인격은 대체로 부모의 공이 적거나 있어도 곧 허망한 결과를 가져온다. 양인은 겁재가 문제인데 거듭 오면 좋지 않다. 양인격은 대부분 비겁이 기신작용을 하는데 그 이유는 양인격의 가장 큰 폐해가 재관구몰일 때 최악의 상황이 오기 때문이다.

위와 같은 결과로 격국을 통해 다양한 해석을 할 수 있다. 격국은 내격과 외격으로 나누지만 일반적으로 외격과 달리 내격은 반드시 구하고 살피는 것으로 대단히 필수적인 요소이다. 따라서 내격은 사주원국에서 자신의 특성을 아는 데 가장 중요한 요소로 작용한다.

2) 일지의 지장간과 속마음

1970년 1월 8일(양력) 13시 27분 출생				
	시	일	월	년
六親	비견	아신(일원)	정인	겁재
天干	戊	戊	丁	己
地支	午	子	丑	酉
六親	정인	정재	겁재	상관
地藏干	丙 己 丁	壬 癸	癸 辛 己	庚 辛

일지를 살핀다. 일지는 정재이다. 남자 사주라면 좋은 아내를 맞을 사주라고 일반적인 분석을 한다. 또한 훌륭한 부인의 내조를 받겠다고 표현할 사주이다. 그러나 현대적으로는 가정적인 부인이지만 집 안에서 살림만 할 가능성이 높은 부인이라는 의미도 있다. 이 사주 주인의 속마음을 파악하려면 일지 지장간을 살핀다. 무토일간(戊土日干)에 일지는 자수(子水)로 정재인데 지장간에는 각각 임계(壬癸)가 암장되어 있다.

무토일간에 자수(子水)는 정재이고 지장간의 임수(壬水)는 편재, 계수(癸水)는 정재이다. 지지와 지장간이 모두 재(財)로 구성되어 있다. 남자 사주에서 재(財)는 돈을 나타내기도 하지만 여자, 아내, 애인을 나타내기도 한다. 즉 정재는 아내, 본처, 착한 아내, 내조 잘하는 아내, 일률적으로 벌어들이는 돈, 급여, 봉급을 의미한다. 편재는 아내, 후처, 첩, 애인, 사회생활을 하는 아내, 와일드한 아내, 벼락처럼 버는 돈, 불규칙한 돈, 투기성 자본, 사업으로 벌어들이는 돈을 의미한다.

이 사주를 적용하면 지지와 지장간이 모두 재(財)로 이루어져 있으므로 안팎으로 돈과 여자에게 신경 쓰는 사람이라는 분석이 가능하다.

사주를 분석하는 과정에는 다양성이 결여되어서는 안 된다. 사주를 면밀하게 분석하는 방법에는 반드시 지장간의 분석이 포함되어야 한다. 지장간을 분석하는 방법은 다양하지만 배워 신속하게 사용하는 방법 중 일지를 통해 사주 주인의 속마음을 알아차리는 방법이 있다.

3) 지장간의 합충으로 판단

1970년 1월 8일(양력) 20시 15분 출생				
	시	일	월	년
六親	편재	아신(일원)	정인	겁재
天干	壬	戊	丁	己
地支	戌	子	丑	酉
六親	비견	정재	겁재	상관
地藏干	辛 丁 戊	壬 癸	癸 辛 己	庚 辛

사주를 분석하는 방법에는 합충을 사용하는 방법도 있다. 합은 천간에서도 일어나고 지지에서도 일어난다. 1970년 1월 8일(양력) 20시 15분 출생한 사주에서 일지 지장간의 계수와 시지 지장간의 무토는 합이 일어난다. 이 경우 이 사람은 평생 잊지 못하는 정인이 마음속에 있다고 파악한다. 물론 지장간의 모든 천간을 합의 관계로 분석하는 것은 아니다. 과거 정인을 살피거나 마음을 들여다볼 때 연인관계를 살피는 방법은 지장간의 정기만 살피면 된다. 즉 지장간의 정기를 살펴 합의 관계가 있다면 마음속에 잊지 못하는 정인이 있다는 의미로 해석한다.

사주를 분석하는 여러 가지 방법 중에는 합이라는 것이 있다. 합에는 천간합과 지지합이 있는데 이 합은 변화를 나타내기도 한다. 지장간을 이용해 합을 적용하는 방법은 조금 시대가 지나간 것이고 때로 적용성이 약하지만 사용할 가능성도 있고 사람의 속마음을 들여다보는 자료로 사용할 수 있다. 또한 사주를 분석하는 방법에는 충을 이용하는 방법도 있다. 충도 합과 마찬가지로 변화를 이야기하는데 지장간에 자리한 천간끼리 합만 가지고도 많은 것을 판단할 수 있다. 이 책에서는 지장간의 합만 판단한다.

8장

고장(庫藏)

고장(庫藏)이란 지지에서 진미술축(辰未戌丑)의 네 글자를 말한다. 달리 묘고(墓庫)라고 부르기도 한다. 네 지지에 각각 천간 오행의 기운을 가지고 있다 해서 붙여진 이름이다. 운의 흐름을 살피는 12운성에서는 묘(墓)나 고장을 일러 창고, 무덤, 집합, 옛것을 숨겨놓는 것을 뜻한다.

묘 혹은 고장이라 불리니 숨다, 가두다, 장래를 위한 계획, 실리, 이별, 수장(收藏)의 뜻이다. 만물이 저장됨과 같고 사람이 죽어 무덤에 들어가는 것이다. 12운성을 사용하지 않는 명리학자들도 많은데 이 경우에도 고장이라는 의미의 적용은 다르지 않다. 즉 고장은 내향적이고 매사 침착하고 안정 위주이며 낭비나 허례허식을 모르고 내핍 생활을 하는 사람이며 부모형제, 처와 인연이 박하고 처가 병약하고 장남·장녀가 많다고 풀이된다.

POINT

고장(庫藏) 진술축미는 모두 고장지(庫藏地)라 충해서 열어주어야 발동된다는 의미다. 그러나 열려서 좋은지 나쁜지는 국세에 따라 다르다는 것도 명심해야 한다.

1. 고장의 개문(開門)

진술축미는 모두 고장지(庫藏地)라 충(沖)해서 열어주어야 발동된다는 의미가 있다. 즉 고장은 열지 않으면 사용이 불가능하다. 따라서 충이나 형(刑)을 좋아하게 되는데, 열려서 좋은지 나쁜지는 국세에 따라 다르다는 것도 명심해야 한다. 즉 적당해야지 지나쳐 태과하면 병이 되고 만다.

예를 들어보자. 축토(丑土)가 있는데 미토(未土)가 들어 충을 하면 개문한다고 표현한다. 달리 토충(土沖)은 땅을 갈아엎는다는 의미의 소토(疎土)와 같다. 흙을 불에 태우는 것을 소토(燒土)라고도 하는데 이와 유사하다. 즉 소토(燒土)를 말하자면, 흙을 태우면 해로운 미생물이 죽기 때문에 소독의 의미가 크다. 이때 유기물도 함께 타는데, 유기물이 타면 칼륨과 같은 여러 양분이 유기물에서 떨어져 나오므로 이들 양분의 유효도가 높아지는 장점이 있다. 비료가 귀했던 시절에 쓰던 농법으로 요즘은 귀한 종자를 파종할 때 이 방법을 쓸 뿐 일반 농사에서는 쓰지 않는다. 그러나 사주에서 토충은 토의 오행끼리 충하는 것으로 소토(疎土)이고 개문(開門)이라 한다.

고장(庫藏)도표					
일간 / 육친	목(木)	화(火)	토(土)	금(金)	수(水)
정인고(正印庫)	辰	未	戌	戌	丑
비겁고(比劫庫)	未	戌	戌	丑	辰
식상고(食傷庫)	戌	戌	丑	辰	未
재고(財庫)	戌	丑	辰	未	戌
관고(官庫)	丑	辰	未	戌	戌

12운성의 흐름에 따르면 고장은 묶인 것이고 움직이지 못하는 것이다. 따라서 년월일주의 어느 기둥에 있는지에 따라 활동의 폭이 줄거나 운신의 폭이 좁아진다고 해석한다. 그러나 사주분석에 12운성을 전혀 사용하지 않는 사람도 많다.

태과한 경우는 개문이 되지 않는다. 애초에 축토가 있는데 2개 이상 미토가 충을 하였다고 가정하자. 필시 축토는 파고가 되고 파문(破門)이 될 것이다. 이는 창고를 연 것이 아니라 파고(破庫)한 것이나 진배없다. 이는 흉한 것이니 주의 깊게 살펴야 한다.

진술축미를 적용하여 각각 육친을 이용해 파악하기도 하지만 근본적으로 오행에 따른 고장지를 파악하기도 한다. 그에 따르면 고장을 설명하는 일정한 법칙이 있다.

- 진(辰)은 지장간에 을계무(乙癸戊)가 있으며 수(水)의 고장으로 본다.
- 술(戌)은 지장간에 신정무(辛丁戊)가 있으며 화(火)의 고장으로 본다.
- 축(丑)은 지장간에 계신기(癸辛己)가 있으며 금(金)의 고장으로 본다.
- 미(未)는 지장간에 정을기(丁乙己)가 있으며 목(木)의 고장으로 본다.

오행상의 고장(庫藏)도표		
	지장간	고장(庫藏)
진(辰)	을계무(乙癸戊)	수(水)의 고장
술(戌)	신정무(辛丁戊)	화(火)의 고장
축(丑)	계신기(癸辛己)	금(金)의 고장
미(未)	정을기(丁乙己)	목(木)의 고장

진술축미는 모두 고장지라 충해서 열어주어야 발동된다. 그러나 사주분석에서 유념할 것은 바로 국(局)을 바로 판단해야 한다는 사실이다. 따라서 지지에 고장지가 있다 해도 열려서 좋은지 나쁜지는 국세에 따라 다르다는 것도 명심해야 한다.

자신의 고장에 문제가 있다면 충돌(형/충/파) 기회를 대반전 기회로 삼을 수 있다. 무술일주(戊戌日柱) 등 일지에 고(庫)를 가진 사람들은 귀농하여 장류를 담그거나 특용작물을 재배하는 것도 좋다. 종교인이나 교사도 가능하다. 그러나 사주에 고장이 지나치면 종교인 사주로 살피는 방법도 있다.

【앗, 잠깐!】 **고장(庫藏)**

곳간은 물건을 쌓는 공간이다. '물건을 간직해두는 곳'이라는 말이다. 일정 지역에서는 곡간이라고도 하지만 이는 사투리이거나 발음을 잘못한 것이다. 곳간은 한자어 고간(庫間)에서 온 말이며, 고(庫)는 창고를 뜻한다. 옛날 중국에서는 창씨(創氏)와 고씨(庫氏)가 대를 이어가며 곳집 지키는 일을 맡았다. 그래서 아예 물건 쌓아두는 장소를 창씨와 고씨 성을 따서 창고(倉庫)라 부르게 되었다. 그리고 워낙 두 성씨가 창고지기 노릇을 변하지 않고 도맡아 했기 때문에 어떤 사물이 한번 둔 채로 영원히 변하지 않는 것을 이르는 창씨고씨(創氏庫氏)라고 하는 말도 생겨났다.

이미 살펴본 것처럼 지지의 진술축미는 고장지이다. 고장지에 해당하는 지지의 4개 글자는 토의 오행을 지닌다. 토의 오행이 강하면 모든 것을 덮어버리는 특징이 드러난다. 사주원국에 토가 강하면 모든 것을 덮어버리는 것과 같다. 따라서 지지의 강한 토는 모든 것을 덮어버린다. 이에 과묵하다, 심지가 굳다, 쉽게 움직이지 않는다, 듬직하다와 같은 해석이 가능하지만 달리 해석이 가능하다. 즉 속인다, 속을 보이지 않는다, 속을 알 수 없다, 사람을 무시한다와 같은 해석도 가능하다. 사주에 진술축미가 많은 사람은 비밀이 많다. 모든 것을 땅 깊은 곳에 감추어두는 것처럼 마음속을 알 수 없다.

2. 고장의 적용

사주에서 어떤 것이 고장지인지를 파악하려 하고 묘지를 파악하려 하면 생각보다 쉽지 않다. 어떤 의미에서는 같은 개념으로 접근하기도 한다. 그러나 고장지와 묘지는 엄연히 다르다. 이 이치는 적용에 따라 달라진다.

1) 고장과 묘지

고장지가 창고에서 재물이나 관록을 꺼내 쓸 수 있는 것이라면 묘지는 그야말로 무덤 속에 잠자는 것과 같아 꺼내 쓸 수 없는 것이다. 분명한 것은 창고에 있는 것과 무덤 속에 있는 것의 차이에 해당한다.

효용이 다르니 사용도 다르다. 고장지를 따질 때는 일주를 확인해야 한다. 사주를 살펴 일지가 재성(財星)이나 관성(官星)을 깔고 있다면 고장지가 된다. 일지가 식상(食傷), 비겁(比劫), 인성(印星)을 깔고 있다면 재물이나 관록을 꺼내 쓸 수 없기에 묘지에 해당하는 것으로 분석이 가능하다. 즉 일지를 재성이나 관성으로 깔고 있다면 충살이 일어나거나 형살이 일어나는 세운이나 대운에서 재물이나 관록을 꺼내 쓴다고 할 수 있다.

예를 들어 임신일주(壬申日柱)일 경우, 사주 내에 진토(辰土)가 자리하여 묘지라면 인신충(寅申冲)이나 진술충(辰戌冲)이 일어나는 운에 꺼내 쓸 수 있다고 볼 수 있다. 중요한 것은 일지의 지장간에 자리한 무토(戊土) 편관밖에 꺼내 쓸 수 없다는 사실이다. 진토는 임수일간의 편관에 해당하므로 꺼내 쓸 수는 있지만 관재수가 발생할 수도 있다.

2) 고장과 재물

고장은 창고에 갇힌 육신이다. 이 창고 속에 무엇이 들어 있는지는 아무도 모른다. 때로는 재물이 그득할 수도 있고 먼지가 풀풀 날릴 수도 있다. 이 고장지를 의미하는 대운이나 세운이 오면 무덤으로 들어가거나 창고로 들어가는 것이나 같다. 이런 운세가 오면 재물, 관직, 부인, 남편의 명운을 세밀하게 분석해야 한다.

이미 밝힌 것처럼 고장으로 들어가도 세운이나 대운에서 충이나 형을 만나면 무덤이나 창고에서 재물이나 관직이 튀어나오는 결과를 가져오니 바람직하다. 그러나 형충(刑冲)으로 일어난 결과가 천간의 어떤 오행과 합거되어 나쁜 결과를 초래하기도 한다.

이러한 경우에도 조후(調喉)는 매우 중요하다. 고장을 나타내는 토의 오행은 모두 조후와 관련이 깊다. 축진(丑辰)은 습토(濕土)이고 미술(未戌)은 조토(燥土)에 해당한다.

갑을(甲乙)을 일간으로 하는 목일간(木日干)이라면 토의 오행이 재물이다. 즉 토의 오행이 재성인 것이다. 따라서 고장지인 진술축미는 모두 재물이다. 그러나 모두가 재물로 발현되지는 않는다.

갑을에 필요한 것은 습토(濕土)이다. 즉 갑을에 진토(辰土)나 축토(丑土)가 사주원국에 있다면 재물복이 일어날 것이나 진축(辰丑)이 없고 술토(戌土)와 미토(未土)만 있다면 바싹 마른 땅인 조토(燥土)에 해당하기에 재물복을 기대하기 어렵다. 그러나 일간이 갑을이라 해도 사주원국이 대부분 지나치게 한습(寒濕)하다면 조토가 진정으로 재물을 만드는 통로 역할을 하기도 한다.

여러 가지 의미가 있지만 식상은 남녀 공히 재물을 취득할 수 있는 활동이나 수단을 의미한다. 식상이란 수명운, 신체운을 나타내지만 여자에게는 자식운, 남자에게는 부하와 동료운이다. 식상은 투출되어야 건강하다.

만약 투출된 식상이 합거되거나 충, 형살을 받으면 불구자가 될 가능성이 높다. 식상이 합거하거나 형충을 받아도 건강한 경우는 또 다른 오행이 강력하게 생조하는 경우에 해당한다. 그러나 대운에서 합거하고 형충을 받으면 피하기 어렵다.

식상이 투간되지 못하고 지장간에만 자리하면 몸이 아프다. 그 식상이 묘고에 해당하면 허리가 아프고 목과 가슴 등의 신체가 아프거나 고장이 난다. 아울러 여성이라면 아기 생산에 무리가 있다. 식상관의 묘고란 몸의 흐름을 막고 있음을 보여주는 척도가 된다.

식상관의 묘고	
甲乙日柱	戌
丙丁日柱	戌, 未
戊己日柱	丑
庚辛日柱	辰
壬癸日柱	未

3) 부성입묘

부성입묘(夫星入墓)란 여성의 사주에 한해서 파악한다. 여성 사주에서 부성은 남편을 의미하는 관성을 말한다. 입묘란 남편을 의미하는 관살이 묘고를 만났다는 말이다.

예를 들어 갑을일주에 관살은 경신금(庚辛金)이다. 이 경신금이 갑을일주 여성에게는 남편이다. 경신금의 묘고란 축(丑)이다. 금의 묘고가 축이기 때문이다. 축 위에 관살이 앉아야 부성입묘다. 육십갑자에서 천간이 음이면 지지도 음이고, 천간이 양이면 지지도 양이다. 축은 음이니 축 위에 음금(陰金)인 신금만 앉을 수 있다. 따라서 갑을일간 여자가 사주 타간에 신축(辛丑)을 가지고 있으면 부성입묘에 해당한다. 이처럼 부성입묘는 5개 천간지지만 가능하다.

부성입묘(여성 사주에만 적용)	
甲乙日柱	辛丑
丙丁日柱	壬辰
戊己日柱	乙未
庚辛日柱	丙戌
壬癸日柱	戊戌

사주 구성에 부성입묘가 있는 여자는 그의 남편이 묘(墓)를 만난 형국이다. 묘는 진술축미이고 흙더미를 상징하니 무덤이다. 고장지란 세상 밖으로 나오지 못하는 것이니 창고이고 무덤이다. 이런 의미가 있으니 실제 살다보면 남편 운이 각박하게 나타난다. 남편이 일찍 죽어 무덤에 묻히거나 교도소에 갇히거나 운이 없어 손발이 묶여 전혀 움직이지 못하거나 건강이 나쁘다. 능력이 모자라는 남편을 얻거나 놀고 맨입으로 먹으려는 남편이다.

남편 덕을 전혀 얻지 못하는 상태가 된다. 그리하므로 사주원국에 부성입묘가 있는 여성은 배우자 궁합을 더욱 세밀하게 살펴야 한다. 세운에 부성입묘가 와도 원국에 부성입묘가 없다면 무난하다. 일설에 부성입묘의 사주를 지닌 여성은 남편을 위해 명당을 찾아 가묘를 만들면 이와 같은 이치를 비껴가거나 남편이 사람 구실을 할 수 있다고 하니 참으로 오묘한 이치이다.

【집중】 고장(庫藏)의 개고(開庫)

개고라는 말은 문이 열린다는 뜻이다. 창고 문이 열리는 것이니 변화가 일어난다는 의미가 있다. 창고가 열리면 무언가 들어 있던 것이 흘러나올 것이다. 그러나 창고가 아무런 상황에서나 열리는 것은 아니다. 창고가 열리려면 일정한 법칙이 존재한다. 이를 충(冲)이라고 한다. 형(刑)도 있다. 충은 부딪쳐 깨진다는 말이다. 깨져야 열린다. 열려야 안에 있는 무엇인가가 쏟아져 나와 변화를 준다. 지지의 12자 중 토의 오행은 모두 고장지이다. 이 토의 오행이 충하고 형을 받아야 개고가 된다.

1. 축토(丑土)

- 축(丑)은 토의 오행으로 지지이니 고장(庫藏)이라. 토는 하나같이 문을 굳게 걸어 잠근 창고다. 충이나 형을 만나야 비로소 개고가 된다. 충과 형은 부딪치는 것이다. 깨뜨려야 한다. 형이나 충이 되면 길(吉)이라 하나 무조건 길한 것은 아니나. 흔히 토충은 길하나 하나 모두가 그런 것은 아니다. 축토를 형충하는 글자는 미토(未土)이다. 사주에서 형충하는 글자가 길신(吉神)일 경우에는 개고가 된다. 그렇다면 반대 경우인 기신(忌神)이라면 개고가 일어나지 않을 수도 있다.
- 축토가 개고가 되려면 미토(未土)를 만나야 한다. 축미충(丑未冲)이다. 미토를 만나면 충으로 파괴된다. 파괴되어야 열린다. 그러나 진정으로 개고가 되려면 병정(丙丁)의 화(火)의 오행이 일주(日主)가 되어야 하고, 재관(財官)이 강하여 신약해야 하고, 미토가 합을 통해 화국으로 변신하여 일간을 도와야 한다. 예를 들면 사주에 사오(巳午)가 있으면 된다.
- 축토가 술토(戌土)를 만나면 축술형(丑戌刑)으로 변하니 개고가 이루어지기 이전에 형살(刑殺)이 먼저 작용한다. 결국 축토는 무너질 수밖에 없다. 만에 하나 다른 지지에 미토까지 있다면 축술미삼형이다.

2. 진토(辰土)

진토 또한 지지로서 토의 오행으로 고장이다. 술토를 만나면 진술충(辰戌冲)으로 개고가 된다. 토의지지 오행에는 재관이 지장간으로 자리한다. 충이 일어나 깨지면 축적된 재관(財官)의 이덕(二德)을 충기시켜 소용지물(所用之物)로 변하니 대단히 기쁘다. 그러나 많은 토가 만나면 불길하다. 특히 술토가 그렇다. 다봉(多逢)의 조건으로 술(戌)을 만나면 파문(破門)이라. 결국 반위흉(反爲凶)이다. 모든 충이 반드시 좋을 수는 없다. 즉 진토가 술토를 만나 개문할 수는 있으나 많은 술의 출현은 결국 흉을 몰고 올 것이다. 개문이라고 하여 반드시 좋은 것은 아니다.

3. 미토(未土)

- 미토는 지지의 토로 역시 고장이다. 달리 묘(墓)라고 하는 것은 고장의 다른 이름이다. 미토에 축토를 만나면 축미로 상충한다. 충이 이루어지니 깨진다. 술토를 만나면 술미(戌未)로, 형(刑)으로 역시 깨어짐이 원리이나 왕자형발(旺者刑發)로 미토가 더욱 왕해진다. 따라서 토의 형충을 살필 때는 습토인지 조토인지도 봐야 한다. 미중의 지장간을 목과 정화가 피상(被傷)함은 면하지 못한다.
- 미토가 축토를 만나면 축미로 상충이라 미토가 붕괴된다. 따라서 충이라고 하여 반드시 모두 개고라 할 수는 없다.
- 미토가 술토를 만나면 술미로 형이나 왕자형발로 토기는 왕하면서 개고가 된다.

4. 술토(戌土)

- 술토가 진토(辰土)를 만나면 진술로 상충한다. 술토가 미토를 만나면 축미는 형이 이루어진다. 그러나 주의할 것은 술미형은 바싹 말라 같은 조토(燥土)로서 왕자형발이라는 점이다. 토기(土氣)는 더욱 왕성해지면서 개고가 된다. 단 이 경우에는 술토가 재나 관으로서 용신이어야 한다.
- 술토가 축토를 만나면 축술로 형파가 이루어지니 축중의 지장간 계수와 술중의 지장간 무토가 무계로 암합한다. 한편으로는 축중의 지장간 계수와 술중의 지장간 정화가 정계로서 상충한다. 화합해야 함이 우선이나 정계충이 일어나 결국 형이 될 수밖에 없어 악연이

다. 또한 암합이 일어나면 비밀은 오래가지 못한다.

- 술토가 진토를 만나면 진술 상충되어 분산(分散)이다. 이를 두고 굴러온 돌이 박힌 돌을 빼내고 들어앉는다고 한다.
- 술토가 미토를 만나면 미술형발(未戌刑發)로 토기는 왕해지면서 개고가 이루어진다.

9장

왕상휴수사

왕상휴수사(旺相休囚死)는 근본적으로 십간의 계절에 대한 왕쇠(旺衰)를 뜻한다. 일반적으로 왕상(旺相)은 힘을 얻는 것을 말하고 휴수사(休囚死)는 힘을 얻지 못한 것을 말한다. 사주에서 목화토금수(木火土金水)의 오행이 어느 계절에 왕하고 어느 계절에 쇠하는지를 말한다.

음양오행이 변할 때는 일정한 법칙이 있다. 이것을 운행이라고 한다. 즉 돌고 도는 법칙이다. 이에 따라 생극이 이루어진다. 음양오행은 어디에나 존재하고 돌고 돈다. 하늘과 땅 그리고 사계절은 음양의 법칙에 따라 운행한다. 모든 존재는 음양오행의 법칙에 따라 윤전(輪轉)한다. 천지와 사계도 작의적이나 임의적으로 움직이지 않는다.

우주의 모든 사물이나 사상, 시간조차 음양오행의 법칙에 따라 일정한 질서를 형성해 움직인다. 따라서 세상의 모든 이치가 음양오행의 원리에 따라 변화한다. 변화의 법칙에 따라 사계가 변하며, 춘하추동이라는 계절의 특성이 나타난다. 이에 사시의 변화가 일어나고 번창하며 스러지기를 반복한다.

1. 왕상휴수사의 정의

명리에서 왕상휴수사는 십간의 계절에 대한 왕쇠를 뜻한다. 사주에서 목화토금수(木火土金水)의 오행이 어느 계절에 왕(旺)하고 어느 계절에 쇠(衰)하는지를 말한다. 왕(旺)이란 나와 동기(同氣)로 왕성한 것이고, 상(相)이란 내가 생하는 상태이고, 휴(休)란 나를 생하는 것이고, 수(囚)란 내가 수극(受剋)이 되는 상태이고, 사(死)는 내가 극하는 상대를 보는 것을 말한다.

모든 계절에는 왕상휴수사의 법칙을 적용할 수 있다. 봄이 되면 모든 기운이 풀리니 양기가 위로 오르기 시작해 만물이 자라나고 싹을 틔우니 생(生)한다고 한다. 여름에는 모든 사물이 완전히 상승하고 만물이 우람하게 자란다. 가을에는 기온이 떨어지며 음기가 아래로 내려가기 시작해 만물이 자리를 잡고 안정을 취하여 걷히며, 겨울에는 음기가 모두 아래로 내려가 정지하니 만물이 폐장한다. 따라서 계절을 자라고 성장하며, 맺히고 폐하는 것으로 분석한다. 이에 따라 춘하는 생장하고, 추동은 수장하는 것이 사시(四時)의 절도이다.

왕(旺)이란 세가 가장 왕한 것이고 상(相)이란 강하지도 약하지도 않은 것으로 휴(休)와 왕(旺)에 이어서 다음으로 강한 것이고 수(囚)란 사(死)에 이어 약한 것이다. 그리고 사(死)라고 하면 가장 약한 것이다. 일간의 오행과 생월의 오행의 상대 관계를 특히 강조하고 이들이 령(令)을 득했는지 득하지 못했는지 파악한다.

왕상휴수사는 사주팔자의 원국을 따져 계절 변화를 파악하는 것으로 일간을 기준으로 하여 태어난 달과 관계를 살핀다. 일주를 이루는 천간은 10개이다. 천간을 이루는 각각의 글자는 어느 달인가에 따라 힘을 받는 것이 달라진다. 이것을 월지로 파악한다. 즉 일간이 어느 계절에 태어났는지를 분석해야 한다. 이를 통해 계절 변화를 이해하고 그 계절에 따라 일간의 강약을 파악한다.

사실 연구가마다 여러 가지 이론에 대한 의구심이 있을 수 있지만 왕상휴수사에 대한 지론도 각각이다. 사실 사주팔자에서 신약인가 신강인가를 살피는 데 왕상휴수사를 사용하는 것이 일반적이다. 분석에 따라 달라지지만 어떤 적용이 가능한가의 문제이다. 신강하면 어떤 인생을 살고, 신약하면 어떤 인생을 산다는 명확한 규정이 없는 상황에서는 월지에 따라 신강과 신약이 구별되는 상황은 지나치게 단순하게 적용할 것이 아니라는 생각이 드는 것도 사실이다.

사주를 분석할 때 신강과 신약을 구별하는 것은 피할 수 없지만 모든 것은 아니다. 따라서 왕상휴수사도 모든 것은 아니다. 용신을 찾기 위해 신강과 신약을 적용하는 방법을 사용하지만 왕상휴수사로 신강과 신약을 적용하기는 무리가 있다고 보인다. 그렇다고 왕상휴수사를 무시할 수도 없으니 적절히 사용하는 것이 능사이다. 신강과 신약은 태어난 년월일시에 따라 정하는 것이 더욱 유리하다. 이 방법으로 득령(得令), 득지(得地), 득세(得勢)가 사용된다.

2. 왕상휴수사의 분류

일간에 어떤 글자가 투간되어 있는지가 가장 중요하다. 일간을 보고 월지를 살펴 왕상휴수사를 정한다. 즉, 일간이 투간되어 있는데 월지가 어떤 글자, 어떤 계절인가에 따라 왕상휴수사가 정해진다.

왕상휴수사의 정의	
왕(旺)	일간과 같은 오행이 월지에 자리했을 때의 경우에 해당한다. 월지와 일간이 같은 오행일 경우이다. 일간의 오행이 태어난 달의 오행이 같다. 일간과 월지 오행이 같은 오행이라면 월지가 일간을 상징하는 것이다.
상(相)	일간의 오행을 월지가 생의 관계에 해당하는 오행이 자리하는 경우다. 월지의 오행이 일간을 생해주는 관계가 이루어진다. 월지가 일간을 생해주지만 같은 오행은 아니니다.
휴(休)	일간의 오행이 월지의 오행을 생해주는 관계가 성립된다. 월지가 일간을 생하는 것이 아니다. 상(相)과는 반대 경우에 해당한다. 월지가 일간으로부터 생을 받는 구성이다.
수(囚)	일간의 오행이 월지를 극하는 경우에 해당한다. 월지가 일간으로부터 극을 받는 구성이 이루어진다. 일간이 월지를 극하면 월지는 일간의 수(囚)에 해당한다. 일간은 월지로부터 전연 생을 받을 수 없다.
사(死)	일간의 오행을 월지가 극하는 관계이다. 일간은 월지에서 태어나는 것인데 월지가 일간을 극하면 일간은 극도로 약해진다. 일간을 월지가 극하면 월지는 일간의 사(死)가 된다.

3. 계절별 왕상휴수사

사주에서 '계절의 힘을 얻는다'는 것은 아주 큰 의미가 있다. 월지가 중요한 이유도 그것 때문이다. 사주는 달리 계절학이라고 부를 정도로 계절을 중요하게 파악한다. 사주를 기운학(氣運學)이라고도 부르는 이유 중 하나가 절기를 따져 월을 정하기 때문이다. 따라서 일간이 어느 계절에 태어났는지는 매우 중요하다. 이 절기는 곧 계절과 관련이 있는 것이고, 사주에서 그 절기를 얻는다는 것은 그 절기에서 힘을 얻는 것이라 할 수 있다. 따라서 어느 계절에 태어났는지는 일간이 힘을 얻느냐와 관련이 깊다.

일간이 가지는 힘이 중요한데, 일간에 가장 강한 힘을 주는 곳이 바로 월지이다. 월지는 자연의 계절을 나타낸다. 일간이 월지를 얻는다는 것은 계절을 얻는다는 의미가 된다. 일간이 계절을 얻으면 그만큼 강해진다. 일간이 왕하다는 것은 기본적으로 월지를 얻었다는 말이다. 이로써 자립, 독립, 개척, 추진을 할 수 있는 힘을 얻는다. 이와 같은 이치가 분명하지만 계절에서 힘을 얻는다는 것만으로 모든 것이 조화로울 수는 없다.

옛말에도 있다. "계절을 얻지 못한다고 하지만 절처봉생에서도 새로운 기운을 얻는다." 이러한 말을 살필 때, 계절의 힘이 절대적으로 중요하지만 달리 보면 사주 전반의 구성이 잘 이루어진 것을 귀중하게 여김을 알 수 있다.

계절에 따른 왕상휴수사(時旺相休囚死)조견표						
구분		오행				
		목(木)	화(火)	토(土)	금(金)	수(水)
사계절	춘(春)	왕	상	사	수	휴
	하(夏)	휴	왕	상	사	수
	추(秋)	사	수	휴	왕	상
	동(冬)	상	사	수	휴	왕
	계(季)	수	휴	왕	상	사

추명할 때 기본적으로 파악하는 것은 오행의 생극제화(生剋制化)이다. 그러나 오행 자체의 성쇠도 두루두루 살펴야 한다. 일주(日柱)가 지닌 자체의 기세를 판단하는 것이 가장 중요하지만 다른 일곱 개 글자를 비교할 때 일주의 인생항로에 대한 길흉관계를 충분히 가늠할 수 있기 때문이다.

일주와의 비교관계에서 통상적으로 일주와 월령(月令)의 관계를 가장 중요하게 살피는데 이 관계를 일컬어 왕상휴수사(旺相休囚死)라고 한다.

예를 들어 갑을(甲乙)과 같은 목(木)의 기운을 지닌 일주가 월을 따질 때 같은 목의 기운을 지닌 인묘월(寅卯月)에 태어났다면 이를 왕(旺)이라 칭하며 가장 강한 것으로 본다. 갑을과 같은 목의 기운을 지닌 일주가 목을 생조하는 해자월(亥子月)에 태어났다면 이를 상(相)이라 칭하며 두 번째 강한 것으로 본다. 목의 기운을 지닌 갑을일주가 설기시키는 사오월(巳午月)에 태어났다면 휴(休)라고 하며 설기시키는 것이니 약하다고 보는 것이다. 목의 기운을 지닌 갑을일주가 토의 기운을 지닌 진술축미월(辰戌丑未月)에 태어났다면 수(囚)라고 보며 휴보다도 더욱 약하다고 본다. 갑오일주가 목의 기운을 극하는 신유월(辛酉月)에 태어났다면 사(死)라고 칭하는 것으로 가장 약하다고 본다.

일주가 왕(旺)한 달과 상(相)한 달에 태어났다면 득령(得令)하였다고 하며 휴수사(休囚死)의 달에 태어났다면 실령(失令)하였다고 표현한다.

천간과 오행에 따른 지지의 왕상휴수사조견표						
월령 \ 일주		갑을(甲乙)	병정(丙丁)	무기(戊己)	경신(庚申)	임계(壬癸)
오행		목(木)	화(火)	토(土)	금(金)	수(水)
월지	왕(旺)	寅卯	巳午	辰戌丑未	辛酉	亥子
	상(相)	亥子	寅卯	巳午	辰戌丑未	辛酉
	휴(休)	巳午	辰戌丑未	辛酉	亥子	寅卯
	수(囚)	辰戌丑未	辛酉	亥子	寅卯	巳午
	사(死)	辛酉	亥子	寅卯	巳午	辰戌丑未

명리학의 고서에서는 대부분 월을 소중하게 다룬다. 또한 달에 대한 분석

이 아주 다양하고 많이 전개되어 있다. 간략한 예로《적천수》를 살핀다. 이 책의 〈월령론(月令論)〉에 적혀 있기를 "월령내제강지부(月令乃提綱之府) 비지택야(譬之宅也) 인원위용사지신(人元爲用事之神) 택지정향야(宅之定向也) 불가이불복(不可以不卜)"이라고 했다. 이 말은 "월령은 이로써 끌어서 펼치는 관청과 같으니 비유하면 집과 같다. 인원용사지신은 집의 좌향을 정하는 것과 같으니 반드시 이것을 살피지 않으면 아니 된다"라는 의미이다. 즉 월령은 집이며, 부모이며, 내 직장이며, 내 일이다. 따라서 지장간을 따질 때도 역시 월의 지장간이 중요하다. 혼례를 올리기 위해 궁합을 볼 때도 월지를 혼인궁이라고 부르는 이유가 이 때문이다.

◈ 참고문헌

강헌, 《명리 운명을 읽다》, 돌베개, 2016.

곽동훈, 《운수대통 만세력》, 선영사, 2016.

곽목량, 《오주괘》, 삼명, 2004.

김동완, 《사주명리학》 1~9권, 동학사, 2010.

김상연, 《명 역학의 맥》, 갑을당, 2009.

김재근, 《김재근 선생의 추명명리학 강의》, 천지인, 2012.

노영준, 《사주비결록》 1~3권, 경덕출판사, 2004.

노영준, 《역학의 비결》 1~3권, 경덕출판사, 2004.

다카기 아기미쓰, 노상만 옮김, 《상성과 궁합》, 북마크, 2008.

박일우 편저, 《명리총서 삼명통회》, 명문당, 1978.

박재완, 《명리실관》, 역문관, 1993.

박재완, 《명리요강》, 역문관, 1974.

박주현, 《오주괘관법》, 삼명, 2011.

박진영, 《성명학전서》, 명문당, 1992.

변만리, 《신사주학강의록》 1~3권, 변만리연구회편, 자문각, 2011.

심재열, 《연해자평 정해》, 명문당, 2002.

안종선, 《명리학 교과서》, 산청, 2014.

안종선, 《택일법 교과서》, 산청, 2015.

엄태문, 《사주 단시 래정법》, 역학도서관, 2008.

이경 감수, 《사주만세력》, 동학사, 2010.

이모원 · 김영하 · 박영창, 《명리학개론》, 여백미디어, 1988.

이상욱, 《주역작명법》, 명문당, 1993.

이호헌, 《독심술 콘서트》, 창작시대, 2014.

정문교, 《쉽게 풀이쓴 운명》, 봄꽃여름숲가을열매겨울뿌리, 2016.

조용헌, 《조용헌의 사주명리학 이야기》, 알에이치코리아, 2014.

좌등육룡, 십간사주추명비법, 남각십간사주연구소, 남각문화출판사, 2003.

고재민, "四柱命理의 宮星과 格局用神論 硏究", 대구한의대학교 박사학위논문, 2016.

김성덕, "명리(命理)의 과학적 한계와 철학적 전환", 《인문사회 21》 9권 2호, 아시아문화학술원, 2018.

박병수, "『子平眞詮』 명리이론 연구", 경기대학교 석사학위논문, 2015.

박지영, "명리 오색과 한국전통색 오방색의 상관관계와 활용방안", 《국제보건미용학회지》11권 2호, 국제보건미용학회, 2017.

황금옥 · 김재원 · 이필문, “한국 命理辭典의 辭典學的 특성과 知識表象”, 《원불교사상과 종교문화》75호, 원광대학교 원불교사상연구원, 2018, 415~446쪽.

http://nangwol.com/?page_id=254&uid=1972&mod=document

http://www.sonsaju.com/

http://nangwol.com/?page_id=254&uid=1972&mod=document

http://www.sonsaju.com/

https://blog.naver.com/aldl2255/220503985455

https://blog.naver.com/wotjd9399/220437172695

http://wonje.co.kr/bbs/board.php?bo_table=info24&wr_id=42

http://www.goodcycle.com/comm/desc/king.asp

https://blog.naver.com/palhyunn/90194804331

https://blog.naver.com/sungbosungbo

명리학상담전화 천지신 www.cunjisin.com/

https://cafe.naver.com/sungbopoongsu

https://ssunris.blog.me/140119849223

https://blog.naver.com/develop-your-life/220776328546

https://cafe.naver.com/saju1472/34

점 잘보는 곳 운세사랑www.unselove.net

한국역술인협회장 백운산작명원www.backwnsan.com

전국 공개강의 대통인학술원 대통인학술원.com

동추원,https://ssunris.blog.me/140119849223

https://blog.naver.com/develop-your-life/220776328546

https://cafe.naver.com/saju1472/34

중 앙 생 활 사 Joongang Life Publishing Co.
중앙경제평론사 | 중앙에듀북스 Joongang Economy Publishing Co./Joongang Edubooks Publishing Co.

중앙생활사는 건강한 생활, 행복한 삶을 일군다는 신념 아래 설립된 건강 · 실용서 전문 출판사로서
치열한 생존경쟁에 심신이 지친 현대인에게 건강과 생활의 지혜를 주는 책을 발간하고 있습니다.

운명을 바꾸는 명리 쉽게 배우기

초판 1쇄 인쇄 | 2019년 3월 15일
초판 1쇄 발행 | 2019년 3월 20일

지은이 | 안종선(JongSun Ahn)
펴낸이 | 최점옥(JeomOg Choi)
펴낸곳 | 중앙생활사(Joongang Life Publishing Co.)

대　　표 | 김용주
책임편집 | 이상희
본문디자인 | 김경아

출력 | 한영문화사　종이 | 에이엔페이퍼　인쇄·제본 | 한영문화사

잘못된 책은 구입한 서점에서 교환해드립니다.
가격은 표지 뒷면에 있습니다.

ISBN 978-89-6141-231-5(03150)

등록 | 1999년 1월 16일 제2-2730호
주소 | ㊥ 04590 서울시 중구 다산로20길 5(신당4동 340-128) 중앙빌딩
전화 | (02)2253-4463(代)　팩스 | (02)2253-7988
홈페이지 | www.japub.co.kr　블로그 | http://blog.naver.com/japub
페이스북 | https://www.facebook.com/japub.co.kr　이메일 | japub@naver.com
♣ 중앙생활사는 중앙경제평론사 · 중앙에듀북스와 자매회사입니다.

※ 이 도서의 국립중앙도서관 출판시도서목록(CIP)은 서지정보유통지원시스템 홈페이지(http://seoji.nl.go.kr)와
국가자료공동목록시스템(http://www.nl.go.kr/kolisnet)에서 이용하실 수 있습니다.(CIP제어번호: CIP2019006418)